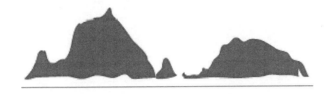

# 근대 일본지식인들이 인정한
# 한국의 고유영토
# 독도와 울릉도

近代日本の知識人が認めた韓国の固有領土の独島と欝陵島

최 장 근
崔 長 根

제이앤씨
Publishing Company

# 프롤로그
プロローグ

# 프롤로그

본서에서 다루고 있는 『죽도도설』, 『다케시마잡지』, 『죽도잡지』, 『죽도판도소속고(완)』 등 4권의 울릉도 독도 관련 책자는 모두 대체로 울릉도에 관한 이야기이다. 이들 4권 모두는 오야가문과 무라카와가문이 70여 년간 격년제로 울릉도에 도항했다고 하는데, 그때의 경험을 토대로 울릉도의 지리, 울릉도의 환경, 도해면허 취득 경위, 도해가 금지된 경위, 도해금지 이후의 울릉도와 일본인과의 관계를 기술함과 동시에 본서 집필의 궁극적인 목적인 미래에 일본인들로 하여금 울릉도 개척을 선동하는 내용이다.

이들 4권의 집필시기와 저자에 관해서는 『죽도도설』은 「호레키(宝曆) 년간(1751~1764)에 그 집안의 조상인 쓰안(通菴)씨가 이곳 마쓰에의 모(某)씨라는 자로부터 전해들은 것을 기록한 것」이고, 『다케시마잡지』는 '갑인년(1854) 초겨울'에 '세슈의 마쓰우라 히로시'라는 사람이 3개월 동안 슈자이곤이라는 사람의 서당에 머물면서 '저술'했다. 서당 주인인 '슈자이 곤'이라는 사람이 마쓰우라 히로시가 쓴 『다케시마잡지』를 보고 「지형과 산물의 종류를 조금씩 필사」한 것이다. 『죽도잡지(竹島雜誌)』는 마쓰우라 다케시로(松浦武四郎)가 쓴 것으로 1871년 10월 도쿄(東京)에 소재하고 있는 아오야마도(青山堂)에서 발간된 것이고, 『죽도판도소속고(완)』는 「1881년(메이지 14) 8월 20일 기타자와 마사나리(北澤正誠)」가 작성한 것이다.

　사실 위의 4권 중에서 독도와 관련되는 내용은 『죽도도설(竹島圖説)』에 기록된 「오키(隱岐)의 마쓰시마(松島; 지금의 독도)」, 『죽도판도소속고(완)』에 「성종 2년에 이르러, "따로 삼봉도가 있다고 알리는 자가 있어, 박종원(朴宗元)을 보내어 가서 찾아보게 하였는데, 풍랑으로 인하여 배를 대지 못하고 돌아왔다.」, 『다케시마잡지』에 「다케시마는 일본에서 멀리 떨어져있고 조선에서 가까우며 섬 안에 매우 넓은 섬이다. (『백기민담』) 오키노군지 마쓰시마의 서도(마쓰시마에 속안 작은 섬이다. 지역주민들은 차도라고 한다)에서 북쪽으로 바닷길 약 40리 정도이다.(『죽도도설』)」라고 하는 딱 4군데뿐이다. 그것은 무엇을 의미하는가? 일본에서는 이들 책들이 집필되었던 19세기 중후반에 관민할 것 없이 독도에 대해 영토로서 관심을 전혀 갖지 않았다는 것을 의미한다. 일본인들의 관심은 울릉도에만 있었던 것이다. 4권에 책자에서의 일본인들의 인식은 지리적으로 울릉도는 고대시대 이후 조선인들이 사는 조선영토였고, 독도는 울릉도에서 보이는 거리에 있는 섬이라서 울릉도 사람들의 생활 영역에 포함된다. 그런데 일본인들이 사는 오키섬에서 독도는 보이지 않는다. 따라서 독도와 울릉도는 일본과 무관한 섬이다. 그런데 일본인들이 임진왜란 이후 조선의 쇄환정책에 의해 울릉도가 비워져 있다는 사실을 알고 70여 년간 울릉도에 내왕했는데, 그 경로에 위치한 독도의 존재를 알게 되었던 것이다. 그러나 당시로는 가치적 측면에서 보면 단지 울릉도 내왕의 이정표로서의 역할만 했던 것이다. 일본인들은 자연스럽게 울릉도와 독도에 대해 '죽도'와 '송도', 혹은 '죽도(울릉도)와 그 외1도(독도)'라는 이름으로 '한쌍'으로 보는 경향이 생겨났던 것이다.

따라서 본서에서 4권의 「다케시마」 관련 서적을 분석하는 목적은 첫 번째는 일본과 독도 영유권과 무관하다는 사실을 확인하는 것, 두 번째는 일본인들이 울릉도에 관해 얼마나, 어떻게 이해하고 있는가를 확인하는 것, 세 번째는 일본이 울릉도에 대한 영유권 인식이나 영토적 권원을 갖고 있었는지를 확인하기 위한 것이다. 결론부터 말하자면, 영토권원적 측면에서 보면, 독도와 울릉도는 일본영토와 무관하다는 사실이 확인되었고, 독도에 대해서는 섬 자체에 대해서 관심조차 없었던 것이다. 다만 이들 책자를 집필한 목적은 일본국에 이익을 갖다 줄 울릉도의 가치를 기록으로 후세에 남겨서 일본영토로서 개척을 선동하기 위한 것이었음을 알 수 있다.

2016년 2월 29일
독도영토학연구소에서
필자 씀

# プロローグ

　本書で扱っている『竹島図説』『多気甚麼雑誌』『竹島雑誌』『竹島版圖所屬考(完)』など4つの鬱陵島独島関連書籍は全てその内容が鬱陵島に関するものである。これら4巻すべては、大谷家と村川家が70年間隔年で鬱陵島に渡航し、その時の経験に基づいて、鬱陵島の地理、鬱陵島の環境、渡海免許取得の経緯、渡海が禁止された経緯、渡海禁止以降の鬱陵島と日本人との関係などが記述されているが、本書執筆の究極的な目的は将来的に日本人の鬱陵島開拓を扇動しようとするものである。

　これら4冊の執筆時期と著者について述べると、まず『竹島図説』は宝暦年間(1751〜1764)に、その家系の先祖である通葊氏が、松江の某氏という人から聞いたことを記録したもので、『多気甚麼雑誌』は甲寅年(1854)の初冬に松浦弘という人が3ヶ月間惇斎良という人の塾に滞在し、著述した。塾の主人である惇斎良が松浦弘が書いた『多気甚麼雑誌』を見て「似余々閱之写地之形」したものである。『竹

島雜誌』は松浦武四郎が書いたもので、1871年10月に所在地が東京の青山堂から出版し、『竹島版圖所屬考(完)』は「明治十四年八月二十日取調　北沢正誠」が作成したものである。

　実際、4冊の中で独島と関連している内容は、『竹島圖説』に記録された「隠岐の松島(松島：現在の獨島)」、『竹島版圖所屬考(完)』に「其後成宗ノ二年ニ及ンテ、"有告別有三峰島者、乃遣朴宗元往覓之、因風濤不得泊而還、」『多気甚麽雜誌』に「竹島は日本を離ること遠くして漢土に近く、境内頗る廣治なる島也(伯耆民談)。隠岐の國松島の西島(松島の一小屬島也。土俗呼て次島と云。)より海上道規みちのり凡四十里許り北の方に有(『竹島圖説』)」という三カ所だけである。これは何を意味するのか。日本ではこれらの本が執筆された19世紀後半、官民を問わずに独島について領土として関心を全く持っていなかったことを意味する。日本人の関心は鬱陵島だけにあったのである。4冊の書籍で日本人の認識は、地理的に鬱陵島は古代以降、朝鮮人が住んでいる朝鮮の領土であり、独島は鬱陵島から見える距離にある島なので、鬱陵島の人々の生活領域に含まれる。ところが、日本人が住む隠岐の島から独島は見えない。したがって、独島と鬱陵島は日本と無関係な島である。ところが、日本人が壬辰倭亂以後、朝鮮の刷還政策によって鬱陵島が空になっている事実を知り、70年間、鬱陵島を往来したが、その径路に位置する独島の存在を知ることとなったのである。しかし、当時の価値的側面から見れば、ただ鬱陵島を往来する際の海の道標としての役割だ

けだったのである。日本人は自然に鬱陵島と独島について「竹島」と
「松島」、あるいは「竹島(鬱陵島)外一島(独島)」という名称を使用
し、一纏まりとしてみる傾向が生じたのである。

　したがって、本書で4冊の「竹島」関連書籍を分析する目的は、一
つ目は日本と独島領有権とは無関係であることを確認すること、二
つ目は、日本人が鬱陵島についてどの程度、また如何様に理解して
いるかを確認すること、三つ目は、日本の鬱陵島に対する領有権認
識や領土的権原を持っていたかを確認するためのものである。結論
から言えば、領土権原的な側面から独島と鬱陵島は日本領土とは無
関係であることが確認され、独島においては島そのものに対して関
心すら持ち合わせていなかったのである。ただし、これらの書籍を
執筆した目的は、日本国の利益になる鬱陵島の価値を記録として後
世に残し、日本の領土としての開拓を扇動するためであったことが
分かる。

2016年 2月 29日
独島領土学研究所にて
筆者書く

## 제2장
### 『다케시마잡지』로 보는 일본지식인의<br>울릉도와 독도 인식(1)

## 第2章
### 『多気甚麼雜誌』に見られる日本の知識人の<br>鬱陵島と独島の認識(1)

## 제3장
## 『다케시마잡지』로 보는 일본지식인의
## 울릉도와 독도 인식(2)

## 第3章
## 『多気甚麼雜誌』に見られる日本の知識人の
## 鬱陵島と独島の認識(2)

# 제4장
## 『죽도잡지』로 보는 일본지식인의
## 울릉도와 독도 인식

# 第4章
## 『竹島雑誌』に見られる日本の知識人の
## 鬱陵島と独島の認識

## 제5장
### 『죽도판도소속고(완)』로 보는 일본지식인의 울릉도와 독도 인식

## 第5章
### 『竹島版圖所屬考(完)』に見られる日本の知識人の鬱陵島と独島の認識

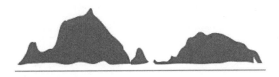

# 제1장
## 『죽도도설』로 보는 일본지식인의 울릉도와 독도 인식

# 1. 들어가면서

독도는 제2차 세계대전이 종료되고 연합국이 포츠담선언을 바탕으로 역사적 권원에 의거하여 한국영토로 인정하여 한국이 실효적으로 관리하고 있는 한국의 고유영토이다.[1] 그런데 일본은 근대 제국주의 시대에 한반도 침략의 일환으로 1910년 한국병탄에 앞서 러일전쟁 중의 혼란한 틈을 타서 전술상의 필요에 의해 독도를 은밀한 방법으로 일본영토로서 편입조치를 취했다. 이러한 조치가 합당하다고 하여 한국이 실효적으로 관리하고 있는 독도에 대해 영유권을 주장하고 있다. 일본은 때로는 고유영토론을 주장하기도 하고 때로는 국제법에 의거하여 영토편입조치에 의해 취득한 「새로운 영토」라는 주장을 하기도 한다.[2] 독도가 일본의 고유영토가 되려면 일본 이외에 국가가 독도를

---

1) 송병기(1999)『울릉도와 독도』단국대학교 출판부, pp.1-267. 신용하(1996)
『독도, 보배로운 한국영토』지식산업사, pp.1-213.

먼저 발견하였다든가, 영토로서 관리하고 있었다는 사료가 있으면 안된다. 또한 독도에 대해 국제법에 의해 무주지를 영토로서 취득한 '새로운 영토'라고 한다면, 1905년 이전에 타국이 영토로서 관리한 적이 있으면 안 된다. 일본은 독도를 '다케시마'라는 이름으로 일본의 고유영토라고 주장하는데, 그 한 증거로서 『죽도도설(竹島圖説)』에 기록된 "오키(隱岐)의 마쓰시마(松島; 지금의 독도)"라는 표현을 들고 있다. 단지 "어떤 서적에 "오키의 마쓰시마"라는 글귀가 있다고 해서 모두 일본영토로서 증거가 되는 것은 아니다. 왜냐하면 "오키의 마쓰시마"가 사실에 근거한 기록일 수도 있지만, 사실과 다른 잘못된 기록이라면 일본영토로서 증거가 될 수 없는 것이다. 이러한 의미에서 본 연구는 "오키의 마쓰시마"라는 표현이 과연 전근대시대에 일본의 영토였다는 증거가 될 수 있는지, 『죽도도설』의 전문을 분석하여 사실여부를 고증하는 것이 목적이다. 그리고 일본인의 독도에 대한 지리적 인지와 일본정부의 독도에 대한 영유권 인식과는 동일한 개념이 아니다. 따라서 본 연구의 의도는 일본인의 독도에 관한 인지와 일본정부의 독도에 관한 영토인식은 다른 차원의 문제임을 지적하는데 있다.

연구방법으로서는 『죽도도설』에 기록된 모든 내용을 분석하여 집필동기, 필자와 독도와의 관련성, 본 내용의 정확성에 관해서 분석하여 종합적으로 "오키의 마쓰시마"의 진의를 파악할 것이다. 선행연구에서는 일본영토론자들이 "오키의 마쓰시마"라는 글귀를 부분적으로 인용하여 일본영토로서의 근거로 들고 있지만, 한국영토론자들은 "죽도도

---

2) 田村清三郎(1965) 『島根縣 竹島의 新研究』 島根県総務部総務課, pp.1-160.

설"은 주체가 공적기관이 아닌 민간인 기록이기 때문에 사료적 가치가 없다고 판단하고 있다. 지금까지의 선행연구에서 『죽도도설』을 분석하여 내용의 진의여부를 고증한 적은 없다.

## 2. 일본의 울릉도 독도 존재와 영토 인식의 시기

### 2.1 『죽도도설』의 작성경위와 배경

우선적으로 『죽도도설』이라는 책의 성격을 규명하는 것이 중요하다. 공적인 성격을 갖고 있는 관찬서적인지, 사적인 서적인지 구분해야한다. 관찬서적이라면 정부나 지방자치단체의 영유권 인식을 상징하는 증거자료가 되기 때문이다. 사찬서적일 때는 개인의 인식이나 일부 무리의 인식으로 해석이 가능하기 때문이다.

일본은 언제부터 울릉도와 독도에 영토적으로 관심을 갖게 되었을까? 『죽도도설』이 어떤 경위로 누가 기록했고, 또한 일본인들의 '죽도'(지금이 독도)에 대한 존재 인식은 어떠했는지 알아보기로 한다. 먼저 책의 서문에 「전재록(田在錄)」이라고 되어있다. 그리고 본문에 다음과 같은 내용이 있다.

『죽도도설』「『일본풍토기』에서는 다케시마(他計甚麼)나 다케시마(竹島)라 한다」

나의 (마쓰에) 번의 은사(隱士)인 기타조노(北園)의 자손이 죽도도설이라 이름하는 책 한 권을 가지고 있다. 이 책은 호레키(宝暦) 년간 (1751~1764)에 그 집안의 조상인 쓰안(通菴)씨가 이곳 마쓰에의 모(某) 씨라는 자로부터 전해 들은 것을 기록한 것인데, 세간에 알려진 바 거의 없어 실로 진귀한 책이라 할 수 있다. 여기에 내가 다시 구비(口碑)로 전해 내려오는, 앞에서 말한 자「이름은 나가쿠라(長蔵)이며 하마다(長蔵)사람이다. 나중에 오하라마치(小原街)에서 잠시 살았다」의 이야기를 적어 증보하였다. 이제는 실로 뜻 있는 자를 다케시마(竹島 : 울릉도)로 보내 (조사하는 등 하여 그 섬의) 지리에 대해 더 알아야 한다.

　　가나모리 겐사쿠(金森建策) 씀

　　별도로 한 장의 섬 지도를 만들어서 여기에 첨부한다. 3)

　이상의 내용으로 알 수 있는 사실은 다음과 같다. 즉, 첫째로, 이『죽도도설』은 전해들은 이야기를 기록한 것이므로 사실관계의 정확성에 대해 정확성도가 다소 떨어진다고 볼 수 있다.

　둘째로,『죽도도설』「『일본풍토기』에서는 다케시마(他計甚麼)나 다케시마(竹島)라 한다.」라는 것처럼,『일본풍토기』속에 포함하고 있는 내용이므로「죽도(오늘날의 울릉도-필자 주)」4)를 일본과 관련 있는 지

---

3) 경상북도독도사료연구회 편(2014)『독도관계 일본 고문서 1』경상북도, p.3.
4) 전근대시대의 일본은 울릉도를 '죽도'라고 했고, 오늘날의 독도를 '송도'라고 불렀다. 메이지 시대에 들어와서 울릉도에 대한 호칭의 혼돈상태를 거쳐서 1905년 지금의 독도를 시마네현 고시 40호로 편입조치를 취할 때 독도에 대해 '竹島'라는 명칭을 적용했고, 울릉도에 대해서는 일본식의 '송도' 혹은 한국식의 '울릉도'로 호칭하게 되었던 것이다. 본고의 사료에 등장하는 '죽도'는 모두 지금의 울릉도를 말한다.

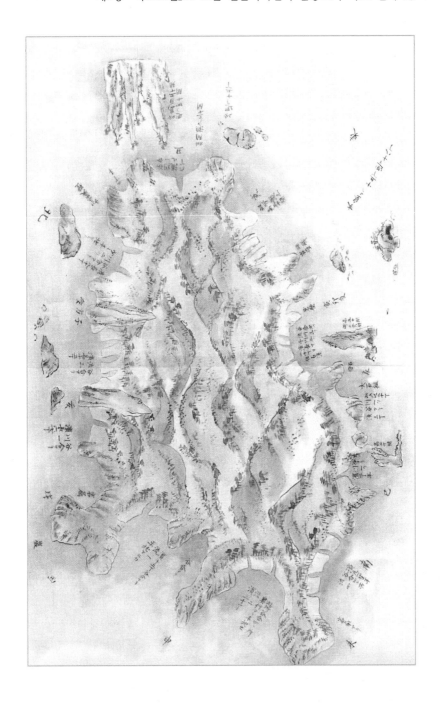

역으로 보고 있다고 할 수 있다. 그러나 그 관계성에 관해서는 알 수 없다. 일본이 죽도를 일본영토로 인지했다고 단정할 수 있는 증거가 될 수 없다.

셋째로, "「나의 (마쓰에) 번의 은사(隱士)인 기타조노(北園)의 자손이 죽도도설이라 이름하는 책 한 권을 가지고 있다. 이 책은 호레키(宝曆) 년간(1751~1764) 에 그 집안의 조상인 쓰안(通菴)씨가 이곳 마쓰에의 모(某)씨라는 자로부터 전해들은 것을 기록한 것인데, 세간에 알려진 바 거의 없어 실로 진귀한 책이라 할 수 있다. 여기에 내가 다시 구비(口碑)로 전해 내려오는, 앞에서 말한 자」「이름은 나가쿠라(長蔵)이며 하마다(長蔵)사람이다. 나중에 오하라마치(小原街)에서 잠시 살았다」의 이야기를 적어 증보하였다."라고 기록하고 있다.

즉, 죽도도설은 1751~1764년 사이에 편찬되었다. 이 책의 서문을 쓰고 내용을 전재한 사람은 마쓰에번 사람이다. 마쓰에번의 '가나모리 겐사쿠 (金森建策) (씀)라는 것으로 볼 때 이 사람이 서론을 썼다. 『죽도도설』은 기타조노의 조상인 쓰안씨라는 사람이 마쓰에 모씨로부터 전해듣고 썼다고 하므로 쓰안이 쓴 책이다. 그 모씨는 "하마다의 오하라마치에 잠시 살았던 나카쿠가라는 사람으로부터 전해들은 것"이라고 한 것으로 볼 때 전한 사람은 '나카쿠가'라는 사람이었다. 울릉도에 관해 잘 알고 후세에 전한 사람은 마쓰에 사람이었다. "또 (『죽도도설』 또는 울릉도에 관해서) 세간에 알려진 바가 없으므로"라는 것으로 볼 때, 이 책이 기록될 당시 일본에서는 죽도(울릉도)에 대한 존재의식은 물론이고 영토인식은 당연히 없었다.

넷째, "이제는 실로 뜻 있는 자를 다케시마(竹島 : 울릉도)로 보내 (조사하는 등 하여 그 섬의-필자 주) 지리에 대해 더 알아야 한다"라고 하여, 이 책은 1751~1764년간에 기록되었는데, 그전까지 울릉도에 관해 알지 못했고, 이 책이 기록된 시점에서는 일본인들 특히 마쓰에 사람들이 울릉도를 일본의 영토로 확장할 것을 선동했다. 그리고 『죽도도설』에는 「별도로 한 장의 섬 지도를 만들어 여기에 첨부한다.」라고 하여 한 장의 울릉도 지도를 삽입하고 있는데, 이 지도를 보면 지리적으로 울릉도에 대해 많은 지견을 갖고 있었다는 사실을 알 수 있다.

## 2.2 일본의 울릉도, 독도의 위치와 지형에 대한 인지

『죽도도설』에는 일본의 오키 섬에서 울릉도를 도항하는 과정의 지리적인 인식에 관해서 기록하고 있다. 지금의 독도와 유사한 섬에 관해서도 언급하고 있다. 그 내용을 인용하면 다음과 같다.


○ 혹자는 나에게, "이토토가이(伊藤東涯)의 수필에서 말하는, 『수서(隨書)』에서의 소위 축라도(舳羅島)란 실로 이 다케시마일 것"이라 말한다.

그 이야기(説)에 의하면 (다케시마의) 둘레를 40리(里)라고 한다. 내 생각에 그 이야기란 아마 이런 것일 것이다.

오키국(隱岐国) 마쓰시마(松島)의 서도(西島)「마쓰시마에 속한 하나의 작은 섬이다. 지역사람들은 차도(次島)라 부른다」에서 바닷길 약 40리 정도 북쪽에 섬 하나가 있다. 이름하여 다케시마(竹島)라 한다. 이 섬이 일본에 접해 있고 조선「다케시마에서 조선은 바닷길 40리 정도라고 한다. 이 말은 교호 9년 (享保, 1724)에, 그 이전에 섬을 수차례 드나들었던 노인 한 사람을 조사하였는데, 그 때 그의 말인즉, "하쿠슈(伯州) 아이미군 (会見郡) 하마노매(浜野目) 산류무라(三柳村) 에서 오키(隠岐)의 고토(後島)까지 35~36리 되는데, 그 눈짐작으로 다케시마에서 조선의 산을 보면 (조선의 산이) 조금 더 멀리 보이니 약 40리 정도일 것"이라고 했다. ○내 생각에, 그 조선의 산이라는 것은 아마 조선의 울릉산(鬱陵山)일 것이다」 옆에 있으며 지형은 삼각형으로 둘레가 약 15리 정도「이 15리라 한 것도 단지 눈짐작으로 한 말일 뿐이다. 농부의 말로는 특히 동서로 긴데 남북으로는 얼마나 넓은지 알 수 없다고 한다. 또 대나무가 무성하여 사람이 감히 들어갈 엄두를 내지 못하는 곳이 적지 않다고 한다」[5]

이상에서 다음과 같은 사실을 알 수 있다. 즉, 첫째로, 저자는 "오키국(隠岐国) 마쓰시마(松島)의 서도(西島)「마쓰시마에 속한 하나의 작은 섬이다. 지역사람들은 차도(次島)라 부른다」에서 바닷길 약 40리 정도 북쪽에 섬 하나가 있다. 이름하여 다케시마(竹島)라 한다."라고 지적한다. 즉, 오키국 소속의 마쓰시마에 차도라는 작은 섬이 서쪽에 위치하고 있다. 이 '차도'에서 바닷길로 40리정도 북쪽으로 가면 '다케시마'가 있다는 것이다. 동해상에는 일본 측에 오키 섬과 한국 측에 독도와 울릉도가 있다고 인식하는 것이 일반적이다. 독도의 상세도를 말할 때 실제로 동도와 서도로 나누어지지만, 당시 일본과 조선사이 동

---

5) 경상북도독도사료연구회 편(2014)『독도관계 일본 고문서 1』경상북도, pp.3-4.

해 바다에 위치한 섬을 이야기 할 때, 「오키 섬-독도-울릉도」라는 도시으로 말한다. 독도를 세분해서 「동도와 서도」를 구분해서 말하지는 않는다. 좀 특이한 경우라고 말 할 수 있기 때문에 일반인들이 「차도」라고 부르는 섬이 지금의 독도의 서도인지는 단정할 수 없다. 또한 "일본이 마쓰시마의 서도에서 40리(160km) 지점에 울릉도가 있다고 한다. 실제로 "오키국(隱岐国) 마쓰시마(松島)의 서도" 즉 오키 섬에서 독도까지는 157km 점에 있다. 그런데 실제로 독도에서 울릉도는 84km의 거리이므로 오키 섬과 지금의 독도간의 거리는 훨씬 더 멀다. 그런데 "오키국(隱岐国) 마쓰시마(松島)라고 표현하고 있으므로 사실과 다르게 훨씬 더 가깝게 표현하고 있으므로 사실관계에 대한 인식이 결여되어 있음을 알 수 있다. 따라서 당시 일본에서 단 한권밖에 존재하지 않은 울릉도, 독도에 관한 기록이라는 점에서 볼 때, 마쓰시마에 서쪽에 일반적으로 '차도'라고 부르는 섬이 있다는 내용으로 마쓰시마가 오키 섬의 소속이라고 부각시키고 있지만, '마쓰시마' 즉 지금의 독도에 대한 지리적 인식이 정확하지 않았다는 것을 알 수 있다.

둘째, 저자는 "이름하여 다케시마(竹島)라 한다. 이 섬이 일본에 접해 있고 조선「다케시마에서 조선은 바닷길 40리 정도라고 한다."라고 표현하고 있다. 저자는 '다케시마' 즉 지금의 울릉도에 관해서도 일본에 접해있다고 한다. 즉 일본의 마쓰시마의 소속인 차도와 조선 본토와 대등한 거리인 40리 지점에 위치하고 있기 때문에 조선의 영토라는 것을 거부하고 일본의 영토로서 영역을 확장할 수도 있다는 인식이 깔려 있다.

다케시마는 지금의 울릉도를 말하는데, 이 울릉도가 일본에 접해있다는 인식은 옳지 않고, 거리상으로도 마쓰시마(지금의 독도)와 한국 본토와 대략 40리로 같은 거리에 있다는 주장도 옳지 않다. 여기서 알 수 있는 내용은 동해의 여러 섬에 대해 정확한 인식을 갖고 있지는 않았지만, 대략적으로 당시 일본 어민은 동해에 오키 섬이 있고 마쓰시마와 다케시마라는 큰 섬이 2개 존재했는데, 마쓰시마는 일본 소속의 섬이고 다케시마도 일본의 영토로 확장할 수 있는 섬이라는 인식을 갖고 있었다고 하겠다. 이러한 인식 속에는 울릉도는 조선 소속의 섬인데 일본의 영토로 반환받아야한다는 인식을 갖고 있었다. 이러한 인식은 1696년 '죽도일건'으로 막부가 일본의 영토인 울릉도를 조선에 양도했다는 바탕적인 인식을 갖고 있었기 때문이다.[6]

셋째, 저자는 "이 말은 교호 9년 (享保, 1724), 그 이전에 섬을 수차례 드나들었던 노인 한 사람을 조사하였는데, 그 때 그의 말인즉, "하쿠슈(伯州) 아이미군 (会見郡) 하마노매(浜野目) 산류무라(三柳村)에서 오키(隠岐)의 고토(後島)까지 35~36리 되는데, 그 눈짐작으로 다케시마에서 조선의 산을 보면 (조선의 산이) 조금 더 멀리 보이니 약 40리 정도일 것"이라고 했다. ○내 생각에 그 조선의 산이라는 것은 아마 조선의 울릉산(鬱陵山)일 것이다」 옆에 있으며 지형은 삼각형으로 둘

---

6) 안용복사건을 당시 일본에서는 '죽도일건' 혹은 '울릉도쟁계'라고 했다. 이 사건으로 한일 양국 간에 울릉도 독도 영토분쟁이 일어나서 막부는 깨끗하게 울릉도와 독도에 대한 영유권을 주장하지 않았다. 즉 한국영토로 인정했다는 사실이다. 그러나 울릉도에 도해했던 오야와 무라카와 가문에서는 울릉도를 일본영토로 인식하는 경향이 전혀 존재하지는 않았다. 이러한 내셔널리즘적인 인식아래 생겨난 민간에서의 영토인식이다.

레가 약 15리 정도 「이 15리라 한 것도 단지 눈짐작으로 한 말일 뿐이
다. 농부의 말로는 특히 동서로 긴데 남북으로는 얼마나 넓은지 알 수
없다고 한다. 또 대나무가 무성하여 사람이 감히 들어갈 엄두를 내지
못하는 곳이 적지 않다고 한다」라고 했다. 즉 본서의 내용은 1724년
경에 이전부터 수차례 울릉도, 독도에 도항했다고 하는 일본인을 청취
하여 조사한 내용으로 당시의 독도에 관한 인식이다. 다케시마 즉 울
릉도에서 조선의 산(조선본토로 여겨짐-필자 주) 약40리라는 것이다.
그런데 "그 조선의 산이라는 것은 아마 조선의 울릉산(鬱陵山)"이라는
점으로 볼 때, 저자는 다케시마 이외에 조선의 울릉도가 별도로 존재
한다는 인식을 갖고 있은 듯하다. 즉 동해(일본식의 일본해) '일본 본
섬-오키 섬(오키국)-마쓰시마-마쓰시마의 서도(차도)-다케시마-울릉도-
조선 본토'라는 지리적 인식을 갖고 있었다. 전근대시대 일본의 다케시
마라는 인식은 지금의 울릉도를 말한다. 그런데 울릉도와 다케시마를
별개의 섬으로 보고 있는 것도 잘못된 인식이다. 따라서 당시 마쓰에의
일본인들도 울릉도와 독도에 대한 정확한 인식을 갖고 있지 않았다.

넷째로, '울릉산'의 지형에 관한 인식도 둘레가 15리로서 삼각형이
고, "농부의 말로는 특히 동서로 긴데 남북으로는 얼마나 넓은지 알 수
없고, 또 대나무가 무성하여 사람이 감히 들어갈 엄두를 내지 못하는
곳이 적지 않다고 한다"라는 것으로 볼 때, 울릉도 지형에 관해서는 울
릉도 거주 농부에게 들은 것이고, 실제로 울릉도 전체를 답사한 것은
아니었다는 것이다. 또한 대나무가 무성한 지역이 많았다고 한다는 말
에서 대나무가 많아서 울릉도를 '다케시마'라고 명명했음을 알 수 있다.

## 2.3 지리적 풍토와 포구의 위치에 대한 인지

일본에 울릉도가 처음으로 소개된 것에 관해 "이상의 여러 이야기는 교호 9년(1724)「갑진년」, 에도 막부의 조사에 대해 요나고 주민 오야 규에몬(大谷九衛門)과 무라카와 이치베(村川市兵衛)가 답해 올렸던 문서에 있던 것들이다."라는 것으로 알 수 있듯이, 막부가 1724년에 울릉도를 조사를 했고, 조사결과 오야가문과 무라가와가문이 울릉도를 도항한 기록에서 울릉도의 지리를 알게 되었다. 그렇다면 당시 중앙정부인 막부가 오야와 무라카와 가문으로부터 보고받아서 처음으로 알게 된 울릉도의 지형은 어떠한 모습이었을까?

산물이 무척 많은 진귀한 섬이다. 섬의 동남쪽 가장자리를 모두 '옛 오사카 포구(古大阪浦)'라고 한다. 이 부근에 많은 것이 대죽숲(大竹數)으로, (대나무가) 가장 큰 것은 둘레가 2척(尺) 정도라고 한다. 이 포구의 서쪽을 '하마다 포구(浜田浦)'라고 한다. 이 중간에 작은 계류(小流)가 있다. 산속에 있는 폭포가 그 물의 근원(水原)으로, 폭포수가 흘러 동쪽에 있는 두 갈래의 큰 강과 합류하고 크고 작은 세 갈래로 나누어져 흐르다가 바다로 빠진다. 그리고 가운데 강물은 은어(??)가장 많이 사는 곳이라 한다. 또 이 '하마다 포구'의 조금 서쪽을 이름하여 '다케 포구(竹浦)'라 한다. 배를 대기 쉬운 곳이다. 그러나 남풍이 강하게 불 때에는 배대기가 어렵기 때문에 대개 배를 정박시킨 채로 둔다.

이 포구의 서쪽으로 큰 강 하나가 흘러 바다로 빠진다. 이 큰 강의 서쪽에 작은 계류 하나가 있어 이 강으로 흐른다. 이 서쪽에 역시 섬 하나가 있다. 아직 그 이름을 모른다. 이 섬의 서쪽에 작은 시내  하나가 있다. 이 작은 시내물의 근원도 동쪽의 큰 강과 같이 그 사속에 있는 폭포이다. 이 작은 시내의 서쪽을 '기타구니 포구()'라 이름하고, 조금 더 북쪽을 '야나기 포구(柳浦)'라고 한다. 이 '야나기 포구'의 약간 북쪽에 역시 계류 하나가 흐르는데, 이는 그 동쪽에 있는 작은 시내물 두 개의 근원으로서 매우 크다. 이 계곡물의 북쪽 가장자리 일대에 갈대숲이 있다. 여기에서 동쪽으로 크게 치우친 곳을 '오사카 포구'라고 한다. 또 섬 중앙의 폭포에서 약간 동쪽에 해당하는 산속에 우물 하나가 있다.

이상의 여러 이야기는 교호 9년(1724) 「갑진년」, 에도 막부의 조사에 대해 요나고 주민 오야 규에몬과 무라카와 이치베가 답해 올렸던 문서에 있던 것들이다.[7]

막부는 오야와 무라카와 가문의 조사보고로 울릉도의 지형에 관해, 동남쪽으로부터 서쪽에서 북쪽으로 「오사카 포구」-「작은 계류」-「하마다 포구」-「다케 포구」「큰 강」-「작은 계류」-「섬하나(이름 모름)」-「작은 시내」-「기타구니 포구」-북쪽으로 -「야나기 포구」-「계류」-「갈대숲」-동쪽으로 -「오사카 포구」-「산속에 우물」이 존재한다는 사실을 알게 되었던 것이다. 이러한 지형에 대한 인식은 울릉도를 조사한 후 기록을 남긴 한국 측 자료에서도 유사한 형태의 그림지도를 남기고 있다.[8] 그리고 포구의 이름이 거의 대부분이 일본식 이름으로 표현하고 있는데, 이는 일본인들이 이곳에 들어와서 명명한 명칭이었다고 할 수 있다.

7) 경상북도독도사료연구회 편(2014) 『독도관계 일본 고문서 1』 경상북도, pp.4-5.
8) 1711년 수토사 박석창의 그림지도를 비롯해서 여러명의 수토사들이 남긴 그림지도도 동일한 인식의 지형을 표기하고 있다.

그러나 『죽도도설』에서는 독도의 지형이나 일본인들이 독도를 경영했다는 내용은 전혀 없다. 따라서 당시 일본인들의 관심을 가졌고 방문했던 곳은 바로 울릉도뿐이었다는 사실을 알 수 있다.

## 3. 일본인의 조선과 울릉도, 독도와의 관계성과 산물에 관한 인지

당시 18세기 마쓰에의 일본인들은 '마쓰시마'(松島: 지금의 독도)를 일본의 소속으로 알고,[9] '다케시마'(竹島: 지금의 울릉도)를 한국의 소속으로 인정하면서도 울릉도에 대한 영토적 욕심을 버리지 못하고 있었다. 그렇다면 당시 일본인들은 울릉도, 독도와 조선과의 관계를 어떻게 생각했을까?

일본인 중 오키의 북해(北海)에 다케시마가 있는 것을 알고 처음으로 어렵을 한 사람은 하쿠슈의 한 어부였다. 이 섬이 조선에 매우 가까이에

---

9) 본 『죽도도설』을 보면, 하치에몽 사건 이전에 오야, 무라가와 가문이 울릉도의 영유권은 포기했지만, 지금의 독도를 일본영토로 생각했다는 인식은 특기할 만한 사건이다. 이렇게 인식하게 된 경위는 70년에 걸쳐 울릉도를 도항하면서 독도의 존재를 인지하고 있었던 오야, 무라카와 가문에서는 급지야 울릉도와 독도를 자국의 영토로 오인하기 시작할 무렵, 자신들의 의사와 달리 막부에 의해 울릉도 도항면허가 취하되었던 것이다. 그러나 독도에 대해서는 면허를 준적이 없었기 때문에 공식적으로 면허취하라는 것이 없었다. 이러한 상황을 악용하여 독도에 대한 영토인식을 갖게 되었을 것으로 판단된다.

0 으나 오히려 조선인은 알지 못하였다. 이 섬의 북쪽으로 3리 정도에 섬이 또 하나 있는데 좋은 전복이 매우 많다. 이에 조선에서 삼 년이나 오 년에 한 번 어부를 보내 전복을 따오게 했다고 한다. 그들은 이 다케시마를 모르고 있었는데 우리 연호로 겐로쿠 5년 (1694) 봄에 처음 이 섬으로 표류해 와서 다케시마가 있다는 것을 알게 되었다.

이 이야기는 겐로쿠 6년(1696) 4월에 하쿠슈의 어부가 소송할 때의 상황에 의하면 틀림없는 이야기이다.[10]

이상의 내용으로 알 수 있는 것은 첫째로, 저자는 "일본인 중 오키의 북해에 다케시마가 있는 것을 알고 처음으로 어렵을 한 사람은 하쿠슈의 한 어부였다."라고 했다. 즉 오키의 어부가 울릉도에 관해서는 언급했지만, 지금의 독도에 관해서는 언급하지 않았다. 그 이유는 당시의 독도라는 섬은 가치적인 면에서 오야, 무라카와 가문의 사람들이 관심을 가질 만한 것이 없었기 때문에 영토적 인식을 갖지 않았던 것이다. 또한 울릉도에 대한 인식에 관해서도 일본에서는 하쿠슈의 한 어부가 일본인으로서 처음으로 울릉도의 존재를 발견하고 어렵을 했다는 것이다.

둘째, "이 섬이 조선에 매우 가까이에 있으나 오히려 조선인은 알지 못하였다."라고 하고 있다. 거리상으로 조선에 더 가까운 조선영토라고 할 수 있으나, 실제로는 조선인이 울릉도를 알지 못하여 활용하지 않았고, 오히려 일본인이 먼저 울릉도를 발견하여 활용했기 때문에 일본영토로 하는 것이 당연하다는 인식이다. 그런데 실제로는 '죽도일건'

---

10) 경상북도독도사료연구회 편(2014) 『독도관계 일본 고문서 1』 경상북도, p.5.

으로 인해 막부의 잘못된 판단으로 일본인은 가지 못하게 되었고, 오히려 울릉도가 조선의 영토가 되었다는 인식이다. 사실상 이러한 인식은 조선에서 울릉도를 영토로서 관리해온 사실에 의해 생긴 인식이다. 그런데 오로지 한국 측의 인식을 무시하고 일본 측의 인식만 고려한 것으로, 이러한 인식은 사실과 전혀 동떨어진 왜곡된 인식이라고 할 수 있다.11) 하쿠슈의 일본인들은 그렇게 인식하고 있었던 것이다.

조선이 1403년부터 울릉도를 빈 섬으로 관리하던 사이에 오야, 무라카와 가문이 몰래 1624년경부터 울릉도에 잠입하여 노략질을 했다. 그때에 두 가문은 「울릉도의 산물의 대략」에 관해 다음과 같이 기술하고 있다.

식물에 관해서는, 인삼 「잎은 무를 닮아 뾰족하고 고고메바나 같이 노랗고 맛은 달고도 맵다고 한다」 ○ 하세사쿠라   선단목 「주단과 흑단이 다 있다. 생김은 치자나무와 비슷하고 흰색이다」 ○ 흑단
다이다라 「오리나무 같고 녹나무와 닮았다. 요나고 주변 여기저기에 이 나무가 있다고 한다)」
「○ 다이다라란 오오타라인가. 오오타라의 한자명은 음나무 「하리기리」라 한다」
황벽나무 「벽목」 동백나무 솔송나무 느티나무 대북 마노다케
호랑가시나무 「잎은 단풍나무 잎 같다. 나무 색은 붉고 잎 끄트머리가 뾰족하여 손을 벤다. 우리나라 비자나무와 비슷하다」 ○ 구골나무

---

11) 삼국사기, 삼국유사, 세종실록지리지, 동국여지승람, 칙령41호 등에서 신라, 고려, 조선, 대한제국이 각각 울릉도에 대해 영토적으로 행정적으로 관할했다는 기록이 있다,

는 주다이고로요 또는 히이라기난텐이라고도 한다.

오동나무

가비 「닭풀의 일종, 이것으로 당지를 만들고, 또 화지에도 가비로 만든 것이 있다」 ○ 골풀의 한자명은 등심초 마늘잎은 옥잠화와 같다. ○ 대산 소산 관동 양하 땅두릅 백합 우엉

감탕나무 떡갈나무의 일종이다. 이름을 만세라고 한다, ○『본초강목』에서의 소위 植라는 것은 소요고(동청나무)로서 감탕나무, 만년장이라는 것도 소요고이다. 소요고란 이것들을 전부 합친 이름이다.

수유「호퇴자」딸기 이타도리 진사암 암록청 같은 것 ○ 암록청의 한자명은 녹청, 석록이라고도 하고 대록이라고도 한다. 등이 그 대략이다. 농부나 어부와 같은 천한 자들은 물산에 대한 지식이 없으므로 (다케시마의 산물에 대해) 애당초 아직까지 알려지지 않은 것이 많다는 것은 알고 있는 바이다. 그러나 원래 나무가 무성하고 숲이 깊은 곳이니 지금 박학다식한 한 사람을 보내 섬을 잘 탐색해 보면 신기한 나무와 기이한 풀도 적지 않을 것이니, 매우 탄식할만한 일이다.

동물에 관해서는, 고양이 쥐 종달새 「천류」, 구멍새 「매일 아침 7시경 어딘가로 날라갔다가, 해질 무렵 유시(저녁 6~8시 경)에 (구멍으로) 돌아와 쉰다. 만일 사람들이 한밤중에 그 구멍을 찾아내어 뒤지만 잡을 수도 있다. 색은 잿빛이고 마치 오토리 같다. 배의 깃털색도 희다고 한다. 농부들이 구멍새라 이름 붙였다. 아직 그 명확한 한자명을 모른다.」

직박구리 「히요토리」가와라히와 「금시작」 박새 「시지우카라」 갈매기 가마우지 「자로」 나지코 제비 독수리 뿔매 「구마타카」 매 전복 「아와비」 삼천어 노지코

도도 어떤 사람이 나에게 말하길, "히젠의 히라토 · 고토 근처 바다에 사는 '마레부이'라는 것이 이 도도의 일종일 것이다. 그 크기는 작은 개

만하고, 생김새는 메기같고, 기름기가 매우 많아 살갗이 밀랍 같다. 만일 이것을 잡으면 가마에 넣고 물을 부어 끓이는데 그 때 기름이 끓어올라 물 위로 뜬다. 이것을 걷어내고 한 번 더 물을 넣어 끓여도 처음가 같은데 몇 번을 끓여도 (기름기가) 없어지지 않는다. 이에 어부들이 이것을 잡으면 기름을 많이 얻을 수 있다는 이점 때문에 늘 이것을 잡으려고 욕심을 내나, 원래 (도도는) 후각이 예민한 놈이어서 만일 사람이 바람 불어 오는 방향에 있으면 (사람 냄새를 맡고) 즉시 물속으로 들어가 숨는다. 혹 때때로 바다에 풍랑이 일면 나와서 암초 위에서 오래 자기도 한다. 그럴 때 바람 부는 반대 방향에서 다가가 창으로 찔러 잡는다"고 하였다.등이다. 위에서 특히 인삼·전복·도도의 세 종류가 가장 많다. 요나고에서 도해 하는 사람들은 이 세 종류 외는 많이 가져오지 않는다고 한다.[12]

이상의 산물을 기록하고 있다는 것은 두 가문이 울릉도에 잠입하여 채취하거나 관심의 대상이었다는 것이다. 식물에 관해서는 「농부나 어부와 같은 천한 자들은 물산에 대한 지식이 없으므로 (다케시마의 산물에 대해) 애당초 아직까지 알려지지 않은 것이 많다는 것은 알고 있는 바이다. 그러나 원래 나무가 무성하고 숲이 깊은 곳이니 지금 박학다식한 한 사람을 보내 섬을 잘 탐색해 보면 신기한 나무와 기이한 풀도 적지 않을 것이니, 매우 탄식할만한 일이다.」라고 하여 관심을 가졌다는 것이다.

---

12) 경상북도독도사료연구회 편(2014) 『독도관계 일본 고문서 1』 경상북도, pp.5-7.

동물에 관해서는 「원래 (도도는) 후각이 예민한 놈이어서 만일 사람이 바람 불어 오는 방향에 있으면 (사람 냄새를 맡고) 즉시 물속으로 들어가 숨는다. 혹 때때로 바다에 풍랑이 일면 나와서 암초 위에서 오래 자기도 한다. 그럴 때 바람 부는 반대 방향에서 다가가 창으로 찔러 잡는다고 하였다.」라고 했다.

하쿠슈 일본인들이 울릉도에서 가장 많이 채취한 것에 대해서는 「특히 인삼·전복·도도의 세 종류가 가장 많다. 요나고에서 도해 하는 사람들은 이 세 종류 외는 많이 가져오지 않는다고 한다.」라고 하여 인삼과 전복 그리고 도도를 채취하여 일본에 가장 많이 유출시킨 것이다.

『죽도도설』에서 이러한 인식을 갖고 있었는데, 이러한 인식은 "이상의 산물은 요나고의 오야와 무라카와 두 사람이 겐로쿠 6년에 도해했던 사람들이 본 것을 적어, 에도 막부의 관료에게 올린 서류로써 증명된다"라고 하는 것처럼, 이들 물산은 오야, 무라카와 두 가문이 울릉도를 도항하여 특히 관심을 갖고 확인하고 채취했던 것임을 알 수 있다. 이것들은 모두 막부에도 보고되어졌던 것이었다.

## 4. 일본의 울릉도 도항의 계기에 관한 인식

「죽도도설」에서는 일본인이 어떻게 일본에서 보이지 않는 울릉도에 도항하게 되었는지 그 계기에 대해 다음과 같이 기술하고 있다.

태수 방열(芳烈)공 「신타로(新太郎) 소장(少将) 미쓰마사 (光政)공」이 인슈(因習)와 하쿠슈 두 주(州)의 영주이었을 때인 겐나3년 (元和,1617), (막부의) 명령으로 아베 시로고로(阿部四郎五郎)가 정무(政務)를 위해 (요나고에) 왔을 때 오야(大谷)·무라카와(村川)라는 두 상인이 나서서 다케시마 전복 어렵에 대한 청원을 하여, 그 다음해인 겐나4년(1618)에 그 두 상인을 에도로 부터 면허하고 어주인(御朱印)을 내리셨는데, 단, 직접 두 상인에게 주지 않고 일단 방열(芳烈)공에게 준 것을 (두 상인이) 받았다. 「이 해부터 두 상인이 장군을 배알하고 시복(時服)을 받았고 다케시마의 명물은 전복을 바쳤다. 이후 8, 9년이 지나서는 두 상인 중 한명씩의 격년 배알로 정해졌다」[13]

이상에서 알 수 있는 것은 오야, 무라가와 두 상인 가문이 영주 방열공 신타로가 인슈국과 하쿠슈국의 영주로 있을 때, 1617년 막부의 가신으로서 아베 시로고로가 요나고에 부임했다. 그때에 1618년 오야와 무라카와라는 두 상인이 막부가신인 아베 시고로에게 다케시마에서의 전복 어렵에 대한 청원을 하여 막부가 도해면허를 영주에게 내려주어, 영주가 그것을 받아 두 가문에 전달했다. 그 때부터 두 상인이 쇼군을

---

13) 경상북도독도사료연구회 편(2014) 『독도관계 일본 고문서 1』 경상북도, p.8.

직접 찾아뵙고 전복을 바쳤다. 1626년부터는 두 가문이 격년제로 번갈아 울릉도에 도항하고 돌아와 격년제로 쇼군을 찾아뵈었다는 것이다.

막부는 막부 가신의 요청으로 도해면허를 허가했다. 그러나 울릉도가 일본의 영토였기 때문에 도항면허를 한 것은 아니었다. 단지 두 가문의 주장에 따라 울릉도가 무인도라는 사실을 인정해서 도해를 허가한 것이다.[14] 당시 막부는 외국에 도항할 때 주인선의 도해허가를 준 것이다. 울릉도도 마찬가지로 주인선의 도항을 허가했다는 것은 일본 영토가 아니었다는 것을 의미한다.[15] 이러한 이유 때문에 결국 1696년 조선과 일본의 중앙정부 간에 울릉도와 독도의 영유권 문제가 대두되었을 때, 일본 막부는 주저없이 사실관계를 확인한 후 어부들의 도해면허를 취소하고 도항을 금지했던 것이다.[16]

당시 조선과 일본 사이에 벌어졌던 울릉도, 독도 영유권 분쟁의 발생 경위에 관해 다음과 같이 기술하고 있다.

그 후 겐로쿠 5년(1695) 봄 2월 십 몇 일, 예년과 같이 요나고를 출항하여 오키노쿠니 후쿠우라에 도착하였고, 같은 해 3월 24일 후쿠우라를 출항하여, 같은 달 26일 다케시마의 '이카 섬(오징어섬)'이라는 곳에 도착하였다. 이때 처음으로 다른 나라 사람이 어렵을 하는 것을 보았다.

---

14) 타케우치 타카시(2013)『獨島=竹島問題 固有領土論의 歷史的 檢證』선인, pp.37-98. 권오엽(2010)『일본고문서의 독도, 拱帳(히카에쵸)』책사랑, pp.50-67. 内藤正中·金柄烈(2007)『史的檢證 竹島·獨島』岩波書店, pp.8-61. 内藤正中·朴炳涉(2007)『竹島=獨島論爭』新幹社, pp.53-95.
15) 신용하(1996)『독도, 보배로운 한국영토』지식산업사, pp.81-83.
16) 나이토 세이추(2005)『獨島와 竹島』제이앤씨, pp.81-160.

확실히 그 이전에는 본 적 없는 일이었다. 다음 날 27일 배 하나를 그 섬의 '하마다 포구'로 보냈는데, (배가) 가던 길에 또 외국 배 두 척을 보았다. 단 한 척은 포구에 정박해 있었고 한 척은 바다에 떠 있었는데 외국인 30명 정도가 이 배에 타고 있었다. 우리 배는 8, 9간 떨어져서 '오사카 포구'로 갔다.[17]

오야와 무라카와 두 가문이 울릉도에서 처음으로 조선인을 조우한 것에 관해서 기록하고 있다. 이상에서 다음과 같은 사실을 알 수 있다. 즉, 첫째, "겐로쿠 5년(1695) 봄 2월 십 몇 일, 예년과 같이 요나고를 출항하여 오키노쿠니 후쿠우라에 도착하였고, 같은 해 3월 24일 후쿠우라를 출항하여, 같은 달 26일 다케시마의 '이카 섬(오징어 섬)'이라는 곳에 도착하였다."라는 것이다. 여기에서 오키 섬의 후쿠우라에서 지금의 울릉도까지 2일이 걸렸다는 사실이다. 또한 울릉도의 '이카 섬'에 도착하였다고 하는데, 울릉도 본섬 이외에 배가 정박할 만한 섬은 없다. 그래서 이카 섬이 무슨 섬을 가리키는지에 대해서는 알 수 없다.

둘째, "이때 처음으로 다른 나라 사람이 어렵을 하는 것을 보았다. 확실히 그 이전에는 본 적 없는 일이었다."라는 것이다. 두 가문은 70여 년간 울릉도에 여러 번 도항하였을 텐데 처음으로 조선인을 발견했다는 것이다. 이는 사실이 아니다. 1693년에 안용복이 1차 도일을 했을 때, 일본인들을 조우했던 것이다. 이때에 안용복은 일본인들에게 납치되어 일본으로 끌려갔던 적이 있었다.[18]

---

17) 경상북도독도사료연구회 편(2014)『독도관계 일본 고문서 1』경상북도, p.8.

셋째, "다음 날 27일 배 하나를 그 섬의 '하마다 포구'로 보냈는데, (배가) 가던 길에 또 외국 배 두 척을 보았다. 단 한 척은 포구에 정박해 있었고 한 척은 바다에 떠 있었는데 외국인 30명 정도가 이 배에 타고 있었다. 우리 배는 8, 9간 떨어져서 '오사카 포구'로 갔다."라고 했다. 여기서 1695년이라는 연도가 명확하지 않다. 왜냐하면 맨 처음 양국 간의 분쟁의 단초가 된 것이 1692년 안용복이 일본인과 조우한 것이다. 1623년 도항 때에 당시 조선 측은5척의 배로 50여명이 일본인보다 먼저 와서 어로를 하고 있었다.[19] 또한 일본의 어부들도 2척 이상의 배로 울릉도에 도항했다는 것을 알 수 있다.[20]

요컨대 일본의 두 어부가 울릉도도해면허를 받아 울릉도에 도항했다는 것이다. 도해면허의 성격에 관해서는 언급하지 않고 도해면허를 받아 합법적으로 도항했다는 것은 울릉도를 조선의 영토로서 인정하지 않았다는 것이다. 이러한 인식은 두 가문이 울릉도 도해면허를 갖고 70여 년간 울릉도에서 조업을 했기 때문에 일본영토라는 인식을 깔고 있었던 것이다.

---

18) 권오엽(2009) 『독도와 안용복』 충남대학교출판부, pp.206-278.
19) 권오엽·大西俊輝(2009) 『獨島의 原初記錄 元祿覺書』 제이앤씨, p.134..
20) 경상북도독도사료연구회 편(2014) 『독도관계 일본 고문서 1』 경상북도, p.8.

# 5. 울릉도에서 조선인과 일본인의 조우에 관한 인식

한일 양국에서 보관하고 있는 고문헌에는 1693년과 1696년 2번에 걸쳐 한일 양국의 어부가 울릉도에서 조우하여 분쟁을 하였다는 기록이 있다.[21] 그렇다면『죽도도설』에서는 이 사실을 어떻게 기록하고 있는지를 검토해보기로 한다.『죽도도설』에는 다음과 같은 기록이 있다.

우리 배는 8, 9간 떨어져서 '오사카 포구'로 갔다. 그 사람들 중 한 사람이 육지에 혼자 남아있었는데 즉시 작은 배를 타고 우리 근방으로 왔다. 이에 이 사람에게 물어보니, '조선의 '가와텐 가하라'라는 사람'이라고 대답하였다. 단 이 사람은 통사(통역관) 처럼 우리나라 말을 아주 잘했다. 그래서 전복 어렵을 하는 이유를 물으니 그의 대답인즉, "원래 이 섬의 전복을 따고자 했던 것은 아니다. 그런데 이 섬 북쪽에 섬 하나가 있는데 좋은 전복이 많다. 그래서 우리들이 조선국 왕의 명을 받아 삼 년에 한 번씩 그 섬에 간다. 올해도 역시 그 섬에 갔다가 귀항하는 길에 큰 바람을 만나 뜻하지 않게 이 섬 「다케시마」로 밀려왔다"고 하였다. 이 때 우리들이 말하길, "다케시마는 옛날부터 일본인이 전복을 따온 곳이니 즉시 떠나라"고 했더니, 그가 말하길, "큰 바람을 만나 배가

---

21) 권오엽(2010)『일본고문서의 독도, 拱帳(히카에쵸)』책사랑. 권오엽・大西俊輝(2009)『獨島의 原初記錄 元祿覺書』제이앤씨. 경상북도독도사료연구회 편(2013)『竹島紀事1』경상북도. 경상북도독도사료연구회 편(2013)『竹島紀事2』경상북도. 경상북도독도사료연구회 편(2010)『竹島考(죽도고) 上下』경상북도 참조. 송병기(2004)『독도영유권자료선』한림대학교, pp.1-278. 오오니시 도시테루(2004)『獨島』제이앤씨, pp.182-258. 오오니시 도시테루(2011)『獨島槪觀』인문사, pp.215-291.

무두 파손되었기 때문에 이것을 고치고 난 후에 떠나겠다"고 하였으나 사실 급히 떠날 것처럼 보이지도 않았고, 우리들이 상륙하여 예전에 지어놓은 오두막 「어선과 어구, 그 외 잡다한 도구를 두었다」를 조사해 보니 어선 8척이 없어져 있었다. 이에 이 일을 그 통사에게 따지니 '모두 포구로 보냈다'고 답하였다. 그 위에 우리 배를 정박시키라고 강요했으나 그들은 수가 많고 우리는 적으니 대적할 수가 없어, 두려운 마음에 3월 「겐로쿠 5년 (1695) 3월」 21일 밤 7시에 다케시마를 떠났다. 단, 구시코(串鰒) 조금과, 갓 한 개, 메주 한 덩어리를 가지고 돌아왔다. 이 것은 이번 도해의 증거로 삼기 위한 것이었다. 4월 1일, 세키슈(石州)하마다로 돌아와 운슈(雲州) 구모쓰(雲津)를 경유하여 같은 달 5일 7시에 하쿠슈 요나고에 도착하였다.[22]

이상의 내용으로 다음과 같은 사실을 알 수 있다. 즉, 첫째, 「"우리 배는 8, 9간 떨어져서 '오사카 포구'로 갔다. 그 사람들 중 한 사람이 육지에 혼자 남아있었는데 즉시 작은 배를 타고 우리 근방으로 왔다.」라는 내용으로 볼 때, 조선 어부들이 일본어부들 보다 먼저 울릉도에 도착했다는 것을 알 수 있다. 또한 조선어부가 적극적으로 섬의 주인 역할을 하면서 일본인 어부를 견계하고 있었다는 사실을 알 수 있다.

둘째, 「이 사람에게 물어보니, '조선의 '가와텐 가하라'라는 사람'이라고 대답하였다. 단 이 사람은 통사(통역관) 처럼 우리나라 말을 아주 잘했다.」라고 했다. 즉 가와텐 가와라가 안용복인지는 여기서는 잘 알

---

22) 경상북도독도사료연구회 편(2014) 『독도관계 일본 고문서 1』 경상북도, pp.8-9.

수 없다. 그러나 안용복이라는 사실도 배제할 수 없다. 왜냐하면, 기록 상으로 그 당시에 가장 활약을 한 사람이 안용복이기 때문이다. 그는 통역사로서 자질을 완전히 갖춘 일본어를 아주 능숙하게 하는 능력자 임을 알 수 있다.

셋째, 「전복 어렵을 하는 이유를 물으니 그의 대답인즉, "원래 이 섬 의 전복을 따고자 했던 것은 아니다. 그런데 이 섬 북쪽에 섬 하나가 있는데 좋은 전복이 많다.」라고 했다. 즉 조선어부들은 전북을 따기 위 해 울릉도에 도항했던 것이다. 또한 조선어부는 울릉도 이외에 또 하 나의 섬인 「우산도」가 존재한다고 인식하고 있었다. 지금의 독도는 당 시로서는 사람이 거주할 수 없는 섬이었지만, 당시의 조선인들은 울릉 도가 아닌 또 다른 사람이 거주할 수 있는 큰 섬이 있는 것으로 인식하 고 있었다.[23] 지금의 독도와 같이 형상이나 크기에 대해서는 정확히 알지 못했지만, 독도가 우산도라는 이름으로 조선영토로서 사람이 거 주하는 큰 섬이라고 인식하고 있었던 것이다.[24] 그리고 또 다른 사실 은 조선어부들은 일본어부들과 분쟁을 싫어하여 현재 체류 중인 울릉 도가 조선영토라고 강력히 내세우지는 않고 일단 전략적으로 거짓말 을 했음을 알 수 있다. 왜냐하면 「북쪽에 또 다른 섬이 존재한다」라고

---

23) 신라시대, 고려시대는 울릉도에 사람이 거주하고 있었기 때문에 독도가 사람이 거주할 수 없는 섬이라는 것을 명확히 알고 있었는데, 조선시대에 쇄환정책으로 울릉도에 사람의 거주를 못하게 함으로써 독도의 위치나 형 상 그리고 크기에 대해서도 정확히 알지 못했다. 다만 동해에 울릉도와 더불어 우산도 즉 2개의 섬이 존재한다는 사실은 알고 있었던 것이다.
24) 최장근(2014)「'우산도=석도=독도'를 위한 고지도상의 '우산도' 명칭 연구」, 『한국영토 독도의 고유영토론』 제이앤씨, pp.69-104.

했지만, 실제로 독도와 같은 무인도는 울릉도 동남쪽에 존재하지만, 북쪽에는 존재하지 않기 때문이다. 다만 조선의 고문헌 「동국여지승람」의 「동람도」에는 울릉도의 북서쪽 혹은 서쪽에 「우산도」가 위치하고 있기 때문에 이들이 「동람도」와 같은 유형의 지도를 지참하고 있었을 가능성이 높다.25)

넷째, 「이 섬 북쪽에 섬 하나가 있는데 좋은 전복이 많다. 그래서 우리들이 조선국 왕의 명을 받아 삼 년에 한 번씩 그 섬에 간다. 올해도 역시 그 섬에 갔다가 귀항하는 길에 큰 바람을 만나 뜻하지 않게 이 섬 '다케시마'로 밀려왔다고 하였다.」는 것이다. 1695년에 울릉도에 오는 조선어부는 조선정부가 보낸 울릉도의 수토사였을 수도 있다.26) 아니면 수토사를 가장한 어부였을 가능성도 배제할 수 없다. 조선조정에서는 1695년 이전부터 3년에 1번 수토사를 울릉도에 보냈다는 사실을 알 수 있다. 또한 일본인들은 이 섬을 「다케시마」라고 하여 일본영토라고 주장했고, 조선어부들은 「울릉도」가 조선영토라고 주장했으며, 분쟁을 피하기 위해 일부러 울릉도는 이 섬이 아니라 북쪽에 있다고 거짓말을 했던 것이다. 그것은 「이 때 우리들이 말하길, "다케시마는 옛날부터 일본인이 전복을 따온 곳이니 즉시 떠나라"고 했더니, 그가 말하길, "큰 바람을 만나 배가 모두 파손되었기 때문에 이것을 고치고 난 후에 떠나겠다"고 하였으나 사실 급히 떠날 것처럼 보이지도 않았다」라는 부분에서 알 수 있다.

---

25) 신용하(1996) 『독도, 보배로운 한국영토』 지식산업사, pp.1-200
26) 최장근(2014) 『한국영토 독도의 고유영토론』 제이앤씨, pp.69-104.

다섯째, 「우리들이 상륙하여 예전에 지어놓은 오두막 "어선과 어구, 그 외 잡다한 도구를 두었다"를 조사해보니 어선 8척이 없어져 있었다. 이에 이 일을 그 통사에게 따지니 '모두 포구로 보냈다'고 답하였다. 그 위에 우리 배를 정박시키라고 강요했으나 그들은 수가 많고 우리는 적으니 대적할 수가 없어, 두려운 마음에 3월 "겐로쿠 5년 (1695) 3월" 21일 밤 7시에 다케시마를 떠났다.」라고 했다. 즉 일본어부들은 예전에도 울릉도에 잠입하여 오두막집을 지어 8척의 어선과 어구 등을 보관하고 있었음을 알 수 있다. 그런데 「작년」이라는 말이 없는 것으로 보아 일본어부들이 반드시 매년 두 어부가 격년으로 울릉도에 도항했다[27]는 것은 신용할 것은 못된다. 또한 조선 어부들은 일본어부들이 만들어 놓은 선박 등 그대로 두지 않고, 조선영토에 일본어부들이 노략질을 하러들어왔다는 인식아래 일본어부들의 어구를 모조리 압수했음을 알 수 있다. 그리고 조선어부는 일본어부들보다 수적으로 우세하였지만, 사실상 주인의식을 강하게 갖고 있었음으로 일본어부들을 울릉도에서 더 이상 머물지 못하도록 추방했다는 사실을 알 수 있다. 그리고 일본어부들은 「3월 21일 밤 7시」에 울릉도를 빠져나왔다는 것은 조선인들로부터 상당한 위협을 느껴서 밤에 울릉도를 빠져나왔다는 말이 된다.

여섯째, 「단, 구시코(串鰒) 조금과, 갓 한 개, 메주 한 덩어리를 가지고 돌아왔다. 이것은 이번 도해의 증거로 삼기 위한 것이었다. 4월 1일,

---

27) 下条正男(2005)『竹島その歷史と領土問題』竹島・北方領土返還要求運動島根県民会議, pp.26-52.

세키슈(石州) 하마다로 돌아와 운슈(雲州) 구모쓰(雲津)를 경유하여 같은 달 5일 7시에 하쿠슈 요나고에 도착하였다.」라고 했다. 즉 일본어부들은 울릉도를 자신의 영토라고 생각하고 있었기 때문에 조선어부들의 소지품을 증거로 가지고 본국으로 돌아가서 조선어부들이 일본영토인 다케시마에 잠입했다는 사실을 막부에 고발했다.

요컨대 조선어부들은 울릉도가 조선영토라는 확실한 인식을 갖고 있었고, 일본어부들과 직접적인 충돌을 피하기 위해서 일본이 주장하는 다케시마는 일본영토이고, 한국의 영토인 울릉도는 이 섬의 북쪽에 있다고 거짓말을 했던 것이다. 결국은 힘의 우세로 조선어부들은 일본어부들을 울릉도 밖으로 몰아내었던 것이다. 그런데 일본어부들도 또한 다케시마가 일본영토인데 조선어부들에게 점령당했다는 인식을 갖고 있어서 이 사실을 중앙정부인 막부에 고발하기 위해 증거자로서 조선인의 소지품을 빼앗아 귀항했던 것이다.

이처럼 당시 일본어부들은 울릉도가 일본영토이고, 조선인들이 불법 어로를 행한다는 인식을 갖고 있었다. 그것은 「다음 해 겐로쿠 6년(1696) '계유' 봄 2월 하순에 다시 요나고를 출항하여 여름 4월 17일 미시(오후 2시경)에 다케시마에 도착하였다.」라는 사실로 알 수 있다. 이들 일본 어부들은 지속적인 울릉도 도해를 위해서라도 조선인을 납치하여 도항을 금지시킬 목적을 갖고 이듬해 계획적으로 울릉도에 도항했던 것이다. 그 내용은 다음과 같다.

다음 해 겐로쿠 6년(1696) 「계유」 봄 2월 하순에 다시 요나고를 출항하여 여름 4월 17일 미시(未刻, 오후 2시경)에 다케시마에 도착하였다.
그런데 작년과 같이 조선인들만이 어렵을 하고 우리를 방해하였고 자
칫하면 욕을 하곤 하여 험상궂은 분위기였기에, 별 수 없이 그 중 제일
높은 사람 한 사람과 동료 두 세 명을 잡아 우리 배에 태웠고, 같은
달 18일에 다케시마를 떠나 같은 달 28일에 요나고로 돌아와 이 일을
영주 「하쿠슈의 마쓰다이라(松平)」에게 호소하였다. 영주 역시 이 일을
간조카시라(勘定頭)인 마쓰다이라 미노노카미(松平美濃守)님에게 보고
하였다. 이에 막부가 명을 내려 관련자들을 에도로 불러 이 일에 대해
소상히 밝히실 때 "일본인과 조선인의 도해 시기는 다르지 않는가"라고
물으셨는데, 관련자들이 답하길, "우리들은 매 해 봄 2, 3월경에 도해하
고 7월 상순에 귀항할 때 어선·어구 등을 오두막에 넣어두고 그 다음
해 도해할 때까지 건드리지 않는데, 지난 겐로쿠 5년(1692)부터 오두막
을 열고 (조선인들이) 마음대로 물건을 빼앗고 태연히 사용하고 있는
모양을 보면 조선인은 그 해 처음으로 다케시마를 알게 되었음에 틀림
없습니다"라고 하였다. 또 이와 같은 상황 때문에 어렵을 하기 어렵다고
몇 차례고 탄원을 했다. 후에 겐로쿠 9년(1696) 「병자」년 정월 28일,
쓰키반(月蕃) 로주(老中)인 도다 야마시로노카미(戸田山城守)님이 봉서
를 내렸는데, 그 내용인즉, 이전에 마쓰다이라 신타로(松平新太郎)가
인슈·하쿠슈 두 주(州)의 영주였을 때 막부에 건의하여 하쿠슈 요나고
주민 무라카와 이치베(村川市兵衛) 오야 진키지(大谷甚吉)가 지금까지
다케시마에 들어가 어렵을 해 왔으나, 향후에는 입도를 금제한다는 명
이 계셨으므로 그 뜻을 받들도록 하라.

공황신언(恐惶愼言)

겐로쿠 9년 (1696) 병자년 정월 28일

쓰치야 사가미노카미(土屋相模守) 재판

도다 야마시로노카미(戸田山城守)

아베 분고노카미(阿部豊後守)

오쿠보 카가노카미(大久保加賀守)

마쓰다이라 호키노카미(松平伯耆守)님[28]


이상에서 알 수 있는 내용은 다음과 같다. 즉, 첫째, 「작년과 같이 조선인들만이 어렵을 하고 우리를 방해하였고 자칫하면 욕을 하곤 하여 험상궂은 분위기였기에, 별 수 없이 그 중 제일 높은 사람 한 사람과 동료 두세 명을 잡아 우리 배에 태웠고, 같은 달 18일에 다케시마를 떠나 같은 달 28일에 요나고로 돌아와 이 일을 영주 '하쿠슈의 마쓰다이라'에게 호소하였다. 영주 역시 이 일을 간조카시라(勘定頭)인 마쓰다이라 미노노카미님에게 보고하였다.」라고 하였다. 즉 조선어부들은 1696년에도 울릉도에 들어와 조업을 했고, 도항한 일본인들에 대해서는 침략자로 취급을 했다. 그래서 일본어부들은 가장 핵심적인 인물들을 납치하여 일본으로 데리고 가 협박함으로써 더 이상 울릉도에 도항을 못하도록 하려고 했다. 이들은 하쿠슈 영주에게 이를 호소했고, 영주는 파견 중인 막부관료인 간조카시라에게 호소했던 것이다.

둘째, 「이에 막부가 명을 내려 관련자들을 에도로 불러 이 일에 대해

---

28) 경상북도독도사료연구회 편(2014) 『독도관계 일본 고문서 1』 경상북도, pp.9-10.

소상히 밝히실 때 "일본인과 조선인의 도해 시기는 다르지 않는가"라고 물으셨는데, 관련자들이 답하길, "우리들은 매 해 봄 2, 3월경에 도해하고 7월 상순에 귀항할 때 어선·어구 등을 오두막에 넣어두고 그 다음해 도해할 때까지 건드리지 않는데, 지난 겐로쿠 5년(1692)부터 오두막을 열고 (조선인들이) 마음대로 물건을 빼앗고 태연히 사용하고 있는 모양을 보면 조선인은 그 해 처음으로 다케시마를 알게 되었음에 틀림없습니다"라고 하였다.」라고 하였다. 막부는 일본인 관련자들을 에도로 불러서 내용을 확인했다. 그때에 막부는 일본인과 조선인들이 시기를 달리하면서 울릉도에서 모두 조업을 한 것이 아닌가라고 인식했다. 그런데 일본어부들은 지금까지는 일본어부들만 울릉도에서 조업을 했고, 조선인들은 1695년과 1696년 단 2년간뿐이라고 주장하면서 「또 이와 같은 상황 때문에 어렵을 하기 어렵다고 몇 차례고 탄원을 했다.」라는 것으로 보아, 일본어부들은 조선인들의 조업을 금지하고 일본어부들의 조업을 계속적으로 허가해줄 것을 요구했다.

셋째, 「후에 겐로쿠 9년(1696) '병자'년 정월 28일, 쓰키반 로주인 도다 야마시로노카미님이 봉서를 내렸는데, 그 내용인즉, 이전에 마쓰다이라 신타로가 인슈·하쿠슈 두 주의 영주였을 때 막부에 건의하여 하쿠슈 요나고 주민 무라카와 이치베 오야 진키지가 지금까지 다케시마에 들어가 어렵을 해 왔으나, 향후에는 입도를 금제한다는 명이 계셨으므로 그 뜻을 받들도록 하라.」라고 하였다. 즉, 막부는 지금까지는 도해면허를 받아 울릉도에 도해를 했지만, 「겐로쿠 9년 (1696) 병자년 정월 28일」부터 울릉도는 원래 조선의 영토임에 분명하므로 더 이상

도해하여 조업을 해서는 안 된다고 금지령을 내렸던 것이다.

그러나 요나고 주민들은 울릉도에서 조업을 계속하기를 원하여 탄원서를 가지고 직접 에도에 찾아가 막부에 대해 도항을 허가해줄 것을 요청했다. 그 내용은 다음과 같다.


이 해 다케시마 어렵이 금지되고 난 후 겐로쿠 11년(1698) 정축년 가을에, 요나고 주민 무라카와 이치베가 에도로 가서 탄원을 하였다. 이후 교호 9년(1724) 「갑진」에 에도 막부로부터 인슈의 영주에게 문의가 있었다. 단 요나고는 아라오 다지마(荒尾但馬)의 소유지이므로 그에게 명령하여 일의 진상을 조사하였을 때 그 두 상인이 올린 서장을 필사하여 이케다 분고(池田豊後)「인슈의 다유(大夫)」가 우리 번(마쓰에 번)에 보냈다. 후에 호레키 연간(1751~1764년경)에 인슈의 사자가 청태원(淸泰院)「재상 이케다 다다오(池田忠雄)경의 능묘가 있다」에 머물렀을 때 이 일에 대해 물어보니 두 이야기가 딱 들어맞아 조금도 다른 점이 없었다. 이에 이것을 적어 우리 집안에 전한다고 하였다. 『죽도도설』마침[29]


첫째, 「이 해 다케시마 어렵이 금지되고 난 후 겐로쿠 11년(1698) 정축년 가을에, 요나고 주민 무라카와 이치베가 에도로 가서 탄원을 하였다. 이후 교호 9년(1724) '갑진'에 에도 막부로부터 인슈의 영주에게 문의가 있었다.」라고 하였다. 즉 1696년 12월 울릉도 도해가 금지되고 난후 2년 후 1698년 요나고 주민 무라카와 이치베가 에도로 가서 탄원

---

29) 경상북도독도사료연구회 편(2014) 『독도관계 일본 고문서 1』 경상북도, p.10.

을 했다. 그러나 그 답신은 26년 후인 1724년에 회신이 왔다. 즉 다시 말하면 중앙정부 입장에서는 어부들의 요구를 수용할 수 없음을 시사했던 것이다.

둘째, 「이후 교호 9년(1724) '갑진'에 에도 막부로부터 인슈의 영주에게 문의가 있었다. 단 요나고는 아라오 다지마의 소유지이므로 그에게 명령하여 일의 진상을 조사하였을 때 그 두 상인이 올린 서장을 필사하여 이케다 분고 '인슈의 다유'가 우리 번(마쓰에 번)에 보냈다.」라고 하였다. 즉 1724년 에도 막부가 인슈의 영주가 요나고 성주 아라오 다지마에게 그 진상을 조사하게 했다. 조사의 일환으로 인슈국에서 마쓰에 번에 상소문을 필사하여 보냈던 것이다. 그래서 요나고 주민이 올린 상소문이 막부와 인슈국, 그리고 요나고와 마스에번에 전달되었던 것이다.

셋째, 「후에 호레키 연간(1751~1764년경)에 인슈의 사자가 청태원 "재상 이케다 다다오경의 능묘가 있다"에 머물렀을 때 이 일에 대해 물어보니 두 이야기가 딱 들어맞아 조금도 다른 점이 없었다. 이에 이것을 적어 우리 집안에 전한다고 하였다.」라고 하였다. 즉 1724년 막부의 진상조사를 명한 후 40여년이 지난 시점에서 인슈관료에게 사실관계를 문의한 결과, 사실에 입각한 내용이라서 「나의 (마쓰에) 번의 은사(隱)士인 기타조노(北園)의 자손이 죽도도설이라 이름하는 책 한 권을 가지고 있다. 이 책은 호레키 년간(1751~1764) 에 그 집안의 조상인 쓰안(通菴)씨가 이곳 마쓰에의 모(某)씨라는 자로부터 전해들은 것을 기록한 것」이라는 것처럼, 집안에서 전해지고 있다는 것이었다.

요컨대, 오야와 무라카와 두 가문은 울릉도를 '다케시마'라는 이름으로 영유권을 주장하면서 일본의 영토를 불법으로 침범한 조선인을 추방하려고 막부에 상소했다. 그러나 막부는 오히려 울릉도를 조선영토로 인정하고 일본어부들의 도항을 금지했다. 일본어부들은 계속적인 울릉도 도항을 위해 상소했으나, 막부는 이를 인정하지 않았다. 그 후 40년이라는 한 세대가 지난 후에 쓰안이라는 사람이 「죽도일건」의 사실관계를 문의한 결과, 인슈국에서는 울릉도가 조선영토로 결정되었다는 것을 확인했던 것이었다. 그 사실관계를 『죽도도설』에 기록하였던 것이다. 당시 막부의 문의에 대해 호키국과 인슈국은 울릉도는 물론이고 독도도 일본영토가 아니고 조선영토임을 인정했던 것이었다.[30]


# 6. 맺으면서

본 연구에서는 『죽도도설』을 세세히 분석하여 전근대 일본의 독도에 관한 인식을 고찰하였다. 본 연구의 성과를 정리하면 다음과 같다.

첫째로, 죽도도설은 1724년에 기록된 것이다. 그 내용은 마쓰에번의 한 번사가 1696년에 울릉도, 독도가 조선영토로 인정되고 일본인의 도항이 금지된 사건과 70년간의 도해 당시의 상황에 관해 당사자였던 오야와 무라카와 가문으로부터 전해들은 이야기를 기록한 것이다. 따라서 들은 이야기이기 때문에 정확도면에서는 다소 문제가 있지만, 그래

---

30) 内藤正中・金柄烈(2007) 『史的檢證 竹島・獨島』 岩波書店, pp.8-61.

도 같은 사건을 다룬 다른 사료들과 비교하면 대체로 사실에 근접한 내용들이 상당히 많다는 점에서 그 의의가 있다.

둘째로, 1724년 『죽도도설』을 기록할 시점에 마쓰에번 사람들은 마쓰시마(독도)를 오키 섬의 소속으로 인식했다는 것이다. 그러한 인식은 70년간이라는 2세대를 걸쳐 도항한 다케시마(울릉도)를 일본영토로 인식하게 되었는데, 막부가 부당하게 다케시마를 조선의 영토로 넘겨주었다는 것이다. 그래서 이들은 여러 번 막부에 대해 울릉도 도항 허가를 요청했으나 거절당했던 것이다. 즉 울릉도를 조선에 빼앗겼다는 인식을 갖게 된 것이다. 이러한 영토야욕에 의해 마쓰시마(독도)는 당연히 '오키도의 소속'이라는 인식을 갖게 되었다. 그러나 사실상 막부는 울릉도와 더불어 마쓰시마(독도)에 대해서도 일본의 영토가 아님을 확인했던 것이다.

셋째로, 당시 오야와 무라카와 가문은 마쓰시마는 오키도의 소속이고, 울릉도는 일본에 근접한 일본영토라는 인식을 갖고 있었다. 그래서 조선인들의 울릉도 조업에 대해 불법이라는 인식을 갖게 되었고, 막부로 하여금 정식으로 조선인들의 도항을 금지시키려고 했다. 그러나 막부는 사실관계를 확인하고 울릉도와 독도를 조선영토로 인정하게 되었던 것이다.

넷째로, 울릉도와 독도의 산물에 관해서, 독도에 관해서는 아무런 언급이 없었다. 그것은 독도에 관해 섬의 가치를 발견하지 못했기 때문에 영토 혹은 관심의 대상으로 생각하지 않았다는 것이다. 울릉도에서는 산삼, 전복, 도도가 일본인들이 선호하는 주요 산물이었다.

다섯째로, 일본인들이 울릉도에 도항하게 된 것은 막부로부터 정시적으로 도해면허를 받았기 되었기 때문이었다. 도해면허를 받았다는 것은 울릉도의 독점권을 갖게 되었다는 생각을 했기 때문에 본국의 영토라고 생각하는 조선인들을 오히려 불법 조업자로 인식했던 것이다.

여섯째, 사실상 마쓰에번의 일본인들과 달리, 중앙정부인 막부는 조사결과 울릉도와 독도를 조선영토로 인정했다. 그러나 마쓰에번의 사람들은 자신들의 울릉도를 막부가 함부로 조선에 넘겼기 때문에 일본이 빼앗긴 섬이라는 인식을 갖게 되었던 것이다.

## 〈참고문헌〉

경상북도독도사료연구회 편(2010)『竹島考(죽도고) 上下』경상북도, pp.1-273.

_____(2013)『竹島紀事1』경상북도, pp.1-423.

_____(2013)『竹島紀事2』경상북도, pp.1-460.

_____(2014)『독도관계 일본 고문서 1』경상북도, pp.3-10.

권오엽(2009)『독도와 안용복』충남대학교출판부, pp.206-278.

_____ ・大西俊輝(2009)『獨島의 原初記錄 元祿覺書』제이앤씨, p.134.

_____(2010)『일본고문서의 독도, 拱帳(히카에쵸)』책사랑, pp.50-67.

나이토 세이추(2005)『獨島와 竹島』제이앤씨, pp.81-160.

송휘영 편(2013)『일본학자가 보는 독도의 역사학적 연원』지성인, pp.57-82.

송병기(2004)『독도영유권자료선』한림대학교, pp.1-278.

_____(1999)『울릉도와 독도』단국대학교 출판부, pp.1-267.

신용하(1996)『독도, 보배로운 한국영토』지식산업사, pp.81-83.

오오니시 도시테루(2004)『獨島』제이앤씨, pp.182-258.

_____(2011)『獨島槪觀』인문사, pp.215-291.

타케우치 타카시(2013)『獨島=竹島問題 固有領土論의 歷史的 檢證』선인, pp.1-60.

최장근(2014)『한국영토 독도의 고유영토론』제이앤씨, pp.69-104.

下条正男(2005)『竹島その歴史と領土問題』竹島・北方領土返還要求運動島根県民会議, pp.26-52.

田村清三郎(1965)『島根縣 竹島의 新研究』島根県総務部総務課, pp.1-160.

内藤正中・金柄烈(2007)『史的檢證 竹島・獨島』岩波書店, pp.8-61.

_____・朴炳渉(2007)『竹島=獨島論爭』新幹社, pp.53-95.

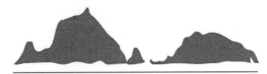

# 第1章

# 『竹島圖説』に見られる
# 日本の知識人の
# 鬱陵島と独島の認識

## 1. はじめに

　第二次世界大戦が終了し、ポツダム宣言に基づいた歴史的な権原に依拠して連合国が独島を韓国の領土として認めて以来、独島は韓国が実効的に管理している韓国固有の領土である。[1]近代における帝国主義の時代に日本は、1910年に行われた韓国併呑に先立って朝鮮半島に対する侵略の一環として、隠密な方法によって独島を日本の領土として編入する措置を取った。この措置は日露戦争における戦術的な必要によるものであり、戦争中の混乱に乗じて行われたが、日本政府はこれらの措置が妥当であるとし、韓国が実効的に管理している独島に対して領有権を主張している。日本は、時には独島が固有の領土であると主張し、時には国際法に基づいて領土に編

---

[1] ソンビョンギ(1999)『鬱陵島と独島』檀国大学校出版部、pp.1-267. シンヨンハ(1996)『独島、宝のような韓国領土』知識産業社、pp.1-213.

入させた「新しい領土」であると主張をしている。[2]独島が日本固有の領土であるためには、日本以外の国が独島を先に発見したということや独島を領土として管理していたということが記されている史料があってはならない。なお、独島について、国際法によって無主地を領土として取得した日本の「新しい領土」であると言うなら、1905年以前に他国が領土として独島を管理したことがあってはならない。日本は独島を「たけしま」という名の日本固有の領土であると主張しているが、その証拠として『竹島圖説』に記されている「隠岐の松島(現在の独島)」という表現を挙げている。しかし、ある書物に「隠岐の松島」という言葉が出てくるということだけで、その全てが独島を日本の領土として主張するための証拠になるとは言えない。なぜなら、「隠岐の松島」というのが事実に基づいて記録されたものである可能性もあるが、もし事実とは異なる誤りが記録されているとすれば、その表現は独島が日本の領土であるという証拠にはならないのである。以上を踏まえて、本研究では、果たして「隠岐の松島」という表現が、前近代において独島が日本の領土であったことの証拠になるか否か、その事実関係について『竹島圖説』の全文の分析を通じて考証を行うことを目的とする。また、日本人が独島を地理的に認知していたことと日本政府の独島の領有権に対する認識とは同じ概念ではない。従って、本研究では、日本人が独島について認知していたことと日本政府が独島を領土として認識することは、

---

2) 田村清三郎(1965)『島根県竹島の新研究』島根県総務部総務課, pp.1-160.

異なる次元の問題であることを指摘したい。

　研究方法としては、『竹島圖説』に記されている全ての内容を分析対象にして、執筆動機や著者と独島との関係、内容における正確性などについて分析を行い、総合的に「隠岐の松島」の真意を捉える方法を用いる。先行研究においては、独島が日本の領土であると主張する研究者たちは「隠岐の松島」と記されているところを部分的に引用して自らの主張の根拠として挙げており、独島が韓国の領土であると主張する研究者たちは、『竹島圖説』が公的機関ではなく、民間主体の記録であるため、史料としての価値がないと判断している。すなわち、従来の先行研究において、『竹島圖説』を分析して内容の事実関係を考証したものはないのである。

## 2. 日本における鬱陵島・独島の存在及び領土に対する認識の時期

### 2.1 『竹島圖説』の制作経緯と背景

　まず『竹島圖説』という書物の性格を究明することが重要であり、官庁が関わって公的な性格を持っている書籍なのか、それとも個人的な書籍なのかを判断しなければならない。官撰であるとすれば、『竹島図説』は政府や地方自治体が持っていた鬱陵島と独島の領有権に対する認識を代表する証拠資料になるからである。もしくは、個

人が編纂した書籍である場合は、鬱陵島と独島に関する内容を個人
の認識や、一部の集団における認識として解釈することができるか
らである。

　日本はいつから鬱陵島と独島に対して領土的な関心を持つように
なっただろうか。『竹島圖説』は如何なる経緯で誰が記録したもので
あるか、また、日本人たちは「竹島」(現在の独島)に対して如何なる
存在として認識していたのかについて考察してみたい。『竹島圖説』
の序文に「田在録」と題して、次のような内容が記されている。


　　竹島図説
　　日本風土記　他計甚麼　竹島云々
　　予藩之隠士北園子家、有一書在焉　名曰、竹嶋図説
　　此其家祖、通莽氏者、宝暦年間 嘗所傳記　于因人某而
　　世間知之殆鮮矣　実可謂一珍書也。
　　予、復筆, 石之一撑夫 〔名長蔵、濱田人也、時未(時來)于備、寓于小
　　原街〕
　　口碑之説而増補於斯。蓋爲使 有志之人 竹島地理亦識焉而耳矣。

　　金森謙建策　題
　　島図ハ、別ニ一葉ヲ作テ茲ニ附ス。3)


　以上から分かることは、次のとおりである。第一、この『竹島圖説』

---

3) 慶尚北道独島史料研究会編(2014)『独島関係日本古文書1』慶尚北道、p.3.

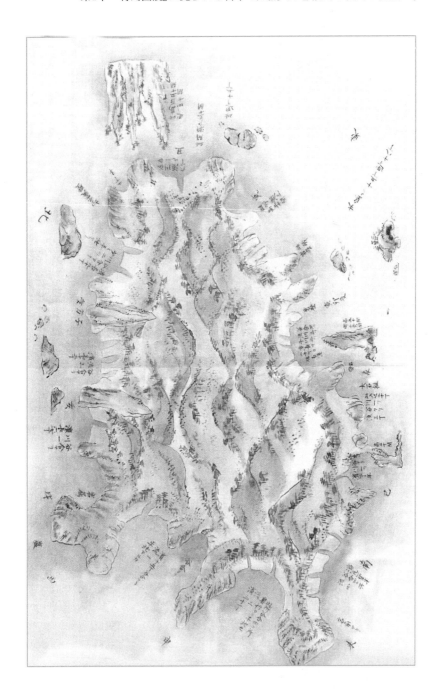

は聞いた話を記したものであり、事実関係については少し正確さに欠けていると考えられる。

第二、「『日本風土記』では他計甚麼や竹島と言う」と記されているのは『日本風土記』の内容を引用したものであり、『竹島圖説』においても「竹島(現在の鬱陵島-筆者注)」4)を日本と関連する地域として見ていたと言える。しかし、このような言及だけでは日本と竹島が如何なる関係にあったかについて把握できないため、この記述は日本が竹島を日本の領土であると認識していたと断定する証拠にはならない。

第三、「私の藩(松江)の隠士である北園の子孫が竹島圖説という本を一冊持っている。この本は「宝暦年間」(1751~1764)にその家の先祖である通菶氏が、ここ松江の某氏という人から聞いたことを記録したもので、世間にはほぼ知られていない実に珍しい書物であると言える。この書物に私が再び、「口碑」で伝わる人(名前は長蔵で、浜田の人である。後に、小原街にしばらく住んだ)の話を増補して書いた」と述べられている。

つまり、『竹島圖説』は1751~1764年の間に編纂されたものであり、この序文を書き、『竹島図説』の内容を転載した人は松江藩の人

---

4) 前近代の日本においては鬱陵島を「竹島」と称し、現在の独島を「松島」と呼んだ。明治時代に入って鬱陵島の呼称について混乱があった時期を経て、1905年に島根県告示第40号によって独島の編入措置を講じる際、現在の独島に「竹島」という名称を適用した。また、この時から鬱陵島に対しては日本式名称である「松島」、あるいは韓国式の「鬱陵島」という名称で呼ぶようになったのである。本稿の史料に登場する「竹島」は、全て現在の鬱陵島を示す。

である。松江藩の「金森謙建策　題」と書かれていることから，この人が序文を書いたということが分かる。『竹島圖説』は北園の祖先である通菶氏という人が松江の某氏から聞いた話を書いたものである。その某氏が「小原街にしばらく住んでいた長蔵という人から聞いたもの」と言っていることから、話を伝えた人は長蔵という人であったと思われる。鬱陵島についてよく知っており、また後世に伝えた人は松江の人であったのである。なお、「(『竹島圖説』または鬱陵島に関して)世間にはほぼ知られていない」ということから見て、この本が制作された当時の日本では、竹島(鬱陵島)の存在はもちろん、竹島に対する領土意識もなかったことが分かる。

　第四、「今後において実に志のある者を竹島(鬱陵島)に送って、(調査などを行い、その島の-筆者注)地理についてもっと把握すべきである」と述べられていることから、この本が書かれた1751〜1764年の前までは鬱陵島について知られておらず、この本が制作された時期に、日本人、とりわけ松江の人々が鬱陵島を日本の領土として拡張するように扇動していたことが分かる。なお、「島図ハ、別ニ一葉ヲ作テ茲ニ附ス」から分かるように、『竹島圖説』には鬱陵島の地図が一枚挿入されているが、この地図を見ると、鬱陵島の地理について多くの知見を持っていたことが分かる。

## 2.2 日本における鬱陵島及び独島の位置と地形についての認知

『竹島圖説』には、日本の隠岐島から鬱陵島まで渡航する道程にお
ける地理的な認識について記されている。そこには現在の独島に類
似している島についても言及されているが、その内容を引用してみ
ると、次のとおりである。

　○或予ニ謂テ曰、「伊［藤］東涯カ随筆ニ云随書ニ所謂舳羅島蓋此竹
島ナラン」ト。其説ニハ周囲四十里ト云リ。謙按恐ハ是ナラン。
　隠岐國松島ノ西島(松島ノ一小屬ナリ島土俗呼テ次島ト做ス)ヨリ海
上道規凡四十里許リ北方ニ一島アリ名テ竹島ト曰フ　此ノ島日本ニ接シ
朝鮮　(竹島ヨリ朝鮮ヘ海上道規四十里許ト云此説ハ享保九年昔屢島セ
ル一老叟ニ詰問セラレト其答伯州會見郡濱野目三柳村ヨリ隠岐ノ後島
ヘ三十五六里アリ是遠見ノ考ヲ以テ竹島ヨリ朝鮮山ヲ見ハ少ク遠ク見
エルハ凡四十里許カト云リ謙按ニ那朝鮮ト山ルハ恐ハ朝鮮ノ鬱陵山ナ
ラン)ニ隣シ地形三角ニシテ周囲凡ソ十五里許リ　「是十五里ト云モ只其
大概ヲ云ノミ、撑夫ノ言ニ東西特ニ長裏果ノ甚広知ヘカラス、且竹木
最繁茂人ヲソ敢テ入可ラシメサルノ地往住少カラスト」[5]

以上から次のようなことが分かる。第一、著者は「隠岐國松島ノ
西島(松島ノ一小屬ナリ島土俗呼テ次島ト做ス)ヨリ海上道規凡四十
里許リ北方ニ一島アリ名テ竹島ト曰フ」と指摘している。つまり、
隠岐国に属している松島の西に次島と呼ばれる小さな島が位置して

---

　5) 慶尚北道独島史料研究会編(2014)『独島関係日本古文書1』慶尚北道、pp.3-4.

おり、この「次島」から海路で40里ほど北に行くと「竹島」があるということである。「東海」には、日本側に隠岐島があり、韓国側に独島と鬱陵島があると認識されているのが一般的である。実際に独島は東島と西島に分けられているが、当時において日本と朝鮮の間の「東海」に位置している島について言う際は、「隠岐島-独島-鬱陵島」という図式で言っており、独島を細分して「東島と西島」とは言わなかった。従って、上の引用は稀な例であると言えるので、一般の人によって「次島」と呼ばれていた島が現在の独島の西島であるかは断定できない。また、松島の西島から40里(160km)のところに鬱陵島があると記されているが、「隠岐國松島ノ西島」、すなわち隠岐の島から独島までの実際の距離は157kmである。しかし、独島から鬱陵島までは84kmの距離があるので、両者を比べると隠岐島と現在の独島との間の距離の方がはるかに遠い。それなのに、「隠岐国の松島」としながら実際の距離より遥かに近いように表現していることから、事実関係に対する認識の欠如が窺える。『竹島図説』が、当時の日本において、一つしか存在しない鬱陵島と独島に関する唯一の記録であるという点を踏まえて、松島の西に「次島」と呼ばれる島があると記されていることから、松島は隠岐島に属されていたと主張している。しかし、以上の分析から、「松島」、つまり現在の独島についての地理的な認識が正確ではなかったことが分かる。

　第二、著者は「名テ竹島ト曰フ　此ノ島日本ニ接シ朝鮮（竹島ヨリ朝鮮ヘ海上道規四十里許ト云」と現しており、「竹島」、つまり現在

の鬱陵島についても日本に接しているとしている。すなわち、竹島は日本の松島に属している次島と朝鮮本土との距離と同様の距離である40里地点に位置しているので、竹島が朝鮮の領土であることを否定し、日本の領土として領域を拡張できるという認識が窺える。

　竹島とは現在の鬱陵島を言うが、この鬱陵島が日本に接しているという認識は正しくない。また、距離においても、松島(現在の竹島)と韓国本土との距離が約40里であり、竹島から日本も同じ距離にあるという主張も正しくない。以上から分かることは、「東海」の様々な島について正確には認識されていなかったが、当時の日本の漁民は、大まかに「東海」には隠岐島、及び松島と竹島という大きな2つの島が存在しており、松島を日本に属している島として認識し、また竹島も日本の領土として拡張できる島であると認識していたと言える。鬱陵島は朝鮮に属されている島ではあるが、日本の領土として返還されるべきであると認識されていたが、このような認識の根底には、1696年の「竹島一件」で、幕府が日本の領土である鬱陵島を朝鮮に譲渡したという認識があった。6)

　第三、著者は「此説ハ享保九年昔屢島セル一老叟ニ詰問セラレト

---

6) 安龍福事件を当時の日本では「竹島一件」もしくは「鬱陵島争界」と言った。この事件で、日朝両国の間で鬱陵島及び独島をめぐる領土紛争が起きて、幕府は鬱陵島と独島に対する領有権を主張しなくなった。すなわち、幕府が両島を韓国の領土として認めたということである。しかし、鬱陵島に渡海していた大谷家と村川家においては鬱陵島を日本の領土として認識する傾向が全く存在しなくはなかった。このようなナショナリズム的な認識の下に生まれた民間の領土認識である。

其答伯州會見郡濱野月三柳村ヨリ隠岐ノ後島ヘ三十五六里アリ是遠
見ノ考ヲ以テ竹島ヨリ朝鮮山ヲ見ハ少ク遠ク見エルハ凡四十里許カ
ト云リ謙按ニ那朝鮮ト山ルハ恐ハ朝鮮ノ鬱陵山ナラン)ニ隣シ地形
三角ニシテ周囲凡ソ十五里許リ 　「是十五里ト云モ只其大概ヲ云ノ
ミ、撑夫ノ言ニ東西特ニ長袤果ノ甚広知ヘカラス、且竹木最繁茂人
ヲソ敢テ入可ラシメサルノ地往住少カラスト」」と述べている。すな
わち、この書物の内容は、1724年頃、以前から何回も鬱陵島と独島
に渡航したことのある日本人を聴取調査したもので、当時の独島に
対する認識が現れている。竹島、すなわち鬱陵島から朝鮮の山(朝
鮮本土であると思われる-筆者注)までは約40理であると記されてい
る。しかし、「朝鮮ト山ルハ恐ハ朝鮮ノ鬱陵山ナラン」としていると
ころを見ると、著者は朝鮮の鬱陵島というのが竹島以外に別に存在
していると認識していたようである。つまり、「東海(日本で言う日
本海)」において「日本本島-隠岐国-松島-次島-竹島-鬱陵島-朝鮮本土」
という地理的認識を持っていたのである。前近代の日本において竹
島というのは現在の鬱陵島を意味した。ところが、鬱陵島と竹島を別
の島として認識しているのも誤りである。従って、当時、松江の日本
人も鬱陵島と独島について正確に認識していなかったと言える。

　第四、「鬱陵山」の地形について、周囲が15里で、三角形であると
記されており、「撑夫ノ言ニ東西特ニ長袤果ノ甚広知ヘカラス、且
竹木最繁茂人ヲソ敢テ入可ラシメサルノ地往住少カラスト」として
いる。ここから、鬱陵島の地形に関しては鬱陵島に居住している農

夫から聞いたものであり、鬱陵島の全体を実際に調査したのではなかったということが窺える。また、竹が茂ったところが多かったということから、竹が多くて鬱陵島を「竹島」と命名したことが分かる。

## 2.3 地理的風土及び浦の位置についての認知

日本において鬱陵島が初めて紹介された時のことについて、「以上の複数の話は享宝9年(1724)「甲辰年」、江戸幕府の調査について米子の住民大谷九衛門と村川市兵衛が答え上げた文書にあったものである」と述べられていることから分かるように、幕府は1724年に鬱陵島について調査したが、その調査の結果、鬱陵島に渡航したことのある大谷家と村川家の記録から鬱陵島の地理が把握できるようになった。そうだとすれば、当時の中央政府である幕府が、大谷家と村川家から報告を受けて初めて知るようになった鬱陵島の地形は如何なる様子であったのか。

産物最多キ一岛島ナリ。島ノ東南辺ヲ総テ「古大坂浦」ト曰フ。此ノ辺ハ多ハ大竹数ニテ、極テ大ナルハ周囲ニ尺許リト云リ。此ノ浦ノ西島ヲ「浜田浦」ト云フ。此ノ中間ニ小流アリ。其源ハ山中ノ瀑布ヨリ出テ東方ノ大河ニ流ヲ合テ大小三枝ニ分レ流テ海ニ入ル。但シ中条ノ河水ニハ年魚ヲ生スル事最モ多シトス。又此ノ「浜田浦」ノ少シ西方ヲ「竹浦」ト名ック。船ヲ寄ルニ便ナル所ナリ。然共南風劇キ時ハ繋キ難キカ故ニ大抵居舟ニ做置クナリ。

此浦ノ西方ニ大河一条アリテ流テ海ニ入。此大河ノ西方ニ赤小流一条アリ合テ斯ニ流ル。此西ニ又一島アリ。未其名ヲ知ラス。此島ノ西方ニ小川一条アリ。此小川モ東方ノ大河ト共ニ其源ハ那ノ山中ノ瀑布ニ因テサルナリ。此小川ノ西島ヲ「北国浦」ト名ケ、微シ北ヲ「柳浦」ト曰。此ノ「柳浦」ノ梢北方ニ亦一流アリ、此ハ那東方ノ小川ニ流ノ水原ニテ頗ル大ナリトス。此流水ノ北辺ニ統テ葦原アリ。斯レヨリ頗ル東ニ依レル処ニ大坂浦ト云地アリ。又島ノ中央瀑布ヨリ僅ニ東ニ当ル山中ニ一井アリ。

以上ノ諸説ハ享宝九年(1724)「甲辰」年官府「江府」ノ叩門ニ依るテ米子ノ市人大谷九右衛門・村川市兵衛カ貴答ノ上書ニ原ケリ。[7]

幕府は、大谷家と村川家における調査と報告を通じて、鬱陵島の地形について、東南方面から西―北に「大阪浦」-「小流」-「浜田浦」-「竹浦」「大きな川」-「小流」-「島一つ(名前は分からない)」-「小流」-「北国浦」-北に-「柳浦」-「小流」-「葦の森」-東に-「大阪浦」-「山の井戸」が存在するということを知るようになったのである。これらの地形については、鬱陵島を調査して記録を残している韓国側の資料においても類似した形態の地図を見ることができる。[8]そして、浦の名前がほぼ日本式の名称になっているが、それは日本人が鬱陵島に入ってきて命名した名称であったと言える。しかし、『竹島圖説』には、独島の地形や日本人が独島を経営していたという内容が全く見られな

---

7) 慶尚北道独島史料研究会編(2014)『独島関係日本古文書1』慶尚北道、pp.4-5.
8) 1711年の「捜討使」朴錫昌による絵地図を含めて、数人の「捜討使」が残した絵地図も同じ地形を表している。

い。従って、当時の日本人が関心を持っており、また訪問したところは、鬱陵島だけであったということが分かる。

## 3. 日本人における朝鮮と鬱陵島と独島の 関係性と産物についての認知

　18世紀当時において、松江の日本人たちは「松島」(現在の独島)が日本に属していると考えており、「竹島」(現在の鬱陵島)については韓国に属していると認めながらも、鬱陵島に対する領土的野心を捨てずにいた。それでは、当時の日本人たちは鬱陵島と独島と朝鮮の関係について如何に考えていただろうか。

　　日本人隠岐ノ北海に竹島アル事ヲ知テ漁獵ヲ創メシハ伯州ノ市漁父なり。是島甚タ朝鮮ニ隣スレ共昔時ハ鮮人却テ之ヲ知ラス。此島ノ以北三里許ニ又タ一島アリテ上好ノ鮑最多シ。因テ朝鮮ヨリ三五年ニ一回鮮人ヲ遣テ鮑ヲ取ラスムト云り。彼曽此竹島ヲ知ラサリシニ我元禄五年(1694)ノ春此島ニ漂流シ始メテ竹島アル事ヲ知ナリ。9)

　以上から次のようなことが分かる。第一、著者は、「日本人隠岐ノ北海に竹島アル事ヲ知テ漁獵ヲ創メシハ伯州ノ市漁父なり」と述べている。すなわち、隠岐の漁師は鬱陵島に関しては言及したが、現

---

9) 慶尚北道独島史料研究会編(2014)『独島関係日本古文書1』慶尚北道、p.5.

在の独島に関しては言及しなかった。その理由は、当時における独島という島は、大谷家と村川家の人々が関心を持つに値するようなものがなかったので、独島に対して領土的認識をも持っていなかったからである。また、鬱陵島については、日本では、一人の伯州の漁師が日本人としては初めて鬱陵島を発見し、漁獵をしたと認識されていることが窺える。

　第二、「是島甚タ朝鮮ニ隣スレ共昔時ハ鮮人却テ之ヲ知ラス」としている。距離においては朝鮮に近いため、朝鮮の領土であると言えるが、実際のところ、朝鮮人は鬱陵島の存在を認知することができなかったため、島を活用しておらず、むしろ日本人が先に鬱陵島を発見して活用したので、日本においては鬱陵島を日本の領土とするのが当然であると認識されていた。それなのに、実際には「竹島一件」における幕府の誤った判断によって日本人が鬱陵島に行けなくなり、鬱陵島はかえって朝鮮の領土になってしまったと認識していたのである。しかし、幕府のそのような判断は、朝鮮が鬱陵島を領土として管理してきたという事実に基づいた判断であった。にもかかわらず、ひたすら韓国側の主張を無視して、日本側の認識だけを考慮した上のような言及は、事実とは全くかけ離れており、歪曲された認識に基づいていると言える。10)伯州の日本人はそのような認

---

10)『三国史記』『三國遺事』『世宗実録地理志』『東国輿地勝覧』、勅令第41号などに、新羅、高麗、朝鮮、大韓帝国が、各々行政において鬱陵島を領土として管轄していたという記録がある。

識を持っていたのである。

　朝鮮が1403年から鬱陵島を無人島にして管理していた間、1624年頃から大谷家と村川家が鬱陵島に潜入して略奪を働いた。その際、両家は「鬱陵島の産物」について、次のような記録を残している。

　　　草木沙石ニハ人蔘(葉蘿葡に似てコキレ細ク靨花ノ如ニテ味甘辛ナリト云)
　　　○笑靨花
　　栴檀木(朱檀・黒檀共ニアリ、實形ハ梔子ノ如ニテ白色。)○烏木タイタラ(バンの木ノ如ク又樺木ニ似タリ。米子辺往々此木アリト云り)○タイダラオホタラ歟、オホタラ漢名刺楸(ハリギリ))
　　黄栢(蘗木)山茶、梅、槻、大竹、マキ竹
　　拘骨(葉ハ槭樹葉ノ如シ、木色赤シテ葉先手ニタツ、本那ノ榧ニ似タリ)○　枸骨一名十大功労葉
　　桐
　　雁皮(楮草ノ類、之ヲ似テ唐屮紙ヲ製ス、又和紙ニモ雁皮紙ナル者アリ)
　　(○井クサ漢名燈心草)
　　蒜　葉は玉簪花ノ如シ　○大蒜　小蒜
　　欵冬　蘘荷　羌活　百合　牛房
　　檍　カジノ類名曰万歳　○『本草綱目』所謂「檍」ハ冬青ニテモチノキ万年杖トシモ冬青ナリ。冬青ハ捻名ナリ。
　　茱萸「胡頽子」苺・虎杖・辰砂(沙)
　　○岩緑青漢名緑青、一名石緑大緑、等ハ先其大略ナリ。撑夫漁者

ノ賤民等物産ノ学ニ不明ナレハ其未知サル処多キハ固ヨリ分タル所ナリ。然而樹木元ヨリ繁茂山林甚深遠ナレハ今一个ノ有識者ヲ遣テ宜ク之ヲ探索セハ異木奇草モ亦寡シトセス、深ク嘆息スヘキ所ナリ。

　鳥獣魚類ニハ　猫　鼠　告天子(天鷚)

　穴鳥(毎朝七時ノ此何方ヘカ飛去リ、日暮酉時ヨリ戌時比マテニ坂リ棲ム。若シ人夜中ニ其穴ヲ求メテ之ヲ探レハ獲ル事ナリ、其色灰白ニテ腕モ大鳥ニ似たり、腹毛モ白と去リ、撑夫等名ケテ穴鳥ト云、未漢字ヲ審ニセス)

　鶇(日頭鳥)　河原ヒワ（金翅雀）四十雀（白鵁烏）鴎鷁（鷾鷄)ナチコ　燕　鷺　鵰（角鷲）鷹　蚫（石決明）三千魚　綉眼

　海驢　或人予ニ謂テ日ク、「肥前平戸・五島辺ノ滄海ニ「マレブイ」ト云フ者此ノ海驢ノ有為ナラン、其大サ小犬ノ如ク、面ハ鯰魚ノ如ク、極メテ多脂ニテ白色質ハ蠟ニ似タリ、若シ人之レヲ獵シ釜中ニ入レ水ヲ加ヘテ煮ル時ハ油気髴髴シ上面ニ浮フ、之レヲ取リ更ニ水ヲ加テ煮ル時ハ復タ始メノ如く幾回モ尽ルノ期ナシ。是ヲ以テ若漁人ニ之レヲ獵セハ大ニ油ヲ得ルノ利アルヲ以テ居恒ニ之レヲ獵セト浴スレ共、嗅覚固ヨリ敏鋭ナル者ナレハ若シ人風土ニ在レハ忽チ水中ニ潜匿ス、或ハ海上風波トキ時ハ出テ礁岩上ニ垂テ醒メサル事アリ、然ル時風下ヨリ近ツキ槍ニテ衝キ獲ル」

　等ナリ。右ノ中特ニ人参・蚫・海驢ノ三品最多シ米子ヨリ渡島ノ人此三品ノ他ハ多クハ携ヘ帰ラスト云ヘリ。11)

以上に記録されている産物は、両家が鬱陵島に潜入して採取していたものや、関心の対象であったものであると考えられる。植物に

---

11) 慶尚北道独島史料研究会編(2014)『独島関係日本古文書1』慶尚北道、pp.5-7.

関しては、「撐夫漁者ノ賤民等物産ノ学ニ不明ナレハ其未知サル処多キハ固ヨリ分タル所ナリ。然而樹木元ヨリ繁茂山林甚深遠ナレハ今一个ノ有識者ヲ遣テ宜ク之ヲ探索セハ異木奇草モ亦寡シトセス、深ク嘆息スヘキ所ナリ」と記し、関心を持っていたことが分かる。

動物に関しては「嗅覚固ヨリ敏鋭ナル者ナレハ若シ人風土ニ在レハ忽チ水中ニ潜匿ス、或ハ海上風波トキ時ハ出テ礁岩上ニ垂テ醒メサル事アリ、然ル時風下ヨリ近ツキ槍ニテ衝キ獲ル」と述べている。

伯州の日本人が鬱陵島で最も多く採取しているものについて、「右ノ中特ニ人参・蚫・海驢ノ三品最多シ米子ヨリ渡島ノ人此三品ノ他ハ多クハ携ヘ帰ラスト云ヘリ」と書いていることから、人参と蚫、そして海驢が日本に多く流出されていたことが分かる。

『竹島図説』には鬱陵島の産物について以上のような認識が窺える。「以上の産物は、米子の大谷と村川、二人が元禄6年に渡海した人々が見たものを書いて、江戸幕府の官僚に上げた書類をもって証明される」と記されているように、これらの物産は大谷と村川の両家が鬱陵島に渡航し、特別な関心を持って確認した上で採取していたものであることが分かる。なお、これらは全て、幕府にも報告されていたのである。

## 4. 日本における鬱陵島渡航の契機についての認識

『竹島圖説』には、日本人がどうして日本から見えない鬱陵島に渡航したのか、その契機について次のように述べられている。

　　太守芳烈侯(新太郎少将光政公)因伯両州領知ノトキ、元和三年、政務ノ故ヲ以テ、命ヲ奉ジテ阿部四郎五郎君来タレリ。太守の芳烈侯(新太郎少将光政公＝池田光政)が、因伯両州を領知していた時、元和3年、政務のために、命を奉じて阿部四郎五郎君が来た。于時、大谷・村川ノ両商出テ竹島蝮猟ノ事ヲ請フ。翌元和四年、那両商ヲ江府ニ召サレ、免許ノ御朱印ヲ玉フ。この時、大谷・村川のふたりの商人が出て、竹島のあわび漁の事をお願いした。翌、元和4年、その両商を江戸に召されて、免許の御朱印を与えられた。ただし、直接二商人に与えず、一度芳烈侯に与えたものを(二商人が)受けた。「この年から二商人が将軍を拝謁し時服を受けて、竹島の名物鮑を捧げた。以後八、九年が過ぎては二商人のうち、一人ずつ隔年拝謁に決まった。12)

以上から次のようなことが分かる。「新太郎少将光政公」が因伯両州の太守であった時、1617年に幕府の家臣である阿部四郎五郎が米子に赴任した。1618年、大谷と村川、二人の商人は幕府の家臣阿部四郎五郎に竹島における鮑の漁を請願して、幕府が太守に渡海免許を与え、太守がそれを両家に渡した。その時から二人の商人は将軍

---

12) 慶尚北道独島史料研究会編(2014)『独島関係日本古文書1』慶尚北道、p.8.

に謁見して鮑を献上したが、1626年からは両家が隔年で交互に鬱陵島に渡航し、戻ってきて将軍に謁見したのである。

　幕府は家臣の要請によって渡海免許を与えた。しかし、それは鬱陵島が日本の領土なので渡航免許を与えたということを意味するものではない。鬱陵島が無人島であるという両家の主張を受け入れて、渡海を許可しただけなのである。13)当時、幕府は外国に渡航する際に渡海許可を与えていたが、それと同様に鬱陵島への渡航についても許可していたということは、鬱陵島が日本の領土ではなかったことを意味する。14)このような事情があり、1696年に朝鮮と日本の中央政府の間で鬱陵島と独島をめぐる領有権問題が浮上した時、幕府は事実関係を確認した後、ためらうことなく漁師たちの渡海免許を取り消して渡航を禁止したのである。15)

　当時、朝鮮と日本の間において繰り広げられた、鬱陵島と独島をめぐる領有権紛争の発生経緯について、次のように述べられている。

　尓後元禄五年春二月十有一日、例年ノ如ク米子ヨリ出帆シ隠岐国福浦ニ｛着｝シ、同三月二十四日福浦ヲ出航シ、同月二十六日朝五時竹島ノ内イカ島ト云処ニ着ス。是時剏メテ異邦ノ人漁猟スルヲ見タリ。

---

13) 竹内猛(2013)『獨島＝竹島問題固有領土論の歴史的檢證』ソンイン、pp.37-98.
　　權五曄(2010)『日本古文書の獨島、拱帳』チェックサラン、pp.50-67. 内藤正
　　中・金柄烈(2007)『史的檢證竹島・獨島』岩波書店、pp.8-61. 内藤正中・朴
　　炳渉(2007)『竹島＝獨島論爭』新幹社、pp.53-95.
14)慎鏞廈(1996)『独島、宝のような韓国領土』知識産業社、pp.81-83.
15) 内藤正中(2005)『獨島と竹島』ジェイエンシ、pp.81-160.

蓋先キ之末タ増テ見サル所ナリ。翌二十七日役舟ヲ同島ノ濱田浦ニ廻サントスル海路ニ於テ又異船ニ艘ヲ見タリ。但一艘ハ居舟ニシ一艘ハ浮へて異国人三十人許之ニ乗セリ。16)

　以上は、大谷と村川の両家が、鬱陵島で初めて朝鮮人に遭遇したことに関しての記録であるが、その内容から次のようなことが確認できる。第一、「元禄五年春二月十有一日、例年ノ如ク米子ヨリ出帆シ隠岐国福浦ニ｛着｝シ、同三月二十四日福浦ヲ出航シ、同月二十六日朝五時竹島ノ内イカ島ト云処ニ着ス。」と記されていることから、隠岐島の福浦から現在の鬱陵島まで2日かかったということが分かる。また、鬱陵島の「イカ島」に到着したと書かれているが、鬱陵島本島以外の島で船が停泊できるようなところはないため、イカ島がどの島を指しているのかについては不明である。

　第二、「是時剏メテ異邦ノ人漁猟スルヲ見タリ。蓋先キ之末タ増テ見サル所ナリ。」というところから見られるように、両家は70年間にわたり幾度も鬱陵島に渡航したはずなのに、この時に初めて朝鮮人を見たと記されている。しかし、これは事実と異なっている。1693年に安龍福が1回目の渡日をした際に、日本人と遭遇したのである。その時に安龍福は日本人に拉致され、日本に連れて行かれたことがある。17)

16）慶尚北道独島史料研究会編(2014)『独島関係日本古文書1』慶尚北道、p.8.
17）權五曄(2009)『獨島と安龍福』忠南大學校出版部、pp.206-278.

　第三、「翌二十七日役舟ヲ同島ノ濱田浦ニ廻サントスル海路ニ於テ又異船ニ艘ヲ見タリ。但一艘ハ居舟ニシ一艘ハ浮へて異国人三十人許之ニ乗セリ。」と述べられており、その時期が1695年であると記されているが、この1695年という時期が明確ではない。なぜなら、最初に日朝両国の間で紛争が勃発したのは1692年のことであり、その時、安龍福は日本人と遭遇したのである。1623年には、日本人が鬱陵島に渡航した際、朝鮮側は5隻の船に乗って50人ほどが日本人よりも先に来て、漁をしていた。[18]また、上の引用から、日本の漁師たちも2隻以上の船で鬱陵島に渡航していたことが分かる。[19]

　要するに、二人の日本の漁師が鬱陵島への渡海免許を受けて、鬱陵島に渡航したのである。そこで、渡海免許の性格に関しては言及せず、渡海免許を受けて合法的に渡航したと述べているのは、鬱陵島を朝鮮の領土として認めていなかったことを意味する。このような認識の根底には、両家が鬱陵島への渡海免許を持って70年間にわたり、鬱陵島で操業していたため、鬱陵島は日本の領土であるとする認識がある。

---

18) 權五曄・大西俊輝(2009)『獨島の原初記録 元祿覺書』ジェイエンシ、p.134.
19) 慶尚北道独島史料研究会編(2014)『独島関係日本古文書1』慶尚北道、p.8.

# 5. 鬱陵島における朝鮮人との遭遇についての認識

　日韓両国に保管されている古文献には、1693年と1696年の2回にわたって、日韓両国の漁師が鬱陵島で遭遇して紛争が起きたという記録がある。[20]それでは、『竹島圖説』においてはそのことについて如何に記録されているかを検討してみることにする。『竹島圖説』には次のような記述がある。

　　私たちの船は八，九間(15,16m)ほど離れて大坂浦にむかった。そのうちの一人が陸地に一人残っていたが、すぐ小舟に乗って私たちのところにきた。それでこの人に聞いてみると、「カワテンカワラノ者」と答えた。ただ、この人は通史(通訳官)のように日本語がうまかった。そこで鮑漁をする理由を聞いてみたら、「我々は最初からこの島で鮑漁をするつもりではなく、この島の北に島が一つあるがいい鮑が多い。それで、国王の命で三年に一度、その島に行く。今年もその島に行ったが、帰りに嵐にあってこの島(竹島)に漂着した」と言った。それで私たちは「竹島は昔から日本人が鮑獲りをしているところだから、速やかに立ち去れ」と言ったら、彼は「大きな風に会っ船が破損されたため、これを修理して立ち去る」と答えた。しかし、急いで立ち去る様子も見

---

20) 權五曄(2010)『日本古文書の獨島，拱帳』チェックサラン．權五曄・大西俊輝(2009)『獨島の原初記録 元祿覺書』ジェイエンシ．慶尚北道独島史料研究会編(2013)『竹島紀事1』慶尙北道．　慶尚北道独島史料研究会編(2013)、『竹島紀事2』慶尙北道．　慶尚北道独島史料研究会編(2010)、『竹島考上下』慶尙北道参照．宋炳基(2004)『獨島領有權資料選』翰林大學校、pp.1-278．大西俊輝(2004)『獨島』ジェイエンシ、pp.182-258．大西俊輝(2011)『獨島概觀』人文社、pp.215-291．

せなくて、私たちが上陸して、以前建てた小屋に残してきたはずの漁
労の道具と漁舟八隻を調べてみたら、漁船八隻がなくなっていた。こ
のことを通士に尋ねると、「全て浦に送った」という。その上に私たち
の船を停泊させようと強要したが、彼らは数が多く、私たちは少ない
ので敵対することができない。恐ろしくて元禄5年(1695)3月21日夜7時
に竹島を去った。ただし、串鮑と笠、網頭巾、味噌麹1塊を持ち帰るこ
とにした。これは今回の渡海の証拠とするためである。4月1日、石州
浜田に戻って雲州の雲津を経由して、同月5日7時に伯州の米子に到着
した。[21]

以上から、次のようなことが確認できる。第一、「私たちの船は
八，九間(15,16m)ほど離れて大坂浦にむかった。そのうちの一人
が陸地に一人残っていたが、すぐ小舟に乗って私たちのところに
きた」ということから、朝鮮の漁師が日本の漁師より先に鬱陵島に
到着していたことが分かる。また、朝鮮の漁師が島の主であるか
のように、日本人の漁師を警戒していたことが分かる。

第二、「この人に聞いてみると、「カワテンカワラノ者」と答え
た。ただ、この人は通史(通訳官)のように日本語がうまかった」と述
べられている。「カワテンカワラ」が安龍福であるか否かについて
は、この内容からは判明できない。しかし、この人が安龍福である
可能性も排除できないと考えられる。なぜなら、記録によれば、そ
の当時に鬱陵島において最も活躍をしていた人が安龍福であるからで

---

21) 慶尚北道独島史料研究会編(2014)『独島関係日本古文書1』慶尚北道、pp.8-9.

ある。彼は通訳としての資質を完全に備えていた、日本語が非常に得意な人であったことが分かる。

　第三、「鮑漁をする理由を聞いてみたら、我々は最初からこの島で鮑漁をするつもりではなく、この島の北に島が一つあるがいい鮑が多い」と記されていることから、朝鮮の漁師は鮑漁をするために鬱陵島に渡航していたことが分かる。また、朝鮮の漁師は鬱陵島の北にもう一つの島、「于山島」が存在すると認識していたことが窺える。当時において、独島は人が居住できない島であったが、当時の朝鮮人たちは鬱陵島の外に人が居住できる大きな島があると認識していた。[22]現在の独島のようにその地形や大きさについて正確な情報は知られていなかったが、独島が朝鮮の領土として人が住んでいる、于山島という名前の大きな島であると認識していたのである。[23]また、以上の引用から分かるもう一つは、朝鮮の漁師たちは日本の漁師と紛争するのを避けようとして、現在滞在している鬱陵島が朝鮮の領土であると強く発言せず、単に戦略的な立場から嘘をついていたということである。なぜなら「北のもう一つの島が存在する」と朝

---

22)　新羅時代及び高麗時代には、鬱陵島に人が住んでいたので、獨島には人が住めないということを明確に認識していたが、朝鮮時代には刷還政策によって鬱陵島に人を居住させなかったため、獨島の位置や地形、そして大きさについても正確に把握できていなかった。ただし、「東海」には鬱陵島と于山島、つまり、2つの島が存在するということは認識していたのである。

23)　崔長根(2014)「于山島=石島=獨島’のための古地図上の‘于山島’の名稱研究」『韓國領土獨島の固有領土論』ジェイエンシ、pp.69-104.

鮮の漁師は言っていたが、実際には独島のような無人島は鬱陵島の
東南側に位置しており、北には存在しないからである。ただし、朝
鮮の古文献『東国興地勝覧』の「東覽圖」には鬱陵島の北西側あるいは
西側に「于山島」が位置しているので、朝鮮の漁師が「東覽圖」と同じ
地図を持っていた可能性も高いと考えられる。[24]

　第四、「この島の北に島が一つあるがいい鮑が多い。それで、国
王の命で三年に一度、その島に行く。今年もその島に行ったが、帰
りに嵐にあってこの島(竹島)に漂着した」ということから、1695年
に鬱陵島に来た朝鮮漁師は、朝鮮政府が送った鬱陵島の「捜討使」で
あった可能性が窺える。[25]または、「捜討使」を装っていた漁師で
あった可能性も排除できない。いずれにせよ、上の引用から朝鮮国
王は、1695年以前から3年に1回、「捜討使」を鬱陵島に送っていたこ
とが分かる。また、日本人はこの島を「竹島」と言って日本の領土で
あると主張していたのに対し、朝鮮の漁師は「鬱陵島」が朝鮮の領土
であると主張していたが、紛争を避けるためにわざと鬱陵島はこの
島ではなく、北にあると嘘をついたのである。そのようなことは「
それで私たちは「竹島は昔から日本人が鮑獲りをしているところだ
から、速やかに立ち去れ」と言ったら、彼は「大きな風に会っ船が破
損されたため、これを修理して立ち去る」と答えた」のに、実は急い

---

24) 愼鏞廈(1996)『独島、宝のような韓国領土』知識産業社、pp.1-213.
　　pp.1-200
25) 崔長根(2014)『韓國領土獨島の固有領土論』ジェイエンシ、pp.69-104.

で立ち去る様子も見せなかったというところからも推測できる。

　第五、「私たちが上陸して、以前建てた小屋に残してきたはずの漁労の道具と漁舟八叟を調べてみたら、漁船八隻がなくなっていた。このことを通士に尋ねると、「全て浦に送った」という。その上に私たちの船を停泊させようと強要したが、彼らは数が多く、私たちは少ないので敵対することができない。恐ろしくて元禄5年(1695)3月21日夜7時に竹島を去った」と述べられている。すなわち、日本の漁師は、以前にも鬱陵島に潜入して小屋を建て、8隻の漁船と漁具などを保管していたのである。しかし、「昨年」という言葉がないことから、必ず毎年二人の漁師が交互に鬱陵島に渡航した[26]という日本の漁師たちの主張を信用することはできないと考えられる。また、朝鮮の漁師たちは日本の漁師たちが作っておいた船舶などを放置せず、朝鮮の領土に日本の漁師が略奪に来たと認識して、日本の漁師たちの漁具を全て押収していたことが窺える。そして、朝鮮の漁師は人数において日本の漁師より優勢であり、鬱陵島が朝鮮の領土であるということを強く認識していたので、日本の漁師たちを鬱陵島から追放したということが分かる。そこで、日本の漁師たちが「3月21日夜7時」に鬱陵島を抜け出したということは、朝鮮人たちからかなりの脅威を感じ、夜に鬱陵島を抜け出したということを意味する。

---

26) 下条正男(2005)『竹島その歴史と領土問題』竹島・北方領土返還要求運動島根県民会議, pp.26-52.

　第六、「ただし、串鮑と笠、網頭巾、味噌麹1塊を持ち帰ることにした。これは今回の渡海の証拠とするためである。4月1日、石州浜田に戻って雲州の雲津を経由して、同月5日7時に伯州の米子に到着した」と記されている。すなわち、日本の漁師は鬱陵島を自国の領土であると考えていたので、朝鮮の漁師の持ち物を証拠として持って帰り、幕府に朝鮮の漁師たちが日本の領土である竹島に潜入したということを告発したのである。

　要するに、朝鮮の漁師たちは鬱陵島が朝鮮の領土であるという確実な認識を持っていたが、日本の漁師たちとの直接的な衝突を避けるために、日本が竹島と言っている島は日本の領土であり、韓国の領土である鬱陵島は島の北にあると嘘をついた。最後には、力の優位性をもって朝鮮の漁師たちは日本の漁師たちを鬱陵島の外に追い出したのである。ところが、日本の漁師たちもまた、日本の領土である竹島が朝鮮の漁師に占領されたと認識し、そのことを中央政府である幕府に告発するために、証拠資料として朝鮮人の持ち物を奪って帰港したのである。

　このように当時の日本の漁師たちは鬱陵島が日本の領土であり、朝鮮人が違法操業を行っていると認識していた。そのような認識は「翌元禄六年、一六九三年癸酉の年春二月下旬、再び米子を出帆して、夏四月十七日末刻竹島に着せり」というところから確認できる。この日本の漁師たちは、鬱陵島への渡海が続けられるためにも、朝鮮人を拉致して渡航をさせないようにする目的を持って、翌年鬱陵

島に計画的に渡航したのである。その詳細は次のとおりである。

　翌元禄六年(一六九三年)癸酉の年春二月下旬、再び米子を出帆して、夏四月十七日末刻竹島に着せり。然るに昨年の如く朝鮮人等専ら漁獲をして、我を妨げ動もすれば不軌の語言を放って和平ならず。止む事を得ず、其の中の長者一名と、火伴両三輩を延びて我船に入れ、同月十八日竹島より出帆して、同廿八日米子へ帰着し、其由を國候松平放伯耆守へ訴ふ。國候亦之を御勘定奉行松平美濃守殿へ達せられ、因て台命を下して、那の一夥の人員を江都へ召れ、審かに諸件を正させ玉ひ、時に日本人は朝鮮人との渡海は時候を異にせるにあらずやと尋れられしがは、右の一夥の答に、我等は毎歳春三月の頃渡島し、七月上旬帰帆の節獲舟獲具等を小屋に納め置、翌年渡海の節まで毫も差違なかりしに元禄五年(一六九二年)より小屋を発き肆ままに器械を奪ひ、依然として居住するの模様にに見ゆれば、全く此事朝鮮人創めて竹島を探索したるは、疑いなしといへり。苟且之に依て魚猟為し難しきのよし、しばしば愁訴に及べりと云々
　然るによって三年を過て元禄九年(一六九六年)丙子年正月廿八日(伯耆民談)御月番(正月廿八日なり)御老中戸田山城守殿奉書下され候よしなり
　先年松平新太郎因伯両州領知の節相伺之伯州米子町人村川市兵衛・大谷甚吉至今入竹島ける。為漁獲向後入島の儀制禁可申付旨被仰出可存其趣恐惶謹言

　元禄九年子正月廿八日

土屋相模守　　在判

戸田山城守　　仝

阿部豊後守　　仝

大久保加賀守　仝

松平伯耆守殿[27]

　以上から次のようなことが確認できる。第一、「昨年の如く朝鮮
人等専ら漁獲をして、我を妨げ動もすれば不軌の語言を放って和平
ならず。止む事を得ず、其の中の長者一名と、火伴両三輩を延ぴて
我船に入れ、同月十八日竹島より出帆して、同廿八日米子へ帰着
し、其由を國候松平放伯耆守へ訴ふ。國候亦之を御勘定奉行松平美
濃守殿へ達せられ」と記されている。つまり、朝鮮の漁師たちは
1696年にも鬱陵島に入って操業をし、渡航した日本人たちを侵略者
として扱った。それ故に日本の漁師は最も重要な人物を拉致して日
本に連れて帰り、彼を脅迫して、これ以上鬱陵島に渡航できないよ
うにしようとした。彼らは伯耆守にそのような事情を訴え、伯耆守
は幕府から派遣されていた勘定奉行に訴えたのである。

　第二、「因て台命を下して、那の一夥の人員を江都へ召れ、審か
に諸件を正させ玉ひ、時に日本人は朝鮮人との渡海は時候を異にせ
るにあらずやと尋れられしがは、右の一夥の答に、我等は毎歳春三

---

27) 慶尚北道独島史料研究会編(2014)『独島関係日本古文書1』慶尚北道、pp.9-10.

月の頃渡島し、七月上旬帰帆の節獲舟獲具等を小屋に納め置、翌年
渡海の節まで毫も差違なかりしに元禄五年(一六九二年)より小屋を発
き肆ままに器械を奪ひ、依然として居住するの模様にに見ゆれば、
全く此事朝鮮人創めて竹島を探索したるは、疑いなしといへり」と述
べられている。幕府は日本人の関係者たちを江戸に呼んで事情を確
かめたが、その際に、日本人と朝鮮人、両側ともに異なる時期に鬱
陵島で操業をしていたのではないかということについても調査し
た。しかし、日本の漁師たちは、それまで日本の漁師のみが鬱陵島
で操業しており、朝鮮人が操業したのは1695年と1696年、わずか2
年間だけであったと主張した。また、「このような状況のために漁
獵が難しいと何度も嘆願した」と書かれていることから、日本の漁
師たちは幕府に朝鮮人の操業を禁止して、日本の漁師の操業を継続
的に許可してくれることを要求していたことが分かる。

　第三、「元禄九年(一六九六年)丙子年正月廿八日(伯耆民談)御月番
(正月廿八日なり)御老中戸田山城守殿奉書下され侯よしなり。先年
松平新太郎因伯両州領知の節相伺之伯州米子町人村川市兵衛・大谷
甚吉至今入竹島ける。為漁獲向後入島の儀制禁可申付旨被仰出可存
其趣恐惶謹言　　」と述べられている。つまり、「元禄9年(1696)丙
子年正月28日」に幕府は、これまで渡海免許を受けて鬱陵島に
渡海していたが、鬱陵島は本来朝鮮の領土であることが確かで
あるため、これ以上鬱陵島に渡海して操業してはならないとい
う禁止令を下したのである。

しかし、米子の住民は鬱陵島での操業が続けられることを望み、嘆願書を持って直々に江戸を訪ねて、幕府に渡航許可を要請した。その詳細については次のとおりである。

　此歳竹島入獵ヲ禁セラレテヨリ元禄十一年丑秋、米子ノ市人村川市兵衛江戸ニ出て愁訴ニ及ヘリ。尓後享保九年(1724)「甲辰」ネン江府ヨリ因州家へ　台門アリ。但米子ハ荒尾但馬カ食色ナレハ同氏へ令シ之ヲ正レシ時彼両商ヨリ呈スル所ノ書ヲ謄写シ池田豊後「因州の大夫」ヨリ我藩ニ贈レリ。後宝暦年間因州ノ使者来テ清泰院「宰相池田忠雄卿ノ陵墓アリ」へ寓スル時就テ之ヲ問ニ其所説恰符節ヲ合カ如シ、毫モ差違スル所ナシ。由テ今之ヲ筆シ予家ニ云フト云。『竹島圖説』了[28]

　第一、「此歳竹島入獵ヲ禁セラレテヨリ元禄十一年丑秋、米子ノ市人村川市兵衛江戸ニ出て愁訴ニ及ヘリ。尓後享保九年(1724)「甲辰」ネン江府ヨリ因州家へ台門アリ」と記されている。すなわち、1696年12月に鬱陵島への渡海が禁止され、2年後の1698年に米子の住民村川市兵衛が江戸に行って嘆願したが、その嘆願に対する返信は26年後の1724年に来た。その返信の遅さは、言い換えると、中央政府の立場としては漁師たちの要求を受け入れるのができなかったということを示しているのである。

　第二、「尓後享保九年(1724)「甲辰」ネン江府ヨリ因州家へ　台門ア

28) 慶尚北道独島史料研究会編(2014)『独島関係日本古文書1』慶尚北道、p.10.

リ。但米子ハ荒尾但馬カ食色ナレハ同氏へ令シ之ヲ正レシ時彼両商ヨリ呈スル所ノ書ヲ謄写シ池田豊後「因州の大夫」ヨリ我藩ニ贈レリ」と述べられている。つまり、1724年、江戸幕府は因州の領主を通じて米子城主荒尾但馬にその真相について調査させたが、その調査の一環として、二人の商人が上疏したものを筆寫して因州国から松江藩に送ったのである。それ故に米子の住民が上疏したものが、幕府と因州国、そして米子と松江藩にまで伝達されたのである。

　第三、「後宝暦年間(1751~1764年頃)因州ノ使者来テ清泰院「宰相池田忠雄卿ノ陵墓アリ」へ寓スル時就テ之ヲ問ニ其所説恰符節ヲ合カ如シ、毫モ差違スル所ナシ。由テ今之ヲ筆シ予家ニ云フト云」と述べられている。つまり、1724年に幕府が真相調査を命じてから40年が過ぎた後に、因州の官僚に事実関係について問い合わせた結果、事実として立証されたのである。それ故に、「私の(松江)藩の隠士である北園の子孫が竹島図説という名前の本一冊を持っている。この本は宝暦年間(1751~1764)に、その家の先祖である通菴氏が、ここ松江の某氏という人から聞いたことを記録したもの」というところから分かるように、家の中において引き継がれてきたのであった。

　要するに、大谷と村川の両家は鬱陵島を「竹島」という名前で呼びながら島における領有権を主張し、朝鮮人が日本の領土に不法侵入したといって鬱陵島から追放しようと幕府に上疏した。しかし、幕府はむしろ、鬱陵島を朝鮮の領土として認め、日本漁夫の渡航を禁止した。渡航禁止令が下されてから、日本の漁夫たちは鬱陵島への

渡航を続けるために上疏したが、幕府はそれを認めなかった。その後、40年という、世代が変わるような時間が経過した後、通菶という人が「竹島一件」の事実関係について問い合わせた結果、因州国においては鬱陵島が朝鮮の領土であると定められたことを確認したのであった。そして、その事実関係を『竹島図説』に記したのである。当時、幕府からの問い合わせに対して、伯耆国と因州国は、鬱陵島は言うまでもなく獨島についても日本の領土ではなく、朝鮮の領土であることを認めたのであった。[29]

# 6. おわりに

本研究では、『竹島図説』を詳細に分析して、前近代の日本における獨島に対しての認識を考察した。本研究の成果をまとめると、次のとおりである。

第一、『竹島図説』は1724年に記録されたものである。その内容は、1696年に幕府によって鬱陵島及び獨島が朝鮮の領土として認められて日本人の渡航が禁止された事件と、それまでの70年間にわたる渡海当時の状況について、当事者であった大谷家と村川家から聞いた話を松江藩の一人の藩士が記録したものである。人から聞いた話であるため、正確さに多少の問題はあるが、同じ事件を取り上げ

---

29) 内藤正中・金柄烈(2007)『史的檢證 竹島・獨島』岩波書店, pp.8-61.

ている他の史料に対し、概ね事実に近い内容がかなり多いという点に『竹島図説』の意義があると考えられる。

　第二、『竹島図説』が記録された1724年の時点で、松江藩の人々は松島(獨島)を隠岐島に属している島として認識していた。そのような認識は、70年間、2世代にわたり渡航していた竹島(鬱陵島)は日本の領土であるのに、幕府が不当に竹島を朝鮮に譲渡したという考えに基づいていた。それ故に、彼らは幾度も幕府に鬱陵島への渡航許可を要請したが、拒絶されたのである。すなわち、朝鮮に鬱陵島を奪われたという認識を持つようになったのである。このような領土的野心によって、松島(獨島)が「隠岐島の所属」というのは当然であると認識するようになった。しかし、事実上、幕府は鬱陵島とともに松島(獨島)についても、日本の領土ではないことを確認したのである。

　第三、当時、大谷家と村川家は、松島は隠岐島の所属であり、鬱陵島は日本に近接している日本の領土であると認識していた。それ故に、鬱陵島における朝鮮人の操業は違法であると認識するようになり、正式に幕府に要請して朝鮮人の渡航を禁止させようとした。しかし、幕府は事実関係を確認して、鬱陵島及び獨島を朝鮮の領土として認めたのである。

　第四、鬱陵島と獨島の産物に関する記述を見てみると、獨島に関しては全く言及がなかった。それは獨島に対して価値を見出すことができなかったためであり、獨島は領土として、または産物に対し

て関心を持つような対象にならなかったのである。鬱陵島において
は山参、蚫、海驢などが日本人に好まれた主な産物であった。

　第五、幕府から正式に渡海免許を受けるようになり、日本人は鬱
陵島に渡航した。日本人は、渡海免許を受けたことについて鬱陵島
に対する独占権を持つようになったと考えていたので、鬱陵島が自
国の領土であると思っていた朝鮮人がむしろ違法操業をしていると
認識したのである。

　第六、松江藩の日本人とは異なって、中央政府である幕府は事実
関係を調査した結果に基づいて、鬱陵島と獨島を、事実上、朝鮮の
領土として認めた。しかし、松江藩の人々は、自分たちの鬱陵島を
幕府が勝手に朝鮮に譲渡したため、鬱陵島は朝鮮に奪われた島であ
るという認識を持つようになったのである。

〈参考文献〉

慶尚北道獨島史料研究會編(2010)『竹島考上下』慶尚北道、pp.1-273.

＿＿＿＿＿＿＿＿＿＿＿＿＿(2013)『竹島紀事1』慶尚北道、pp.1-423.

＿＿＿＿＿＿＿＿＿＿＿＿＿(2013)『竹島紀事2』慶尚北道、pp.1-460.

＿＿＿＿＿＿＿＿＿＿＿＿＿(2014)『獨島關係日本古文書1』慶尚北道、pp.3-10.

權五曄(2009)『獨島と安龍福』忠南大學校出版部、pp.206-278.

＿＿＿＿・大西俊輝(2009)『獨島の原初記録元祿覺書』ジェイエンシ、p.134.

＿＿＿＿ (2010)『日本古文書の獨島、拱帳』チェックサラン、pp.50-67.

内藤正中(2005)『獨島と竹島』ジェイエンシ、pp.81-160.

宋彙榮(2013)『日本學者が見る獨島の歴史學的淵源』知性人、pp.57-82.

宋炳基(2004)『獨島領有權資料選』翰林大學校、pp.1-278.

＿＿＿＿(1999)『鬱陵島と獨島』檀國大學校 出版部、pp.1-267.

愼鏞廈(1996)『独島、宝のような韓国領土』知識産業社、pp.81-83.

大西俊輝(2004)『獨島』ジェイエンシ、pp.182-258.

＿＿＿＿＿＿＿＿＿＿＿(2011)『獨島概觀』人文社, pp.215-291.

竹内猛(2013) 『獨島=竹島問題固有領土論の歴史的檢證』善人、pp.1-60.

崔長根(2014)『韓國領土獨島の固有領土論』ジェイエンシ、pp.69-104.

下条正男(2005)『竹島その歴史と領土問題』竹島・北方領土返還要求運動島根
　　　　県民会議、pp.26-52.

田村清三郎(1965)『島根縣 竹島의 新研究』島根県総務部総務課、pp.1-160.

内藤正中・金柄烈(2007)『史的檢證 竹島・獨島』岩波書店、pp.8-61.

＿＿＿＿＿＿・朴炳渉(2007)『竹島=獨島論爭』新幹社、pp.53-95.

# 제2장

# 『다케시마잡지』로
# 보는 일본지식인의
# 울릉도와
# 독도 인식(1)

# 1. 들어가면서

일본은 한국영토 독도에 대해 영유권을 주장하고 있다.[1] 일본은 독도가 일본의 고유영토라고 주장하기도 한다.[2] 근거로서 막부로부터 도해허가를 받아 70여 년간 울릉도를 경영했다는 것이다.[3] 그 때에 일본이 독도도 경영했지만, 한국은 독도의 존재를 알지 못했고, 더군다나 영토의식은 없었다는 것이다.[4]

---

1) 나이토 세이추 저, 권오엽・권정 역(2005)『獨島와 竹島』제이앤씨. 나이토 세이추(2000)『독도와 죽도』제이앤씨. 나이토 세이추(内藤正中) 저, 곽진오・김현수 역(2008)『한일간 독도・죽도논쟁의 실체』책사랑 참조.
2)「竹島問題」일본외무성, http://www.mofa.go.jp/mofaj/area/takeshima/(검색일; 2015.1.30).
3) 상동.
4)「竹島の「眞實」と獨島の《虛僞》」(下條正男), http://www.pref.shimane.lg.jp/soumu/web-takeshima/takeshima04/takeshima-dokdo/takeshima-dokdo_1.htm(검색일: 2015.05.12), 島根県(2005) 「竹島問題研究會」, http://www.pref.shimane.lg.jp/soumu/web-takeshima/(검색일: 2015.05.12)

일본의 고문헌 중에 『다케시마잡지(多気甚麽雜誌)』라는 울릉도와 독도관련 사료가 있다. 오늘날 일본에서는 한국의 독도를 '다케시마(竹島)'라고 부른다. 일본의 에도시대에는 울릉도를 두고 '다케시마(竹島)'라고 했다.5) 오늘날 '죽도=일본영토론자'들은 이 사료를 가지고 독도가 일본의 고유영토로서 증거로 삼기도 한다.6) 『다케시마잡지』는 갑인년(1854) 초겨울'에 집필되었기 때문에 그 시점에 있어서 이 저자의 울릉도와 독도에 관한 인식을 할 수 있는 좋은 자료이다. 이 저자의 인식이 곧바로 당시 일본정부나 지방자치체의 인식이라고 할 수 없고, 단지 이 저자를 비롯한 일부 주변 사람들의 '다케시마'에 관한 인식이라고 하겠다. 과연 오늘날 일본영토론자들이 '죽도=일본영토'의 증거로 삼고 있는데 그러한 가치가 있는 사료인지 분석이 필요하다. 그래서 본 연구에서는 『다케시마잡지』라는 사료가 어떤 성격의 것인지? 『다케시마잡지』에 나타난 울릉도와 독도가 일본의 고유영토와 어떤 관련이 있는지? 한국영토로서 근거는 없는지? 그 성격에 관해서 검토하려고 한다. 연구방법으로는 『다케시마잡지』에 나타난 울릉도와 독도에 관한 모든 인식을 검토한다. 지금까지 독도, 울릉도 관련 선행연구에서 『다케시마잡지』에 대한 전체적 성격분석은 물론이고, 일본이 영유권을 주장하고 있는 독도의 영유권과 관련해서 분석한 연구는 없기에 연

---

5) 일본의 근세시대에는 울릉도를 '죽도', 독도를 '송도'라고 했다. 오늘날 독도가 '죽도'로 명칭으로 공식적으로 변경된 것은 1905년 시마네현 고시40호에 의해였다.

6) 島根県(2005)「竹島問題硏究會」, http://www.pref.shimane.lg.jp/soumu/web-takeshima/(검색일: 2015. 05.12)

구적 가치가 있다고 본다.


## 2. 『다케시마잡지』의 성격과 영유권에 대한 증거력

『다케시마잡지』는 어떠한 성격의 사료인가? 누가 언제 집필하였을
까? 독도 영유권과 관련해서 증거능력은 있는가? 이에 대해 다음 사료
를 살펴보기로 한다.


> 마쓰우라와 우연히 만나 (그가) 내 서당에 와서 머물며 3월에 이 책
> 을 썼다. 이것을 보고 지형과 산물의 종류를 조금씩 필사했다. 가히 경
> 세우국 논리의 극치라 할 수 있다. 매우 잘된 글이어서 글머리에 기록해
> 둔다. 섬 이름이 귀에 익길 몇 년인데, 주인 없는 땅이기에 밝히 들러나
> 기 어렵다. 해방(海防)에는 만 가지 책략이 섞이는 법, 사람들이 어찌
> 가지 않는가 의심스럽다.
>
> 갑인년(1854) 초겨울    슈자이 곤 씀[7]


위의 내용으로 다음과 같은 사실을 알 수 있다. 즉 첫째, 『다케시마
잡지』의 저자는 '세슈의 마쓰우라 히로시'라는 사람이고, 3개월 동안
슈자이곤이라는 사람의 서당에 머물면서 '저술'했다. 그리고 이글의 머
리말에도 밝히고 있듯이 서당 주인인 '슈자이 곤'이라는 사람이 마쓰우

---

7) 「多気甚麼雜誌」, 『독도관계 일본고문서 1』 경상북도 독도사료연구회,
   2014, p.19

라 히로시가 쓴 『다케시마잡지』를 「보고 지형과 산물의 종류를 조금씩 필사」했던 것으로 이를 통해 울릉도의 지형과 산물에 관해 알게 되었다는 것이다.

둘째로, 이 책은 '갑인년(1854) 초겨울'에 집필되었다. 집필연도로 봐서 1840년은 청국과 영국 사이에 아팬 전쟁이 있었던 시기, 1854년은 패리제독이 우라가항에 내항하여 쇄국을 하고 있던 일본에 대해 문호 개방을 요구하던 시기로서 일본이 외세로부터 식민지화라는 국가의 장래를 걱정하던 시기였다. 이글을 집필한 저자는 '경세우국'하는 마음으로 일본의 국익을 위해 저술한 것이다.

셋째, '섬 이름이 귀에 익길 몇 년인데, 주인 없는 땅이기에 밝히 들러나기 어렵다.'라고 하여 울릉도는 이들에게 섬의 이름 정도 귀에 남을 정도로서 주인인 없는 땅으로 생각하고 있었고, 개척 대상의 섬으로 여기고 있었던 것이다.

넷째, '해방(海防)에는 만 가지 책략이 섞이는 법, 사람들이 어찌 가지 않는가 의심스럽다.'에서 보면, 국경지대에 있는 무인도를 어찌 개척하지 않았을까? 울릉도의 개척을 종용하고 있다.

다섯째, 이 저자는 울릉도를 무인도라고 생각하고 있었지만, 사실상 울릉도 서쪽에 있는 조선이 기본적으로는 3년 간격으로 수토사를 파견하여 영토로서 울릉도를 관리하고 있었다는 사실을 알지 못하고 있다.[8] 본 자료는 사적으로 작성한 기록으로서, 중앙정부나 지방지치체 등의 공적 기관이 영토로서 관리했다는 사실을 기록한 것이 아니기 때

---

8) 신용하(1996) 『독도의 민족영토사 연구』, 지식산업사, pp.30-37.

문에 영유권을 논할 수 있는 그런 사료는 아니다.


## 3. 일본인의 울릉도 인지와 도항 흔적

### 3.1 '다케시마'[9]의 명칭에 관해

울릉도는 우산국이 본거지로 하고 있었는데, 서기 512년 우산국이 신라에 정벌당한 이후고려, 조선시대를 거치면서 오늘날 한국의 영토로서 계승된 고유영토이다. 조선 조정은 울릉도민을 관리하는 차원에서 1403년부터 울릉도에 대해 무인도정책을 펼쳐서 영토를 관리했다.[10] 이 시기에 일본인들이 무인도였던 울릉도에 잠입하여 울릉도 산물을 약탈해갔다.[11] 일본이 부르는 '다케시마'의 명칭에 관해서도 기술하고 있다. 그리고 이때에 일본인들이 울릉도에 들어와서 어떠한 일들을 하였는지 고찰해 보기로 한다.


他計甚麼(『일본풍토기』) 또는 죽도라고 쓰는 것은 이 섬에 (동쪽의 '오사카포구에 있다) 대죽 숲이 있고, 그 대나무 중 가장 큰 것은 둘레가 2척 정도가 되는 것도 있어(『죽도도설』), 그렇게 부르는 것일 것이다. 축라도(『수서』)등의 이름이 있다. 『동애수필』에서 이 섬을 축라도 라 한다는 말이 보이나, 생각건대, 축라도라는 것은 츠쿠시 앞 바다에 있는

---

9) 지금의 울릉도를 말한다.
10) 신용하(1996) 『독도의 민족영토사 연구』, 지식산업사, pp.30-37.
11) 김호동(2009.2) 「조선 숙종조 영토분쟁의 배경과 대응에 관한 검토-안용복 활동의 새로운 검토를 위해」, 『대구사학』 94 참조.

섬을 가리키는 것일 것이다. 규슈의 맹인들이 매우 구슬픈 목소리로 이루카와카 대신일대기 라는 노래를 부르며 시가지를 구걸하며 다니는 데 그 문구에 축라도에 대한 것이 많이 있다. 그러나 그 전후의 문구로 써 생각해보면 축라도란 이키나 쓰시마인 것처럼 들린다. 또『동애수필』에 (섬의) 주위가 40리라고 하는데 이 다케시마는 그 만큼은 안 된다. 그 (섬의) 크고 작음은 어떻든, 그 대신이 살든 시대에는, 지금도 밝혀진 바 없으니, 이 섬이 도대체 어떤 섬인지 설마 몰랐을 것이며, 또 (이 섬에는) 인가도 없었을 것이라 생각한다. 덧붙여 그 축라도라는 글자가 그 다케시마(를 가리키는 것이) 아니라는 것을 모르기 때문에 여기에 (고전에) 발췌하여 두는데,『북사』권[9]4 (왜[국]전)에서 "문임방과 배세청을 사자로 보내었는데 백제로 건너가 다케시마에 이르렀고, 탐라도를 보며"등을 생각건대 이 다케시마가 다른 섬이라는 것이 명백하다.[12]

이상의 내용에서 섬의 명칭에 관해 다음과 같은 사실을 알 수 있다. 즉 첫째, 일본풍토기와 죽도도설, 동애수필, 수서, 왜국전 등의 내용을 인용하고 있는 것으로 보아, 일본인의 울릉도에 대한 인식은 70여 년 간 도항한 오야, 무라카와 가문으로부터 전해들은 이야기가『죽도도설』에 기록되고 '다케시마'라는 이름을 알게 되었는데, 그것이 또 다시 제 3자에게 인용되는 것으로 보아 실제 경험에 의한 울릉도 인식이 아니고 풍문에 의한 인식이기 때문에 정확한 울릉도 인식이 아니다.

둘째, 지금의 울릉도에 대한 당시 일본인들의 표기는 "多気甚麼"

---

12) 경상북도(2014)「多気甚麼雜誌」,『독도관계 일본고문서 1』경상북도 독도 사료연구회, pp.19-20.

"他計甚麽", "竹島"라고 표기 된 것을 보면, 에도시대 전기의 고지도에서 "竹島"라고 기록된 것이 구전으로 '다케시마'라고 불리어졌던 섬 명칭13)이 문자로 기록되면서 "多気甚麽" "他計甚麽"라는 식으로 표기하였음을 알 수 있다, 다시 말하면 지금의 울릉도는 당시 일본인들에게는 구전으로 전해져 내려오던 섬이었던 것이다.

셋째, 『동애수필』에 '축라도'라고 불리우는 섬이 등장하는데, 이 섬이 지금의 울릉도라고 생각을 했는다. 그런데 고전「북사」에 등장하는 백제의 '다케시마'라는 것으로 추측할 때, 축라도는 섬의 크기로 보더라도 이키나 쓰시마 섬일 가능성이 크다는 내용이다. 이들이 축라도를 울릉도라고 잘못 알고 있었다는 것을 볼 때, 예전에 일본에서 울릉도에 대한 인식이 거의 없었음을 알 수 있다.

넷째, 사실은 『죽도도설』에 의하면, "'죽도'라고 쓰는 것은 이 섬에 (동쪽의 '오사카포구에 있다) 대죽 숲이 있고, 그 대나무 중 가장 큰 것은 둘레가 2척 정도가 된다"라는 것이다. 그런데 사실 이를 제대로 아는 일본인이 없었다는 것이다. 그리고 "동쪽에 오사카포구가 있다"라는 것은 일본인이 울릉도를 건너가 '다케시마(竹島)'라고 실제로 일본식 명칭을 붙였다는 것이다.

---

13) 川上健三 저, 권오엽 역(2010)『일본의 독도논리 -竹島의 歷史地理學的研究-』백산자료원, pp.316-321. 大西輝男, 권오엽・권정 옮김(2004)『獨島』제이앤씨, pp.263-264.

## 3.2 '다케시마'의 지리적 위치에 관해

당시 '다케시마'(지금의 울릉도)의 지리적 위치에 관해 일본에서의 거리, 조선에서의 거리에 관해 어떻게 인식하고 있었을까?

다케시마는 일본에서 멀리 떨어져있고 조선에서 가까우며 섬 안에 매우 넓은 섬이다. (『백기민담』) 오키노군지 마쓰시마의 서도(마쓰시마에 속안 작은 섬이다. 지역주민들은 차도라고 한다)에서 북쪽으로 바닷길 약 40리 정도이다.(『죽도도설』)(이 설은 의심스러우나 이외 근거할만한 것이 없기 때문에 적어둔다.) 북위37도50분에서 38도에 걸쳐 있다.(『일본여지로정도』, 대청일통도)에 의한다. 또 생각건대, 이 섬은 오키에서 북서쪽으로 40리 정도에 있고, 이와미에서 북북서쪽으로 80리, 조슈에서는 북동쪽에 해당하며 약 90리정도라고 한다. 그러나 이는 그 지도에 근거하여 생각한 것이기 때문에 이 선로에 대해 확실히 정할 수 있는 것은 없다고 생각된다. 조선으로 도해하자면 부산포 항구까지의 거리가 18리인데 밤이 되면 그 나라 민가의 등불 빛이 분명히 보인다고 도해했던 선원들은 말한다.(『백기민담』) (그러나 생각건대, 그 정도로 가깝지는 않을 것이다. 18리라면 겐로쿠 시대(,1688년-1704년)까지 조선이 (다케시마를) 버려두었을 리 없고, 부산포는 그 나라의 큰 항구의 하나로 우리나라의 우라가나 나가사키와 같은 곳인데, 그 곳에 그와 같이 큰 섬 하나가 있다고 하면 왜 그것을 모르고 있었겠는가) 또, "고려가 보이는 것이 운수에서 인슈가 보이는 것과 같다『일본여지로정도』에 말이 나온다. 또 고가에『회충초』(영원도 결렸다는 다케시마의 /마디를 사이에 두고 지금 그처럼 되다.),『현존육첩』(아, 다케시마, 밀려오는 잔물결, 몇 번이고/ 무정한 세상을 내달려 넘어가라),

(내가 이 노래를 여기에 쓰기는 하였으나, 생각건대 이 다케시마는 오우미의 호수에 있는 다케시마를 노래한 것일 것이다. '밀려오는 잔물결'이라는 일곱문자로써도 호숫가[풍경]이라는 것은 명백하다. 그러나 그 이름 그대로 덧붙여 둘어둔다) 그 지형은 삼각형이고 둘레는 약 16정도, 산물이 매우 많은 진귀한 섬이다.(『죽도도설』) 산악과 계곡이 있고 대죽과 교목이 무성하며 섬 전체에 금수가 많이 살고, 어류와 패류가 해안가에 깔려있어 산물이 풍부한 섬이라고 한다.(『백기민담』)14)

이상의 내용에서 다음과 같은 사실을 알 수 있다. 즉, 첫째, 한일 양국에서 이 섬까지의 거리와 지형에 대해서는 주로 『백기민담』, 『죽도도설』, 『일본여지로정도』, 「대청일통도」에 의거하고 있다.

둘째, 다케시마(울릉도) 사람이 거주할 수 있는 넓은 섬이다. 조선의 부산에서 보이는 섬이라고 하지만, 실제는 보이지 않기 때문에 조선인들이 울릉도를 버려두었던 것이다. 『죽도도설』에 의하면 마쓰시마(지금의 독도, 에도시대 일본 측의 독도 인식)의 서도에서 북쪽으로 40리 거리에 있다고 하지만 사실은 더 먼 곳에 있다. 다케시마는 『일본여지로정도』, 「대청일통도」에 의하면 북위37도50분에서 38도에 걸쳐 있다는 것이다. 그런데 조선이 울릉도를 버려두었다는 인식은 아주 큰 오류이다.

셋째, 다케시마의 위치에 관해서 일본에서 울릉도, 울릉도에서 조선까지의 위치관계를 언급하며, 다케시마에서 부산포가 보인다고 하는 것은 오류이지만 사실상 울릉도의 존재를 잘 알고 있었다. 섬의 형상

---

14) 경상북도(2014)「多気甚麼雜誌」, 『독도관계 일본고문서 1』 경상북도 독도 사료연구회, pp.20-22.

에 관해서는 삼각형으로 생겼는데, 금수와 식물 등 물산 풍부한 섬이
라는 것이다.

## 3.3 일본인의 울릉도 도항 경위

일본인은 어떤 계기로 일본에서 보이지 않고 조선에서 가까운 거리
에 있는 울릉도에 도항하게 되었을까" 이 사료에서는 '다케시마(울릉
도)를 일본의 영토'라고 인식하고 있다. 그 내용은 다음과 같다.

이 섬이 쓰쿠시노쿠니의 다케시마 (『북사』(왜국전))도 명백히 우리
나라의 섬(『초로잡담』)이라 하였는데, 하쿠슈 요나고의 주민 오야와 무
라카와 두 사람(집안)은 대대로 명망 있는 주민으로 자손은 지금까지도
마치도시요리직을 수행하고 있다. 이 두 사람이 다케시마 도해면허를
받은 것은 이 지역(당국/호키국)의 전 태수인 나카무라 호키노카미 타
다카즈(『백기민담』)가 게이초 14년(1609)에 죽었는데, 자식이 없었으
므로 막부의 영지가 되었다. 이에 의해 막부의 사로다이가 매년 에도에
서 와서(요나고)성에 머물면서 하쿠슈를 지배했다.(『백기민담』) 같은
해 아베 시로고로가 와 있었을 때 두 사람이 다케시마의 도해 건을 청원
했다. 그런데 다음해인 (『백기민담』) 겐나3년(,1617년)(정사년)에 마쓰
다이라 신타로 미쓰마사경이 동 지역(당국/하쿠슈)을 배령받아 부임하
였기에 두 사람이 다시 청원하였는데, 미쓰마사 경이 곧 에도에 고하여
이에 대한 허가를 받았고, 이후 다케시마로 몰려가서 어로를 행하였다.
그 후 매년 쉬지 않고 도해하였다. 단 두 상인에게 직접 준 것이 아니라
일단 제후(신타로 미쓰마사)에게 내려주신 것을 받았다. 이 해부터 두

상인은 장군(가)을 배알할 수 있게 되어 시복을 하사 받았고, 다케시마의 명물은 전복을 상납하였다. 이후 8,9년이 지나 두 상인 중 한 명만을 불러 격년으로 배알하는 것을 정했다.(『죽도도설』)15)

이상의 내용으로 알 수 있는 사실은 다음과 같다. 즉, 첫째, 다케시마(울릉도)가 쓰쿠시구니 소속의 일본영토라는 것이다.

둘째, 1609년 하쿠슈의 영주 타다카즈가 죽고 난후, 대를 이을 자손이 없어서 막부의 영지가 되었는데, 명망가였던 하쿠슈 요나고 주민 오야, 무라카와 두 가문이 먼저 아베 시로고로에게 청원하였으나, 제후가 바뀌어 두 번째로는 신타로 미쓰마사에 신청하여 막부로부터 도해면허를 받게 되어 울릉도 도항을 시작했다는 것이다.

셋째, 1617년 도해면허는 신타로 미쓰마사에게 주었고, 두 가문은 그해부터 쉬지 않고 도해했고, 두 가문은 모두 장군으로부터 시복을 받아 울릉도도해를 했는데 도항 후 장군을 배알하여 다케시마 명물 전복을 상납했다. 1625,6년부터는 격년으로 한명씩 배알했던 것이다.

## 3.4 울릉도에서 일본인의 조선인 조우

한국측 사료인 숙종실록에 의하면, 1692년 안용복이 울릉도에 도항하였을 때 그곳에서 일본인을 발견했다. 이듬해 1693년 안용복은 일행을 데리고 다시 울릉도를 갔을 때 일본인과 다시 조우하게 되었고, 일

---

15) 경상북도(2014)「多気甚麼雜誌」, 『독도관계 일본고문서 1』경상북도 독도 사료연구회, p.22.

본인들에게 울릉도와 독도가 조선영토라고 하여 일본인들을 쫓아 일본에 도착하여 번주와 막부에 따져서 결국은 울릉도와 독도가 조선영토임을 인정받고 귀국했다고 하는 기록되어 있다.[16] 본 사료는 일본측 사료의 하나인데, 한국인과 일본인이 처음 울릉도에서 조우한 사건에 대해 어떻게 기술하고 있는가를 살펴보기로 한다.

　이에 의해 두 집안이 격년으로 이어서 어업을 하게 되었는데, 이후 84년이 지나 겐로쿠5년(1695)(임신년)에 도해하였더니 조선인이 무리지어 어로를 행하고 있었다. 두 사람이 이를 못하게 하려고 하였으나 말을 듣지 않았을 뿐더러 위험하였으므로 두 사람은 허무하게 귀향하였다.(『백기민담』) 『죽도도설』에 겐로쿠5년(1695) 봄 2월 19일에 예년과 같이 요나고를 떠나 오키의 후쿠하라에 도착하였고, 같은 해 3월 24일 후쿠하라를 떠나 같은 달 26일 아침 5시에 다케시마의 '이카섬'이라는 곳에 도착하였다. 이때 처음으로 이방인이 어렵을 하는 것을 볼 수 있었다. 실로 이전에는 본적이 없었던 것이었다. 그 다음날인 27일 우리 배가 다케시마의 '하마다포구'로 가던 중에 외국 배 두 척을 보았다. 단 한척은 포구에 정박해 있었고, 한 척은 바다에 떠 있었는데, 외국인 30인 정도가 이 배에 타고 있었다. 우리 배는 8,9간 떨어져서 '오사카포구'로 갔다. 그 사람들 중의 한 사람이 섬에 남아있었는데, 즉시 작은 배를 타고 우리 근방으로 왔다. 이에 이 사람에게 물어보니, "조선의 '가와텐 가와라" 사람이라고 대답하였다. 그래서 전복을 왜 따고 있었는지 물으니 그의 대답인즉, "원래 이 섬의 전복을 따고자 했던 것은 아니다. 그런데 이 섬의 북쪽에 섬 하나가 있는데, 좋은 전복이 많다. 그래서

---

16) 신용하(1996)『독도의 민족영토사 연구』, 지식산업사, pp.30-37.

우리늘이 소선국왕의 명령을 빌아 3년에 한 번씩 그 섬에 간다. 올해도
역시 그 섬에 갔는데, 돌아오는 길에 큰 바람을 만나 뜻하지 않게 이
섬으로 밀려왔다."고 하였다. 이후 우리들이 말하기를, "이 다케시마는
옛날부터 일본인이 전복을 따왔던 것이니, 즉시 떠나라"고 했더니, 그가
말하길, "큰 바람을 만나 배가 모두 파손되었기 때문에 이것을 고치고
난 후에 떠나겠다."고 하였으나, 사실 급히 떠날 것처럼 보이지도 않았
다. 우리들이 상륙하여 예전에 세워두었던 오두막을 살펴보니 어선 8척
이 없어져 있었다. 이에 이 일을 그 통사에게 따져서 물으니 '모두 포구
로 보냈다'고 답했다. 그 위에 우리 배를 정박시키라고 강요했으나, 그
들은 수가 많고 우리는 적은지라 대적할 수 없어 두려운 마음에 3월
21일 밤 7시에 다케시마를 떠났다. 단 구시코(꼬지전복), 갓망건, 메주
한 덩어리를 가지고 돌아왔다. 이것은 이번 도해의 증거로 삼기 위한
것이다. 4월 1일 세키슈의 하마다로 돌아와, 운슈를 경유하여 같은 달
5일 7시에 하쿠슈의 요나고에 도착했다[17]

이상의 내용으로 일본인이 조선인을 조우한 경위에 관해 다음과 같
은 사실을 알 수 있다. 즉, 첫째, 『백기민담』, 『죽도도설』에 의하면, 두
집안은 1695년까지 84년간 다케시마(울릉도)에 도항을 했다는 것이다.
사실과 다르다. 1620년대에 도항면허를 받았기 때문에 70여년이다.[18]

---

17) 경상북도(2014) 「多気甚麼雜誌」, 『독도관계 일본고문서 1』 경상북도 독도
사료연구회, p.24.

18) 池内敏(2007) 「隠岐川上家文書と安竜副」 『鳥取地域史研究』 第9号 참조.
池内 敏(1998) 『近世日本と朝鮮漂流民』, 臨川書店, p.14. 池内敏(2008.2)
「安竜副 と鳥取藩」 『鳥取地域史研究』 第10号, pp.17-29. 池内敏(2009.3)
「安竜副英 雄傳説の形成ノート」, 『名古屋大學文學部研究論集』 史學55,
pp.125-142. 池内 敏(2010) 「일본 에도시대(江戸時代)의 다케시마(竹島)·

둘째, 두 가문이 1695년 처음으로 울릉도에서 조선인을 조우하고 조선인이 어로를 못하게 하려고 했는데 조선인이 위협하여 허무하게 일본으로 귀향했다. 사실과 다르다. 처음 조우한 것은 1692년이다.[19]

셋째, 두 가문의 항해 경로는 "겐로쿠5년(1695) 봄 2월 19일에 예년과 같이 요나고를 떠나 오키의 후쿠하라에 도착하였고, 같은 해 3월 24일 후쿠하라를 떠나 같은 달 26일 아침 5시에 다케시마의 '이카섬'이라는 곳에 도착하였다."라고 하는 것처럼, 봄 2월 19일에 요나고를 출발하여 후쿠하라에서 1달이상 도항준비를 하여 3월 24일 오키 섬의 후쿠하라를 출발하여 2일을 걸려 3월 26일 아침 5시에 다케시마 이카섬에 도착한다는 것이다. 울릉도(다케시마)에는 이카섬이라고 불릴만한 섬이 없다. 정확히 어느 섬을 두고 말하는 지 알 수 없다.

넷째, 일본에서는 한척의 배가 출발했고, 조선에서는 2척의 배로 30명이 타고 있었으므로 한척에 15명이 승선하였다는 것이다.

다섯째, 조선 배는 하마다포구에 정착하고 있었고, 일본 배는 오사카포구에 정착을 했다.

여섯째, 일본인이 조우한 사람은 '가와텐 가와라'이고 그들의 도항목적은 조선조정의 명령을 받고 3년에 1회 전복을 채취하러 울릉도에 도항했다는 것이다. 3년의 1회 울릉도에 도항 한 것은 울릉도 수토사들이 도항한 간격이다.[20] 왜 3년에 1회 울릉도에 도항한다고 했을까?

---

마츠시마(松島) 인식」『獨島硏究』6, 영남대학교 독도연구소, p.201.
19) 상동.
20) 신용하(1996)『독도의 민족영토사 연구』, 지식산업사, pp.30-37.

알 수 없다.

일곱 번째, 일본인은 조선인에게 울릉도를 일본이 관리하는 섬이라고 주장했으나, 조선인은 이에 이의를 제기하지 않았다. 그러나 '사실 급히 떠날 것처럼 보이지도 않았다.'라는 것으로 보아, 조선인은 울릉도를 목적으로 도항한 것이 분명하면서도 울릉도 북쪽에 있는 섬을 목표로 했으나 표류했다고 거짓말을 하고 있음을 알 수 있다.

여덟 번째, 일본인들은 어기를 마치고 귀국할 때는 오두막을 지어 8척의 어선을 보관하고 있었다. 즉 한척에 여러 명이 같이 타고 와서 울릉도에 도달해서는 한배에 두세명이 한 배에 타고 조업을 행했음을 알 수 있다.

아홉 번째, 조선인은 일본인보다 더 많은 인원으로 30명이 울릉도에 도해하였기에 일본인들이 만들어놓은 배를 함부로 사용했고, 원상복귀를 요구하는 일본의 요구를 듣지 않았다.

열 번째, 일본인들은 조선인을 두려워하여 "3월 21일 밤 7시에 다케시마를 떠났다. 단 구시코, 갓망건, 메주 한덩어리를 가지고 돌아왔다. 이것은 이번 도해의 증거로 삼기 위한 것이다. 4월 1일 세키슈의 하마다로 돌아와, 운슈를 경유하여 같은 달 5일 7시에 하쿠슈의 요나고에 도착했다"라고 하는 것처럼, 귀향의 경로를 언급하고 있다.

열한 번째, "3월 26일 아침 5시에 다케시마의 '이카섬이라는 곳에 도착"했다고 했는데, "3월 21일 밤 7시에 다케시마를 떠났다"라고 기술하고 있는데, 기술의 오류가 많기 때문에 사실관계에서 대략적인 것은 믿을 수 있지만, 구체적인 사실적인 것에 관해서는 그대로 믿을 수 없는 부분도 많음을 알 수 있다.

# 4. 한일 양 국민의 울릉도 도해와 일본인의 도해금지

## 4.1 조선인의 울릉도 도해

조선에서는 울릉도의 도해를 법적으로 금지하고 있었기 때문에 수토 사들에 의해 조선인의 울릉도 도해와 거주상황에 관해서 알 수 있었다. 기록으로는 안용복 일행이 울릉도에 도해하여 일본인들과 만나서 영토 분쟁이 되었기 때문에 이들의 기록만 남아있다. 본 사료에 나타난 조선 인의 울릉도 도해에 관해 어떻게 기록하고 있을까 살펴보기로 한다.

다음 해(겐로쿠 6년; 1696)에 도해하였는데, 많은 조선인이 와서 가 옥을 세우고 마음대로 어렵을 하고 있었다. 이 때 두 사람이 계책을 내서 조선인 두 사람을 데리고 요나고로 돌아왔고, 같은 해 4월 27일 오후 2시 반경 나다초의 오야 구로에몬 집으로 돌아갔으며, 이리하여 두 사람이 섬에 대한 것과, 조선인을 데리고 귀항하게 된 것을 태수에게 탄원하여, 결국에는 에도에서 소송이 벌어지게 되었다.(『백기민담』)21)

위의 사료에서는 조선인의 울릉도 도해에 관해서 다음과 같은 사실

---

21) 경상북도(2014)「多気甚麼雜誌」,『독도관계 일본고문서 1』경상북도 독도 사료연구회, p.24.

을 알 수 있다. 즉, 첫째, 「다음 해(센로쿠 6년, 1696)에 도해하였는데, 많은 조선인이 와서 가옥을 세우고 마음대로 어렵을 하고 있었다」고 한다. 1696년에 많은 조선인들이 가옥을 만들고 자유롭게 거주하고 있었다는 것이다. 일본인들이 70여 년간 줄곧 울릉도에서 조업을 했던 것은 아니었다. 일년 중에 몇 개월 울릉도에 체류했고, 또한 매년처럼 와서 조업했다는 기록도 없다.[22] 조선인들이 울릉도에서 가옥을 만들었다고 하는 것은 새로운 사실이다.[23]

둘째, 「이 때 두 사람이 계책을 내서 조선인 두 사람을 데리고 요나고로 돌아왔고,」라는 것으로 조선인들을 속여서 일본으로 데리고 온 것이다.[24] 선행연구에서 인식해온 것과는 달리, 강압적으로 힘으로 납치해온 것은 아닌 듯하다.[25]

셋째, 「같은 해 4월 27일 오후 2시 반경」이라는 것으로 일본인들이 4월에 울릉도에 도항했다는 사실을 알 수 있다.

넷째, 「두 사람이 섬에 대한 것과, 조선인을 데리고 귀항하게 된 것을 태수에게 탄원하여」라는 점으로 보아, 태수는 이전부터 울릉도에

---

22) 독도가 한국영토라는 인식을 갖고 있는 연구자들 중에서 울릉도에 조선인이 집을 짓고 실었다는 연구를 한 사람은 없다. 이것이 사실인지 아닌지에 대해서는 새로운 검토가 필요하다.

23) 下条正男(2005) 『'竹島' その歴史と領土問題』 竹島・北方領土返還要求運動島根県民会議. 下条正男(2004) 『竹島は日韓どちらのものか』 文春親書 377 참조.

24) 아래의 구절 「조선인 두 사람이 요나고에서 돗토리로 올 때,」로 볼 때, 연행된 조선인은 두사람임을 알 수 있다. 『다케시마』의 내용이 모두 정확한 사실을 기록한 내용이 아님을 알 수 있다.

25) 경상북도(2014) 「多気甚麼雜誌」, 『독도관계 일본고문서 1』 경상북도 독도 사료연구회, p.24.

관해 상세히 알고 있지 않았다는 것이고, 또한 조선인을 데리고 와서 태수에게 인계했다는 사실을 알 수 있다. 당시 태수는 「마쓰다이라 호키노카미」였다.[26]

## 4.2 막부의 울릉도 소속 조사와 울릉도 조선영토 인정 경위

안용복이 1차 울릉도 도항으로 일본인들과 조우하여 일본인들에게 일본으로 끌려가서 태수를 만나고 결국은 막부에 보고되어 조선영토임을 인정받고 쓰시마로 귀향하는 도중에 쓰시마 도주가 서계를 빼앗고 조선에 대해 '죽도(울릉도)' 영유권을 주장하여 조선과 쓰시마 사이에 울릉도쟁계가 생겼다.[27] 안용복은 이러한 사실을 알고 이를 해결하기 위해 스스로 울릉도를 거쳐 2차 도일을 했는데,[28] 막부가 울릉도와 독도를 한국영토로 인정하고 일본어부들의 도해를 금지 시켰다. 이 내용에 대해, 본 사료에서는 막부가 어떠한 경위를 통해 울릉도를 조선영토로 인정하고 일본인들의 도항을 금지시켰는지, 그 사실관계에 대해 다음과 같이 기술하고 있다.

『죽도도설』, 다음 해인 겐로쿠 6년(1696) 계유년 봄 2월 하순에,

---

26) 아래 인용구절 "영주 「마쓰다이라 호키노카미」에게 호소하였다"라는 구절로 알 수 있다.

27) 조선과 쓰시마 사이의 울릉도쟁계는 쓰시마의 계략이다. 쓰시마는 막부의 지시를 받고 '죽도(울릉도)'의 영유권을 주장한다고 하지만, 사실 확인이 되지 않는다.

28) 안용복은 월경죄로 감옥살이를 하고 있었는데, 어떻게 이러한 사실을 알고 2차도일이 가능했을까? 그것은 남구만의 사신으로 도일했다는 주장이 신빙성을 갖게 된다. 권오엽 연구.

사디 요나고를 띠니 여름 4월 17일 오후 2시 경에 다케시마에 도차하였다. 그런데 작년처럼 조선인들 어렵을 하며 우리를 방해했는데, 자칫하면 욕을 퍼붓곤 해서 분위기가 험상궂었기에, 별 수 없이 그 중 대표자 한 명과 동료 두 세 명을 우리 배에 태워, 같은 달 18일 다케시마를 떠나 같은 달 28일 요나고로 돌아왔고, 그 일에 대해 영주(마쓰다이라 호키노카미)에게 호소하였다. 영주 역시 이 일을 간조부교인 마쓰다이라 미노노카미에게 보고하였고, 이에 막부가 명을 내려 그 사람들을 에도로 불러 그 일들에 대해 자세히 조사할 때, "일본인과 조선인과의 도해 시기는 다르지 않는가"라고 물은 것에 대해, 그 사람들이 답하길 "우리들이 매년 봄 3월경에 도해하여, 7월 상순에 귀항할 때 어렵 배나 도구를 오두막에 간수해 두면, 틀림없이 그 다음해 도해할 때까지 그대로 있었는데, 겐로쿠 5년(1695)부터 (조선인이) 오두막을 열어, 마음대로 도구를 빼앗고 태연히 거주하고 있는 모양을 보았다, 반드시 이때 조선인이 처음으로 다케시마를 찾아낸 것이 틀림없습니다"라고 하였다. 게다가 이 일로 인해 어렵을 하기 어렵다고 구구절절이 탄원을 하기에 이르렀다고 한다. 같은 해 오야와 무라카와가 데리고 온 조선인 두 사람이 요나고에서 돗토리로 올 때, 가노 고자에몬, 오제키 추베 두 무사가 영주의 명을 받아 (그들을) 데리고 톳토리로 왔다. (『백기민담』, 그런데 이 일의 나중에 대한 것을 보려고 했는데 없다. 어찌된 일일까) 그런데 그 후 도해가 중단되었다고 한다. 이에 의해 3년이 지난 켄로쿠 9년(1696) 병자년 1월 28일(『백기민담』) 현묘년이었을까? 조선으로부터 다케시마가 조선의 섬이라는 말을 해 와서 다케시마를 조선에 주었다고도 한다.(『초로잡담』) 이리하여 그 달 담당(정월 28일이다) 노중 도다 야마시로노카미님이 봉서를 내렸다고 한다.(『죽도도설』) 이전에 마쓰다이라 신타로가 인(因), 하쿠(白) 양 주(州)의 영주였을 때 여쭈어,

하쿠슈 요나고 주민 무라카와 이치베와 오야 진키치가 지금까지 이 섬
에 들어가서 어렵을 해 왔는데, 향후에는 입도를 금하라는 명령이 내려
왔으니 그 뜻을 받들라.

　　겐로쿠 9년(1696) 정월 28일

　　쓰치야 사가미노카미 재판

　　도다 야마시로노카미 재판

　　아베 분고노카미 재판

　　오쿠보 가가노카미 재판

　　마쓰다이라 호키노카미 님[29]

　　소 쓰시마노카미 요시카쓰의 가보에, 겐로쿠 9년(1696)에 이나바노
쿠니와 조선국과의 사이에 다케시마라고 부르는 섬이 있는데, 이 섬을
두고 두 나라가 분쟁하는 것처럼 되어 좋지 않으니, 조선 사람이 이
섬에 오는 것을 금한다는 장군의 명이 계셨으므로, 가로(家老)가 이전
부터 재차 사자를 조선국에 보내 그 뜻을 예조참판에게 전하였더니,
논쟁이 붙어 복잡해졌으나, 금년 정월 28일에 요시자네가 쓰시마로 돌
아갈 때, (가로가 요시자네에게) 다케시마에 일본인이 가는 것은 무익
하니 정지시키라는 명령을 영주(돗토리번)에게 내렸다고 하여서, 요시
자네가 귀국한 후 같은 해 10월 조선의 통역과 만나서 말할 때 위와
같은 명령이 있었음을 전달하여, 이에 논쟁이 종료되기에 이르렀다.

　　위의 내용에서 일본인과 조선인의 조우로 인해 막부가 울릉도를 조
선영토로 인정한 경위에 관해 다음과 같은 사실을 알 수 있다. 즉,

---

29) 경상북도(2014) 「多気甚麼雜誌」, 『독도관계 일본고문서 1』 경상북도 독도
　　사료연구회, pp.24-25.

첫째, 「다음 헤인 겐로쿠 6년(1696) 게유년 봄 2월 하순에, 사디 요나고를 떠나 여름 4월 17일 오후 2시경에 다케시마에 도착하였다.」라는 점으로 보아, 요나고에서 울릉도에 도착하는데 대략 한 달반이 걸렸다고 하는 것은 도중에 일본의 다른 섬에서 머물고 있다가 울릉도에 들어간다는 것이다.

둘째, 4월 17일 울릉도에 도착하여 4월 27일에 일본 요나고에 귀항했다고 하므로 그해는 조선인들을 만나 아무런 조업도 하지 못하고 돌아왔다는 것이다.

셋째, 「작년처럼 조선인들 어렵을 하며 우리를 방해했는데, 자칫하면 욕을 퍼붓곤 해서 분위기가 험상궂었기에, 별 수 없이 그 중 대표자 한 명과 동료 두 세 명을 우리 배에 태워, 」라는 것으로 보아 조선인은 1695년과 1696년 울릉도에서 조업을 했고, 조선인이 울릉도를 조선 영토라고 주장하여 일본인들을 몰아내려고 하였기 때문에 안용복과 그 일행 두세 명에게 일본 지방태수와 담판을 짓는 것이 좋겠다고 설득하여 데리고 왔음을 알 수 있다.

넷째, 「같은 달 18일 다케시마를 떠나 같은 달 28일 요나고로 돌아왔고」에서 울릉도에서 요나고까지 10일이 걸린다는 사실이다.

다섯째, 일본인들의 어로기간은 3월에 도항하여 7월 상순므로 3-4개월간 조업을 했고, 어로도구는 일본인이 지은 간이가옥에 보관했던 것이다.

여섯째, 막부관리들이 「일본인과 조선인과의 도해 시기가 다르지 않는가?」라고 질문을 한 것으로 보아 막부가 울릉도를 일본영토라는 인식을 갖고 있지 않았고, 조선인들의 도해상황을 심문하여 조선인들의 울릉도에 대한 영토인식을 파악하려고 했던 것이다.

일곱째, 「막부가 명을 내려 그 사람들을 에도로 불러 그 일들에 대해 자세히 조사할 때」라는 부분을 두고, 안용복이 에도에 갔다고 해석하는 선행연구도 있으나.[30] 문맥상으로 보면 「그 사람들」은 일본인 오야, 무라카와 가문을 말한다.

여덟 번째, 일본인들은 조선인들이 1695년 처음으로 울릉도에 도항해서 어로를 방해했고, 그 이전에는 조선인들이 울릉도에 도항한 적이 없었기 때문에 조선영토가 아니라고 주장했던 것이다.

아홉번째, 막부의 도항금지령이 바로 조선영토임을 인정한 것이 아니라고 하는 모조 마사오의 주장[31]과 달리, 「이 지난 켄로쿠 9년 (1696) 병자년 1월 28일(『백기민담』) 현묘년이었을까? 조선으로부터 다케시마가 조선의 섬이라는 말을 해 와서 다케시마를 조선에 주었다고도 한다.(『초로잡담』) 이리하여 그 달 담당(정월 28일이다) 노중 도다 야마시로노카미님이 봉서를 내렸다고 한다」라는 것으로 볼 때, 안용복의 주장으로 막부가 조선영토임을 인정했다는 사실을 알 수 있다.

열 번째, 두 어부가 영주 마쓰다이라 신타로를 통해 막부로부터 도해허가를 받아 출항했으나, 정식으로 막부의 도해금지령이 내려졌던 것이다.

---

30) 권오엽 편주(2010) 『히카에쵸』 책사랑, pp.68-138
31) 下条正男(2005) 『'竹島' その歷史と領土問題』竹島・北方領土返還要求運動 島根県民会議. 下条正男(2004) 『竹島は日韓どちらのものか』文春親書377.

열한 번째, 쓰시마의 기록에는 막부가 조선인의 울릉도 도항을 금지하는 명령서가 있어서 조선에 사신을 파견하여 울릉도가 일본영토라고 주장하였고 하나, 결국은 막부가 「일본인이 가는 것은 무익하니 정지시키라」라고 하여 조선영토로 인정했던 것으로 볼 때 쓰시만의 주장이 신빙성이 없음을 알 수 있다.[32)]

## 5. 독도 영유권과 관련성

「다케시마잡지」는 일본정부가 주장하는 「다케시마의 영유」 즉, 「1618년(1625년 설도 있음) 돗토리번 호우키노쿠니 요나고의 주민인 오야 진키치와 무라카와 이치베는 막부로부터 울릉도(당시의 일본명'다케시마') 도항 면허를 받았습니다. 그 후 양가는 교대로 매년 한 번 울릉도에 도항해 전복 채취, 강치 포획, 수목 벌채 등의 일에 종사했습니다.」 「강치 포획은 그 후 1941년까지 계속되었습니다. 양가는 장군가의 접시꽃 문양을 새긴 깃발을 배에 걸고 울릉도에서 어업에 종사하고, 채취한 전복은 장군가 등에 헌상하여, 이른바 이 섬의 독점적 경영을 막부 공인하에 행했습니다. 그 동안 오키에서 울릉도로 가는 뱃길에 있는 다케시마는 항해의 목표나 도중의 정박지로서, 또 강치나 전복 포획의 좋은 어장으로서 자연스럽게 이용되기에 이르렀습니다. 이

---

32) 시모조 마사오는 도항금지를 한것이 바로 조선영토임을 인정한 것이 아니라고 주장하지만, 문맥상으로 영토분쟁에서 일본이 포기하였으므로 조선영토로 인정했다는 사실을 의미하는 것이다.

리하여 일본은 늦어도 17세기 중엽에는 다케시마의 영유권을 확립했다고 생각됩니다.」33) 「또한 당시 막부가 울릉도나 다케시마를 외국 영토로 인식하고 있었다면, 쇄국령을 발해 일본인의 해외 도항을 금지한 1635년에는 이들 섬에 대한 도항을 금지했을 것이지만, 그런 조치는 취해지지 않았습니다.」34)라는 주장과 관계되는 동일한 사건을 기록하고 있습니다.

「다케시마잡지」에서는 1696년 '죽도쟁계' 때에 막부가 원래 일본의 영토였던 울릉도를 교린의차원에서 조선에 주었다는 인식을 갖고 있다. 하지만 조선이 울릉도를 개척하지 않았기 때문에 열강들이 일본보다 앞서서 울릉도를 선취해버리면 '해방'상(안보상) 일본국가의 위기이다. 국가가 발전하려면 주변정세를 잘 파악하여 무인도를 취해야한다고 주장하는 내용이다.35) 그러나 독도와 관련해서는 아무런 설명도 없다. 독도는 암초로 되어 있어서 경제적 차원에서 일본의 국익에 전혀 도움이 되지 않았기 때문에 경제활동의 장소로서나 영토인식에 관해서도 전혀 없었던 것이다. 그런데 오늘날 일본은 울릉도를 17세기에 영토로서 확립하였다고 주장하는 연장선상에서 확대해석하여 독도를 기항지로 활용하였기 때문에 17세기에 울릉도와 더불어 독도를 실효적으로 관리했다는 것이다. 이러한 일본정부의 주장은 죽도=일본영토

---

33) 「part 2. 일본 고유의 영토 다케시마」, http://www.kr.emb-japan.go.jp/territory/takeshima/pdfs/takeshima_pamphlet.pdf
34) 상동.
35) 「多気甚麼雜誌」, 『독도관계 일본고문서 1』 경상북도 독도사료연구회, 2014, pp.31-34.

를 입증하는 논증이 되지 않기 때문에 아무런 설득력도 없는 주장이라
하겠다.

## 6. 맺으면서

본 연구에서는 『다케시마잡지』에 그려진 울릉도와 독도의 인식과
영유권문제라는 주제로 일본인이 울릉도와 독도에 관해 지리적 인식
이나 영유권과 관련된 어떠한 인식을 갖고 있었는가를 고찰했다. 이를
정리하면 다음과 같다.

첫째로, 『다케시마잡지』는 오야, 무라카와 가문으로부터 들은 이야
기를 기록한 문헌을 참고로 해서 울릉도의 풍물과 울릉도 개척의 필요
성에 관해 기록한 것이다. 정확한 정보라고 하기는 어렵고, 단지 당시
일본인들이 울릉도에 관해 어떠한 인식을 갖고 있었는가를 대략적으
로 이해하는데 참고정도로 활용할 수 있는 자료이다. 그리고 영유권과
관련해서는 정부나 지방자치체가 주체가 되어 영토로서 관리했다는 내
용이 전혀 없기 때문 영유권을 결정하는데 도움이 되는 자료는 아니다.

둘째로, 일본인들의 울릉도에 대한 인식은 70여 년간 도항한 오야,
무라카와 가문이 전한 내용이 전부이다. 따라서 이들을 통해 전해들은
정보이기 때문에 아주 정확한 정보라고 할 수 없다. 그리고 이들 이외
의 일본인들은 직접 울릉도에 도해한 적도 없고, 울릉도를 알 수 있는
아무런 정보도 취할 수 없기 때문이 울릉도와 독도에 관한 지리적 인

식이나 환경에 관해 전혀 알지 못했다.

셋째로, 도해 일본인들은 울릉도에서 조선인들이 종종 도항했다는 인식을 갖고 있으면서도 막부에 보고할 때는 조선인은 이전까지 한 번도 울릉도에 도항한 적이 없는 무인도라고 주장했다. 도해 일본인들은 왜 막부가 일본인들의 도해를 금지하고 조선영토로 인정하였는지 알지 못하였기 때문에 막부가 양국 간이 선린을 위해 조선에 그냥 주었다고 생각하고 있었다. 사실은 그렇지 않다. 양국의 사료와 조사를 통해 역사적 권원에 의거하여 일본인들의 울릉도 도해를 불법으로 인정하고 조선영토로 인정했던 것이다.

넷째로, 「다케시마잡지」는 지금의 울릉도에 관한 기록이고, 독도에 관한 기술이 전혀 없다. 일본정부는 70여 년간 일본어민이 울릉도를 도항했는데, 그때 그 도해경로에 독도가 있다고 하여 17세기에 독도를 일본영토로서 확립하였다고 주장한다. 그래서 「다케시마잡지」를 일본의 울릉도 도해에 관한 기술이지만, 독도영유권 확립을 입증하는 증빙사료라고 주장하지만 설득력이 전혀 없다.

## 〈참고문헌〉

권오엽, 「우산국과 종교」, 『독도와 안용복』 충남대학교출판부, 2009, pp.70-98.

김호동(2009.2) 「조선 숙종조 영토분쟁의 배경과 대응에 관한 검토-안용복 활동의 새로운 검토를 위해」, 『대구사학』 94 참조.

나이토 세이추(内藤正中) 저, 권오엽·권정 역(2005) 『獨島와 竹島』 제이앤씨 참조.

_____, 곽진오·김현수 역(2008) 『한일간 독도·죽도 논쟁의 실체』 책사랑 참조.

_____(2000) 『독도와 죽도』 제이앤씨.

신용하(1996) 『독도의 민족영토사 연구』, 지식산업사, pp.30-37.

정영미 역(2010) 『竹島考 상·하』 경상북도·안용복재단, pp.205-211.

최장근(2012) 「고지도상의 '우산도'명칭에 관한 연구 -'석도=독도' 규명을 중심으로」, 『일본근대학연구』 제36집, 한국일본근대학회, 2012.5, pp.221-240.

大西輝男, 권오엽·권정 옮김(2004) 『獨島』 제이앤씨, pp.263-264.

奧原碧雲(1906) 『竹島及鬱陵島』 松江 : 報光社.

池内敏(2007) 「隱岐川上家文書と安竜副」 『鳥取地域史研究』 第9号 참조.

_____(1998) 『近世日本と朝鮮漂流民』, 臨川書店, p.14.

_____(2008.2) 「安竜副と鳥取藩」 『鳥取地域史研究』 第10号, pp.17-29.

_____(2009.3) 「安竜副英雄傳説の形成ノート」, 『名古屋大學文學部硏究論集』 史學55, pp.125-142.

_____(2010) 「일본 에도시대(江戸時代)의 다케시마(竹島)·마츠시마(松島) 인식」 『獨島硏究』 6, 영남대학교 독도연구소, p.201.

川上健三 저, 권오엽 역(2010) 『일본의 독도논리 -竹島의 歷史地理學的硏究-』 백산자료원, pp.316-321.

島根県(田村淸三郎) 편(1954) 『島根県竹島の 硏究』, pp.1-83.

下条正男(2005)『竹島 その歷史と領土問題』竹島·北方領土返還要求運動島根県民会議
_____(2004)『竹島は日韓どちらのものか』文春親書377.
內藤正中·金柄烈(2007)『歷史的検証独島·竹島』岩波書店, p.42.
_____·朴炳涉(2007)『竹島＝独島論争ー歷史から考えるー』新幹社, pp.67-68.
田村清三郎(1965)『島根県竹島の新研究』島根県総務部総務課, pp.1-159.
○「竹島の「真実」と独島の《虚偽》」(下條正男), http://www.pref.shimane.lg.jp/
     soumu/web-takeshima/takeshima04/takeshima-dokdo/takeshima-dokdo_1.ht
     m(검색일: 2015.05.12)
○ 「竹島問題」 일본외무성, http://www.mofa.go.jp/mofaj/area/takeshima/ (검색일;
     2015.1.30).
○ 島根県(2005) 「竹島問題研究會」, http://www.pref.shimane.lg.jp/soumu
     /web-takeshima/(검색일: 2015.05.12)

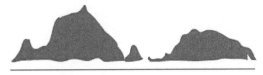

# 第2章

# 『多気甚麼雑誌』に
# 見られる
# 日本の知識人の
# 鬱陵島と
# 独島の認識(1)

## 1. はじめに

　日本は韓国の領土である独島に対して領有権を主張しており、[1]
また独島が日本の固有の領土であると主張する。[2]その根拠とし
て、幕府から渡海許可を受けて、日本が70年間にわたり、鬱陵島を
経営したことを挙げている。[3]なお、同じ時期に、日本は独島も経
営したが、その際、韓国は独島の存在を知らず、さらに独島に対す
る領土意識も保持していなかったと主張しているのである。[4]

1) 内藤正中著・權五曄・權静訳(2005)『獨島と竹島』ジェイエンシ. 内藤正
中(2000)『獨島と竹島』ジェイエンシ. 内藤正中著・郭眞吾・金賢秀 訳
(2008)『韓日間の独島・竹島論争の実体』チャエクサラン参照
2)「竹島問題」日本外務省, http://www.mofa.go.jp/mofaj/area/takeshima/(閲
覧日: 2015.1.30).
3) 同上.
4)「竹島の「真実」と独島の《虚偽》」(下條正男), http://www.pref.shimane.lg.jp
/soumu/web-takeshima/takeshima04/takeshima-dokdo/takeshima-dokdo
_1.htm(閲覧日:2015.05.12)、島根県(2005)「竹島問題研究會」, http://www.pref.

　日本の古文献の中に『多気甚麼雜誌』という鬱陵島と独島に関する
史料がある。今日の日本では、韓国の独島を「竹島」と呼んでいる
が、江戸時代には鬱陵島を「竹島」と呼んだ。[5]現在、「竹島＝日本領
土論者」は、この史料をもって独島は日本固有の領土であると主張
する証拠とすることもある。[6]　『多気甚麼雜誌』は甲寅年(1854)の初
冬に執筆されたが、この時期においての鬱陵島と独島に対する著者
の認識が分かる良い資料である。この著者の認識が直ちに当時の日
本政府や地方自治体の認識とは言いがたく、単純に著者をはじめと
する周辺人物の「竹島」に関する認識と言えるだろう。今日の「日本
領土論者」たちは『多気甚麼雜誌』を「竹島＝日本の領土」の証としてい
るが、果たして、この資料がそれに値する価値がある資料なのかに
ついての分析が必要である。そこで本研究では、『多気甚麼雜誌』と
いう史料がどのような性質のものか、また『多気甚麼雜誌』に現れて
いる鬱陵島と独島は日本固有の領土とどのような関係にあるのか、
そして韓国の領土としての根拠はないのだろうかなど、『多気甚麼
雜誌』の特性について検討を試みる。研究方法としては、『多気甚麼
雜誌』に現れている鬱陵島と独島に関する認識を全て検討する。従
来の独島と鬱陵島に関わる先行研究において、『多気甚麼雜誌』に対

---

shimane.lg.jp/soumu/web-takeshima/(閲覧日:2015.05.12)
5) 近世時代には、鬱陵島を「竹島」、独島を「松島」と称した。今日のように
　独島の名称が正式に「竹島」に変更されたのは1905年、島根県告示第40号
　によってである。
6) 島根県(2005)「竹島問題研究會」、http://www.pref.shimane.lg.jp/soumu
　/web-takeshima/(閲覧日:2015.05.12)

する全体的な性格分析はもちろんのこと，日本が領有権を主張している独島の領有権と関連づけて『多気甚麼雑誌』について分析した研究はないので、研究の価値があると思われる。

## 2. 『多気甚麼雑誌』の性格と領有權における證據力

『多気甚麼雑誌』はどのような性格の資料なのか。誰が、いつ執筆したのだろうか。独島における領有権に関連して証拠能力はあるのか。これらについて、以下の史料を調べてみることにする。

　　松浦子邂逅来于餘塾萬三月記於此一巻、似余々閲之写地之形・惣物
　　産之品類、可能謂究精写警世憂國之言、頗湛筆旗依賦一統以録巻首　島
　　名耳熟幾多年、風土無君難粲然、防海近希万言策、怪人口不発那辺。
　　　　　　　　　　　　　　　　　　　　甲寅(1854)初冬惇斎良題[7]

上記の内容から次のような事実が確認できる。第一、『多気甚麼雑誌』の著者は、「松浦弘」という人であり、3ヶ月間「惇斎良」という人の塾に滞在し、著述した。また、この文書の序文においても明らかにしているように、『多気甚麼雑誌』は塾の主人である「惇斎良」という人物が「松浦弘」が書いたものを見て「似余々閲之写地之形」した

---

7) 慶尚北道独島史料研究会編(2014)「多気甚麼雑誌」、「独島関係日本古文書1
」慶尚北道独島史料研究会、p.19.

もので、これにより鬱陵島の地形や産物について知ることになった。

　第二、この本は甲寅年(1854)の初冬に執筆された。執筆時期を見ると、1840年は清とイギリスの間に阿片戦争が勃発した年である。1854年はペリー提督が浦賀港に来航して鎖国をしていた日本に対し、開国を要求した年で、日本が西欧列強による植民地化への不安から、国家の将来を憂慮していた時期であった。このような時期に『多気甚麼雑誌』を執筆した著者は、「警世憂國」の心で日本の国益のために執筆したのである。

　第三、「島名耳熟幾多年、風土無君難粲然」と述べられているのは、彼らにとって鬱陵島が、名前は聞き慣れているが、誰にも支配されていない土地として認識されており、開拓の対象として考えられていたことを示している。

　第四、「防海近希万言策、怪人口不発那辺」から見ると、国境地帯にある無人島をなぜ開拓しなかったのだろうかと、鬱陵島の開拓を促しているのである。

　第五、この著者は、鬱陵島を無人島と考えているが、実は鬱陵島の西にある朝鮮が、基本的には3年毎に「捜討使」を派遣して、鬱陵島を朝鮮の領土として管理していたという事実を知らなかったのである。[8]従って、この資料は、著者個人が作成した記録であり、中央政府や地方自治体などの公的機関が自国の領土として鬱陵島を管

---

8) 慎鏞廈(1996)『独島の民族領土史研究』、知識産業社、pp.30-37.

理したという事実を記録したものではないため、鬱陵島における領有権を論じるに値する史料ではないと考えられる。


# 3. 日本人における鬱陵島の認知と渡航の痕跡

## 3.1 たけしま'9)の名称について

　鬱陵島は于山国が本拠地としていた地域であったが、512年に于山国が新羅に征伐されて以来、高麗、朝鮮時代を経て、現在においては韓国の領土として継承されている韓国固有の領土である。朝鮮は鬱陵島民を管理する目的で1403年から鬱陵島に対して無人島政策を実施し、鬱陵島を領土として管理した。10)この時期に日本人が無人島であった鬱陵島に潜入して、鬱陵島の産物を略奪したのである。11)次の引用には、日本が鬱陵島を指して用いた「たけしま」という名称について記述されており、また、この時に日本人が鬱陵島に立ち入り、如何なる行動を取ったかについても述べられている。


　　他計甚麼(『日本風土記』)また竹島と書は、此島(東の方大坂浦に有)
　　に大竹籔有。其竹極めて大なるは周圍二尺斗なるものあり(竹島圖

---

9) 現在の鬱陵島をいう。
10) 愼鏞廈(1996)『独島の民族領土史研究』、知識産業社、pp.30-37.
11) 金晧東(2009.2)「朝鮮粛宗時代における領土紛争の背景と対応に関する検討-安龍福の活動の新たな検討のために」、『大邱史学』第94輯参照.

説)。よつて號なづくるや。舳羅島(隋書)等のまた名有。東涯隨筆に此
島をして舳羅島等と云よし見えたれども、余按ずるに舳羅島と云もの
は筑紫の沖に有る島をさして云り。九州邊にて瞽者どもいとだみたる
聲にて※若イルカワカ大臣の一代記といへるものを謠ひて市街を門づ
けして歩行有。其文句に舳羅島の事を多く乗せたり。然れども其前後
の文句を考ふれば、舳羅島は壹岐か對島の事の樣に聞侍りけり。また
東涯隨筆に周圍四十里とするに此竹島はさまではあるまじ。其大小の
事は兎も角も彼大臣の比ころにして、此島の事末だ如何なることか今
の世にさえ明かならざるに、よもしれもせまじくまた人家もあらざる
やう覺ゆ。因ちなみに彼舳羅島の字の出ることと、其竹しまならざる
こととしらんが爲に爰に抄し置に、北史卷(九)十四倭傳、遺文林郎斐
世清使國(倭國)度百濟行至竹島南望耽羅島〔國〕云々、等にて考ても
此竹島は別なること明かなるべし。12)

　以上の内容より、島の名称について次のような事実が明らかにな
ると思われる。第一、『日本風土記』と『竹島圖説』『東涯隨筆』『隋書』
『倭國伝』などの内容を引用しているのを見ると、70年間にわたって
鬱陵島に渡航していた大谷家と村川家から聞いた話が『竹島圖説』に
記録されて「竹島」という名前が知られわたったが、その名称は再び
第3者に引用されていた。すなわち、日本人の鬱陵島に対する認識
は、実際の経験による鬱陵島認識ではなく、風聞による認識である
ため、正確な鬱陵島認識ではなかったのである。

---

12) 慶尚北道独島史料研究会編(2014)「多気甚麼雜誌」、「独島関係日本古文書1」
　　慶尚北道独島史料研究会、pp.19-20.

　第二、現在の鬱陵島について当時、日本人が「多気甚麼」「他計甚麼」「竹島」と表記していたのは、江戸時代前期の古地図において「竹島」と記録され、「たけしま」と口伝された島の名称[13]が後代に再び文字で記録された際に、「多気甚麼」「他計甚麼」と表記されたのである。すなわち、現在の鬱陵島は当時の日本人には口伝で伝承されてきた島だったのである。

　第三、『東涯随筆』に「舳羅島」と呼ばれる島が登場するが、従来、この島が現在の鬱陵島であると考えられてきた。ところが、中国古典の『北史』に登場する百済の「竹島」というものから推測してみると、舳羅島の大きさから考えても隠岐または対馬の可能性が高いと推定できる。彼らが舳羅島を鬱陵島として間違っていたことからも、当時の日本においては鬱陵島に対する認識がほぼ存在していなかったことが分かる。

　第四、『竹島圖説』には「竹島と書は、此島(東の方大坂浦に有)に大竹籔有。其竹極めて大なるは周圍二尺斗なるものあり」としている。しかし、実際のところ、この事実をよく知っている日本人はいなかった。そして、「東の方大坂浦に有」というのは、日本人が鬱陵島に渡り「竹島」と日本式の名称を付けたということである。

---

13)　川上健三著、權五曄訳(2010)「日本の独島論理-竹島の歴史地理學的研究-」白山資料院、pp.316-321.大西輝男・權五曄/權静訳(2004)『獨島』ジェイエンシ、pp.263-264

### 3.2 「竹島」の地理的な位置について

当時、「竹島」(現在の鬱陵島)の地理的位置、つまり日本からの距離及び朝鮮からの距離について、如何に認識していたのであろうか。

竹島は日本を離ること遠くして漢土に近く、境内頗る廣治なる島也(伯耆民談)。隱岐の國松島の西島(松島の一小屬島也。土俗呼て次島と云。)より海上道規みちのり凡四十里許り北の方に有(竹島圖説。此説疑ふこと多けれども他に據るもの無故にしるし置けり。)。極高三十七度五十分より八度前後に及ぶ(日本輿地路程圖。大清一統圖に據る。又考ふれば隱岐より戌亥の間四十里斗にして、石見より亥子の方八十里。長州より子丑に當りて凡九十里とも思はる。然れども是は其圖に據て考ふるなれば、此船路の説しかと定りしと思ふものなし。)

朝鮮え渡海に釜山浦の湊其間十八里。夜に到れば彼國にて明あかりす民家の燈たしかに見ゆるなりと渡海せし船人ども茗談めいだんす(伯耆民談)。

然るに弘按ずるに左までは近かるまじきやに思ふ。十八(里)なれば何ぞ元祿年間まで朝鮮にて捨置こと有まじ。釜山浦は彼地の一大馬頭にして、皇邦ワガクニの浦賀、長崎の如し。其邊に如レ此一巨島ありたるとて何で是をしらではをるまじきに

また見二高麗一猶雲州望二隱州一(日本輿地路程圖)等出たり。また古歌に『懷中抄』いにしへもかくやときゝし竹島の／ふしをへだてゝ今ぞさやなる(竹島やよするさゞ波いくかへり／つれなき世々をかけてこふらん)

弘此古歌を此處にしるし置とも、按ずるに此たけしまは近江なる湖中に有多氣島のことをよみしものか。よするさざ波の七文字にても湖

邊のさま明らかなり。然れども其名の同じきまま囚に抄擧し置ものなり。
　其地形三角にして周圍凡十六り許。産物最多き一奇島なり(竹島圖説)。
山嶽谿間あつて大竹、喬木繁茂し、諸島會〔禽〕獸多く龜鼈ぎよべつ、貝
類素もとより磯邊に充滿して産物足れる島なるとかや(伯耆民談)。14)


　以上の内容より、次のような事実が分かる。第一、日韓両国からこ
の島までの距離と地形については、主に『伯耆民談』『竹島圖説』『日本輿
地路程圖』『大清一統圖』に依拠している。第二、竹島(鬱陵島)は人が居
住できる広い島である。朝鮮の釜山から島が見えると書かれている
が、実際は見えなかったため、朝鮮人は鬱陵島を捨て置いたのであ
る。『竹島圖説』には、松島(現在の独島、江戸時代における日本側の独
島名称)の西島から北へ40里の距離のところに竹島があると記されてい
るが、実際にはより遠いところにある。竹島は『日本輿地路程圖』『大清
一統圖』によると、北緯37度50分から38度にわたって位置している。
従って、釜山から島が見えるにもかかわらず、朝鮮が鬱陵島を捨て置い
たという認識は非常に大きな誤謬である。

　第三、竹島の位置について、日本から鬱陵島、鬱陵島から朝鮮までの
位置関係を言及しながら、竹島から釜山浦が見えると述べたのは誤謬で
あるが、その他の鬱陵島の事情についてはよく把握していた。島の形は
三角形で、禽獣や植物など物産が豊富な島であると述べている。

---

14) 慶尚北道独島史料研究会編(2014)「多気甚麼雑誌」、「独島関係日本古文書1」
　　慶尚北道独島史料研究会、pp.20-22.

## 3.3 日本人の鬱陵島渡航における経緯

日本人は如何なる契機で、日本からは見えず、朝鮮に近い距離にある鬱陵島に渡航するようになったのだろう。次の史料において「竹島(鬱陵島)は日本の領土」と認識している。その内容は、次のとおりである。

> また此島は竹斯ツクシ國竹島(北史倭傳)とて我國の島にきはまりたり(草盧雜談)。ことにして伯州米子よなごの町人大谷、村川の兩氏代々名ある町人にして、子孫は今にも町年寄を勤む。此兩人竹島渡海免許を蒙る事は、當國前大守中村伯耆守忠一たゞかず(伯耆民談)慶長十四年に卒去あつて、嗣なきが故に跡を斷て爾來元和二年迄國主なくして御料となり、然るに依て御上〔城〕代年々武都より來番して當城に居きよし、伯州を鎭護す(伯耆民談)。同年阿部四郎五郎在番あり。此時兩氏竹島渡海の事を希ふ。然るに翌(伯耆民談)元和三年(丁巳)松平新太郎光政卿當國を管領して入部あるにより、兩人また願ふ處に光政卿聽て武都に告て許レ之され、爾來竹島え押渡(り)海漁をなす。其後毎歳渡海不二倦怠一うみおこたらず(伯耆民談)。元和四年に兩商を江府に召され免許の御朱印を賜ふ。但し直たゞちに兩商え賜はらず、一旦烈侯(新太郎光政君)へ渡し給ふて之を拜領す(伯耆民談)。此年より兩商は將軍家の拜謁を辱ふして、時服を拜受し竹島の名産鮑あはびを奉貢す。後八九年を歷て兩商の内一名づゝを召して隔年の謁見に定めらる(竹島圖説)。15)

15) 慶尚北道独島史料研究会編(2014)「多気甚麼雜誌」、「独島関係日本古文書1」慶尚北道独島史料研究会、p.22.

　以上の内容より分かる事実は、次のとおりである。第一、竹島(鬱陵島)はツクシ國に所属されている日本の領土であるということである。

　第二、1609年、領主であった忠一が死んだ後、後を継ぐ子孫がなくて伯州は幕府の領地になった。当時、名門の伯州米子の住民、大谷と村川の両家は、最初、阿部四郎五郎に渡海を申し出た。しかし、その後、諸侯が変わってしまい、二回目は新太郎光政に申請し、ようやく幕府から渡海免許を受けることになって、鬱陵島への渡航を開始したのである。

　第三、1617年の渡海免許は幕府から新太郎光政に与えられたものであり、両家はその年から毎年渡海した。両家ともに将軍から時服を受けており、渡航後、将軍を拝謁して竹島名物のアワビを献上した。　1625、6年からは一人ずつ、隔年の拝謁になったのである。


## 3.4 鬱陵島においての日本人と朝鮮人の遭遇

　韓国の史料である肅宗實錄によると、1692年、安龍福は鬱陵島に渡航した際に、そこで日本人を見つけた。翌年の1693年、安龍福一行が再び鬱陵島に向かった際、再び日本人と遭遇することになったが、安龍福は鬱陵島と独島が朝鮮の領土であると主張し、日本人の後を追って日本に着いた。彼は藩主と幕府に抗議して、最終的には日本側が鬱陵島と独島は朝鮮の領土であると認めた後、朝鮮に帰ってきたと記録されている。16)次の史料は、日本の史料の中の一つだが、朝鮮人と日本人が初めて鬱陵島で遭遇した出来事についてどの

ように記述されているのかを見てみたい。

　是によつて此両家不絶渡海して漁事を致せしに、後七十四年を過て元禄五年(1695)(壬申)に渡海する所、唐人群居して漁獵なす。両氏是を制すといへとも更に聞入れさるのみならすして危難とするにより両氏無念なから帰帆す。(『伯耆民談』) 『竹島圖説』に、元禄五年(1695)春二月十九日、例年の如く米子を出帆して隠岐の国福原に着し、同三月二十四日福原を出帆して同月二十六日朝五ツ時に竹島の「イカ島」といふ所に着ス。此時刎めて異邦の人が漁獵するを見るを得たり。蓋し是より先ハまた曽て見さる所なり。翌二十七日我舟を同島の「浜田浦」へ廻さんとする海路に於て又異那船二腹を見たり。但一腹は居船にて一腹は浮へて異国人三十人許り是に乗レリ。我船は八九間隔て「大坂浦」に廻る。其人員に属する者が一人陸に残り居りたるか忽ち小舟に乗して我近傍に来る。因て之を問ふに、朝鮮の「カワテンカワラ」の人民と答ふ。而那蚫猟の故を詰るに彼答て曰、「原より此島の蚫を猟するの意なし、然れとも此島の以北に一島有て上好の蚫兎多し、此故に吾儕朝鮮国王の命を奉して三年に一回彼島に渡れり。当年も亦那島に渡り帰帆の砌難風に逢ひ不斗此島(竹島)に漂着す」といふ。尓後我輩曰く、「此竹島ハ昔時より日本人鮑猟を做れし来れる所なれハ速に出帆スヘシ」といへハ、彼の答に「難風に逢ひ舟皆損破するか故に之を補造して後去るへし」と説けとも、其実は急に退くへきの状態にあらす、我輩の上陸して曽て建造せる小屋を検査するに猟船八腹を失へり。由て之を那の象胥に質せハ、「皆浦々へ廻ハセリ」と答ふ。加之我舟を据へんと強れと

---

16) 愼鏞廈(1996)『独島の民族領土史研究』、知識産業社、pp.30-37.

も彼ハ衆、我は募、衆募固より敵すへからす恐懼の情なきこと能ハす
故を以て三月二十一日夜七ツ時島より出帆せり。但串鰒・笠・頭巾、
味噌麹一丸を携へ帰れり。是は這回の渡海の証と做んか為にのみ。四
月朔日石州浜田へ帰り、雲州をへて同月五日七日に伯州の米子に帰着
せり。17)


　以上の内容から、日本人が朝鮮人と遭遇した経緯について次のよ
うな事実が分かる。第一、『伯耆民談』『竹島圖説』によると、両家は
1695年までの84年間、竹島(鬱陵島)に渡航していたとされている
が、これは事実と異なる。両家は1620年代に渡航免許を取得したの
で、約70年間になる。18)

　第二、両家は1695年に初めて鬱陵島で朝鮮人に遭遇し、朝鮮人の
漁撈を防ごうとしたが、朝鮮人に脅かされて無念ながらも日本に
戻った。これもまた事実と異なる。日本人と朝鮮人が初めて遭遇し
たのは1692年である。19)

　第三、両家の航海ルートについて「元禄五年(1695)春二月十九

---

17) 慶尚北道獨島史料研究會編「多気甚麼雜誌」、『獨島關係日本古文書1』慶尚
　　北道獨島史料研究會、2014、p.24.
18) 池内敏(2007)「隠岐川上家文書と安竜福」『鳥取地域史研究』第9号参照. 池内
　　敏(1998)『近世日本と朝鮮漂流民』、臨川書店、p.14. 池内敏(2008.2)「安竜福
　　と鳥取藩」『鳥取地域史研究』第10号、pp.17-29. 池内敏(2009.3)「安竜福英雄
　　傳説の形成ノート」、『名古屋大學文學部研究論集(史學)』55、pp.125-142.
　　池内敏(2010)「日本江戸時代の竹島・松島認識」『獨島研究』6、嶺南大學校獨
　　島研究所、p.201.
19) 同上.

日、例年の如く米子を出帆して隠岐の国福原に着し、同三月二十四日福原を出帆して同月二十六日朝五ツ時に竹島の「イカ島」といふ所に着ス」と記されているように、春の2月19日に米子を出発し、福原で1ヶ月以上にわたり渡航準備をした。その後、3月24日に隠岐島の福原を出発し、2日かけて3月26日の朝5時に竹島のイカ島に到着したと書かれているが、しかし、鬱陵島(竹島)にはイカ島と呼ばれるような島がない。ここで述べている内容が正確にどの島を指しているのかが判明できていないのである。

　第四、日本からは一隻の船が出発したが、朝鮮は2隻の船で30人が乗っていたと記されているので、一隻の船には15人が乗船していたということになる。

　第五、朝鮮の船は浜田浦に停泊しており、日本の船は大坂浦に停泊していた。

　第六、日本人が遭遇した人は「カワテンカワラ」であり、彼らの渡航目的は、朝鮮の朝廷の命令を受けて、3年に1回、アワビを採取するために鬱陵島に渡航したとのことである。3年に1回というのは「捜討使」が鬱陵島に渡航した間隔である。[20]何故、朝鮮人は日本人に3年に1回、鬱陵島に渡航すると言ったのだろうか。不明である。

　第七、日本人が朝鮮人に「鬱陵島は日本が管理している島である」という旨を伝えたが、朝鮮人はそれに異議を唱えなかった。「其実は急に退くへきの状態にあらす」ということから、朝鮮人が鬱陵島

---

20)　愼鏞廈(1996)『独島の民族領土史研究』、知識産業社、pp.30-37.

を目的として渡航したことが明らかであるにもかかわらず、自分た
ちは鬱陵島の北にある島を目指したが漂流したと日本人に嘘をつい
ていることが分かる。

　第八、日本人は漁期を終えて帰国する際、小屋を建て、そこに8隻
の漁船を保管していた。つまり、渡航する際は一隻の船に大勢の人
が乗ってきて、鬱陵島に着いてからは一隻に二、三人が乗って作業
を行っていたのである。

　第九、朝鮮人は日本人より多い、30人という人数で鬱陵島に渡海
したので、日本人が小屋に保管していた船を勝手に使用し、またそ
れを元に戻してほしいという日本人の要求を聞かなかった。

　第十、「恐懼の情なきこと能ハす故を以て三月二十一日夜七ツ時島
より出帆せり。但串鰒・笠・頭巾、味噌麹一丸を携へ帰れり。是は
這回の渡海の証と做んか為にのみ。四月朔日石州浜田へ帰り、雲州
をhて同月五日七日に伯州の米子に帰着せり」と記されていること
から分かるように、日本人は朝鮮人を恐れて日本に帰ることになり、
その経路について言及している。

　第十一、「同月二十六日朝五ツ時に竹島の「イカ島」といふ所に着
ス」と述べた後、「三月二十一日夜七ツ時島より出帆せり」と記述し
ていることからも窺えるように、この史料には記述における誤謬が
多く見られるので、事実関係の大筋については信憑性があるとして
も、具体的な事実に関しては額面通りに受け入れることのできない
ところも多いと考えられる。

# 4. 韓日両国民の鬱陵島渡海と 日本人における渡海禁止

## 4.1 朝鮮人の鬱陵島渡海

　朝鮮では鬱陵島への渡海を法的に禁止していたが、「捜討使」たち によって朝鮮人の鬱陵島渡海及び居住状況について把握することが できた。その記録としては、安龍福一行が鬱陵島に渡海した際に、 日本人と遭遇し、島における所有権の問題が勃発したため、彼らに 関するもののみが残っている。本史料に朝鮮人の鬱陵島渡海が如何 に記されているかについて考察してみたい。


　　翌元禄六年(一六九三年)の年渡海するに、唐人多数渡りて家居を設 けて漁猟を恣にす。于時両氏計策をなして唐人両人連帰りて米子に参 着し、同年四月廿七日未の下刻、灘町大谷九郎右衛門宅に入り斯両人 島の趣、両人の唐人召連帰帆の事を太守へ訟るに、遂に武都の沙汰に 留まるとなり(『伯耆民談』)[21]


　上の史料から、朝鮮人の鬱陵島渡海に関して次のようなことが分 かる。第一、「翌元禄六年(一六九三年)の年渡海するに、唐人多数渡 りて家居を設けて漁猟を恣にす」というのは、1693年に多くの朝鮮 人が鬱陵島に家を建てて、自由に居住していたことを示している。

---

21) 慶尙北道獨島史料研究會編(2014)「多気甚麼雜誌」、『獨島關係日本古文書1』 慶尙北道獨島史料研究會、p.24.

つまり、70年間、日本人が常に鬱陵島で操業していたのではなかったのである。日本人が一年間の中で数ヶ月間にわたって鬱陵島に滞在したかという記録、もしくは、日本人が毎年のように渡海して操業したという記録もない。22)なお、朝鮮人が鬱陵島に家を建てたというのは新たな事実である。23)

　第二、「両氏計策をなして唐人両人連帰りて米子に参着し」というのは、朝鮮人を騙して日本に連れて帰ったということである。24)先行研究において、この出来事が強引な方法で朝鮮人を拉致したと認識されてきたのとは異なるように思われる。25)

　第三、「同年四月廿七日未の下刻」とは同年4月27日午後2時半頃ということであり、このことから日本人が4月に鬱陵島に渡航したという事実が確認できる。

　第四、「斯両人島の趣、両人の唐人召連帰帆の事を太守へ訟るに」ということから、太守はそれまで鬱陵島について詳しく知らなかったこと、また、連れて帰った朝鮮人を太守に引き渡したことが明ら

---

22) 独島は韓国の領土であると認識している研究者の中で、朝鮮人が鬱陵島に家を建てて住んでいたことについて研究している研究者はいない。これが事実であるか否かについてはさらなる検討が必要である。

23) 下条正男(2005)『'竹島' その歴史と領土問題』竹島・北方領土返還要求運動島根県民会議. 下条正男(2004)『竹島は日韓どちらのものか』文春親書、377参照.

24) 次の「二人の唐人等米子より、国府城下に到る時に」というところから、連行された朝鮮人は二人であることが分かる。『竹島』の内容がすべて正確な事実を記録したのではないことが確認できる。

25) 慶尙北道獨島史料研究會編(2014)「多気甚麼雑誌」、『獨島關係日本古文書1』慶尙北道獨島史料研究會、p.24.

かになる。当時の太守は「松平伯耆守」であった。26)

## 4.2 幕府による鬱陵島に対しての領土認識調査及び鬱陵島を
### 朝鮮 の領土として認めた経緯

安龍福は1回目の鬱陵島渡航で日本人と遭遇し、日本に連れて行かれて太守と対面することになるが、最終的には幕府にまで事情が報告され、鬱陵島は朝鮮の領土であると認められた。しかし、その後、対馬に帰ってくる途中、対馬藩主が幕府からの書契を奪い、朝鮮に対して「竹島(鬱陵島)」の領有権を主張して、朝鮮と対馬の間で竹島一件が起きた。27)このような事実を知って、安龍福はこれを解決するために自ら鬱陵島を経由して2回目の渡日をしており、28)幕府は鬱陵島と独島を韓国の領土であると認めた上で、日本人漁夫の渡海を禁止した。この件に関して、次の史料には、幕府がどのような経緯で鬱陵島を朝鮮の領土として認め、日本人の渡航を禁止したのかについて、その事実関係が記されている。

---

26) 次の「太守(松平伯耆守)へ訟る」という文章から分かる。
27) 朝鮮と対馬の間で起きた竹島一件は、対馬の計略である。対馬は幕府の指示を受けて「竹島(鬱陵島)」の領有権を主張するのであると言ったが、そのような事実は確認されていない。
28) 安龍福は越境罪(日本への不法渡航)に問われて収監されていたのに、どうしてこのような事実を知って二回目の渡日をすることができたのか。このようなことを考えると、安龍福が南九萬の使者として渡日したという主張が信憑性を持つようになる。グォンオヨプ研究参照.

『竹島圖説』、翌元禄六年(一六九三年癸酉の年春二月下旬、再び米子を出帆して、夏四月十七日末刻竹島に着せり。然るに昨年の如く朝鮮人等専ら漁獲をして、我を妨げ動もすれば不軌の語言を放って和平ならず。止む事を得ず、其の中の長者一名と、火伴両三輩を延びて我船に入れ、同月十八日竹島より出帆して、同廿八日米子へ帰着し、其由を國候松平放伯耆守へ訴ふ。國候亦之を御勘定奉行松平美濃守殿へ達せられ、因て台命を下して、那の一夥の人員を江都へ召れ、審かに諸件を正させ玉ひ、時に日本人は朝鮮人との渡海は時候を異にせるにあらずやと尋れられしがは、右の一夥の答に、我等は毎歳春三月の頃渡島し、七月上旬帰帆の節獲舟獲具等を小屋に納め置、翌年渡海の節まで毫も差違なかりしに元禄五年(一六九二年)より小屋を発き肆ままに器械を奪ひ、依然として居住するの模様にに見ゆれば、全く此事朝鮮人創めて竹島を探索したるは、疑いなしといへり。苟且之に依て魚猟為し難しきのよし、しばしば愁訴に及べりと云々

同年大谷村川連来る。彼二人の唐人等米子より、国府城下に到る時に加納郷左衛門、尾関忠兵衛両士領主の下知に應じて召連れ鳥取に入る[然れども此後はに見ることなし如何なりしやらん]。さて此後渡海あやりと、然るによって三年を過て元禄九年(一六九六年)丙子年正月廿八日(伯耆民談)

玄妙年だったかな？朝鮮から竹島が朝鮮の島であると言ってきて竹島を朝鮮に与えたという。(『草蘆雑談』)御月番(正月廿八日なり)御老中戸田山城守殿奉書下され候よしなり(『竹島圖説』)

先年松平新太郎因伯両州領知の節相伺之伯州米子町人村川市兵衛・大谷甚吉至今入竹島ける。為漁獲向後入島の儀制禁可申付旨被仰出可存其趣恐惶謹言

元禄九年子正月廿八日

土屋相模守　　在判

戸田山城守　　仝

阿部豊後守　　仝

大久保加賀守　仝

松平伯耆守殿[29]


宗對馬守義卿より出たる家譜に、元禄九牟因幡國と朝鮮國との間、竹島と唱候島有之此島両國入合の如く相成居。不宜候に付朝鮮之人、此島ゑ参候事を被禁候段、從公儀被仰出其後朝鮮國、禮曹参判に家老使者。前々年より再度差渡候処、論談及入組候を今年正月廿八日義眞國元に御暇被成下候節、右竹島に日本人相渡候儀、無益との事に候間被差留候段、領主に被仰渡候由義眞に被仰渡候に付義眞帰國の上、同年十月朝鮮之澤宮使對話仕候。刻右被仰出之次第伝達仕爰に至り、論談相済候。


　上記の内容から、日本人と朝鮮人の遭遇により、幕府が鬱陵島を朝鮮の領土と認めた経緯について、次のような事実を知ることができる。第一、「翌元禄六年(一六九六年)癸酉の年春二月下旬、再び米子を出帆して、夏四月十七日末刻竹島に着せり」というのは、米子から鬱陵島に到着するまでおよそ1ヶ月半がかかったということであり、その時間を考えると日本人が鬱陵島に向かう途中、日本の他

---

29) 慶尙北道獨島史料研究會編(2014)「多気甚麼雜誌」、『獨島關係日本古文書1』慶尙北道獨島史料研究會、pp.24-25.

の島で滞在した後に鬱陵島に入ったということになる。

第二、4月17日に鬱陵島に到着して、4月27日に日本の米子に帰着したというのは、その年は朝鮮人たちと遭遇したため、何の操業もできずに日本に戻ってきたということである。

第三、「昨年の如く朝鮮人等専ら漁獲をして、我を妨げ動もすれば不軌の語言を放って和平ならず。止む事を得ず、其の中の長者一名と、火伴両三輩を延ぴて我船に入れ」から見ると、朝鮮人は1692年と1693年に鬱陵島で操業をしていた。そこで、朝鮮人が鬱陵島を朝鮮の領土であると主張しながら日本人を島から追い出そうとしたため、日本人たちが太守と談判した方が良いと安龍福とその一行二、三人を説得し、連れて帰ったということが分かる。

第四、「同月十八日竹島より出帆して、同廿八日米子へ帰着し」から、鬱陵島から米子までは10日間かかるということが分かる。

第五、鬱陵島における日本人の漁撈期間は3月に渡航して7月上旬まで3-4ヶ月間にわたり、漁撈の道具は自ら建てた小屋に保管していたのである。

第六、幕府の役人たちが「日本人は朝鮮人との渡海は時候を異にせるにあらずや」と質問したのを見ると、幕府は鬱陵島を日本の領土として認識しておらず、朝鮮人における渡海状況を尋問して、朝鮮人の鬱陵島に対する認識を把握しようとしたのである。

第七、「因て台命を下して、那の一夥の人員を江都へ召れ、審かに諸件を正させ玉ひ、時に」と記されていることから、安龍福が江戸に

行ったと解釈する先行研究もあるが、30)文脈から考えると、「一夥の
人員」とは日本人の大谷家と村川家のことを指しているといえる。

　第八、日本人は、朝鮮人が初めて鬱陵島に渡航して漁撈を妨害したの
は1692年のことであり、それ以前においては朝鮮人が鬱陵島に渡航した
ことがないので鬱陵島は朝鮮の領土ではないと主張したのである。

　第九、下条正男が、幕府の渡航禁止令は鬱陵島を朝鮮の領土と
して認めたものではないと主張31)しているのとは違って、「元禄九
年(一六九六年)丙子年正月廿八日(伯耆民談)玄妙年だったかな？朝
鮮から竹島が朝鮮の島であると言ってきて竹島を朝鮮に与えたとい
う。(『草蘆雑談』)御月番(正月廿八日なり)御老中戸田山城守殿奉書
下され候よしなり」から、安龍福の主張を受け入れた幕府が鬱陵島
を朝鮮の領土として認めたということが分かる。

　第十、二人の漁師は領主松平新太郎を通じて幕府から渡海許可を
受けて出港したが、後になって幕府の渡海禁止令が正式に下された
のである。

　第十一、対馬の記録には、幕府から朝鮮人の鬱陵島渡航を禁止す
るという命令を受け、朝鮮に使者を派遣して鬱陵島は日本の領土で
あると主張したと記されている。しかし、最終的には、幕府が「日本人
相渡候儀、無益との事に候間被差留候段」とし、鬱陵島を朝鮮の領土

30) グォンオヨプ編(2010)『控え帳』チェクサラン、pp.68-138.
31) 下条正男(2005)『'竹島' その歴史と領土問題』竹島・北方領土返還要求運動
　　島根県民会議. 下条正男(2004)『竹島は日韓どちらのものか』文春親書
　　377.

として認めたことから、対馬の主張に信憑性がないことが分かる。[32]

## 5. 独島における領有権との関連性

　現在において日本政府は「竹島の領有」について次のように主張している。「1618年(1625年との説もあります)、鳥取藩伯耆国米子の町人大谷甚吉、村川市兵衛は、同藩主を通じて幕府から鬱陵島(当時の日本名「竹島」)への渡海免許を受けました。これ以降、両家は交替で毎年1回鬱陵島に渡海し、あわびの採取、あしかの捕獲、樹木の伐採等に従事しました」。「あしかの捕獲は、その後、1941年まで続けられました。両家は、将軍家の葵の紋を打ち出した船印をたてて鬱陵島で漁猟に従事し、採取したあわびについては将軍家などに献上しており、いわば同島の独占的経営を幕府公認で行っていました。この間、隠岐から鬱陵島への道筋にある竹島は、航行の目標として、途中の船がかり(停泊地)として、また、あしかやあわびの漁獲の好地として自然に利用されるようになりました。こうして、日本は、遅くとも17世紀半ばには、竹島の領有権を確立していたと考えられます」。[33]「なお、当時、幕府が鬱陵島や竹島を外国領である

---

32) 下条正男は、幕府による渡航禁止が鬱陵島を朝鮮の領土として認めたものではないと主張しているが、文脈上、領土をめぐる争いで鬱陵島における領有権を日本が放棄したというのは、鬱陵島を朝鮮の領土として認めたということを意味する。

33) 〈part 2. 日本固有の領土竹島〉, http://www.kr.emb-japan.go.jp/territory/

と認識していたのであれば、鎖国令を発して日本人の海外への渡航を禁止した1635年には、これらの島に対する渡海を禁じていたはずですが、そのような措置はなされませんでした」。[34]このような日本政府の主張と関わりを持つ、同じ出来事が『多気甚麼雜誌』にも記されている。

　『多気甚麼雜誌』において、1693年の「竹島一件」は、本来、日本の領土であった鬱陵島を幕府が朝鮮との交隣(外交)関係を考慮して朝鮮に譲ったものであるという認識が見られている。また、執筆当時における鬱陵島については、朝鮮は鬱陵島を開拓していないので、列強が日本より先に鬱陵島を占領してしまうと、「海防(安保)」において日本国に危機が迫ってくることになるため、国家発展のためには、周辺情勢をよく把握して無人島を取るべきであると述べられている。[35]しかし、『多気甚麼雜誌』に独島に関する説明は全くない。独島は岩礁として認知されていたため、経済的な面において日本の国益に繋がらなかったので、経済活動の場としても、領土としても全く言及されていなかったのである。ところが、今日の日本は17世紀に鬱陵島を領土として確立したと主張しており、その延長線上において独島を寄港地として活用していたため、17世紀に鬱陵島と独島、両島共に実効的に管理していたと拡大解釈している。このよう

---

takeshima/pdfs/takeshima_pamphlet.pdf

34) 上同.

35) 慶尙北道獨島史料研究會　編(2014)「多気甚麼雜誌」、『獨島關係日本古文書1』慶尙北道獨島史料研究會、pp.31-34.

な日本政府の主張は、「竹島=日本の領土」が証明できる裏付けには
なっていないため、何の説得力もない主張であると言える。

## 6. おわりに

　本研究では、『多気甚麼雑誌』に述べられている鬱陵島及び独島に
対する認識と領有権問題というテーマで、日本人が鬱陵島と独島に
ついて地理的に如何に認識していたか、また両島の領有権に関して
は如何なる認識を持っていたかについて考察した。考察をまとめる
と以下の通りである。

　第一、『多気甚麼雑誌』は大谷家、村川家から聞いた話を記録した
文献を参考にして、鬱陵島の風物と鬱陵島開拓の必要性について記
録したものである。正確な情報が記されているとは言い難く、ただ
当時の日本人が鬱陵島に対して如何なる認識を持っていたかを大ま
かに理解するために、参考として活用できる資料であると考えられ
る。なお、領有権に関しては、政府や地方自治体が主体になって鬱
陵島を領土として管理していたという言及が全くないため、領有権
問題を解決するのに役立つ資料ではないと言える。

　第二、日本人の鬱陵島に対する認識については、全て鬱陵島に70
年間にわたり渡航した大谷家、村川家から伝わった内容に依拠して
いる。すなわち、『多気甚麼雑誌』に記されている事情は両家を通じ
て聞いたものであり、従って、それが正確な情報であるとは断言で

きない。また、両家以外の日本人が鬱陵島に渡海したことはなく、鬱陵島に関する情報に接することもできなかったので、一般の日本人は鬱陵島と独島について地理的認識もなく、その環境についても知るすべがなかったのである。

　第三、鬱陵島に渡海していた日本人は、朝鮮人がときおり鬱陵島に渡航することがあるという認識を持っていながらも、幕府に報告した際には、鬱陵島はそれ以前には朝鮮人が渡航したことが一度もない無人島であると主張した。彼らは、幕府が日本人の鬱陵島への渡海を禁止し、鬱陵島を朝鮮の領土として認めた理由が分からなかったので、両国間の善隣関係のために幕府が鬱陵島を朝鮮に譲ったと考えていた。しかし、実際にはそうではなかった。両国の史料及び調査を通じて明らかになった歴史的権原に基づいて、日本人の鬱陵島渡海が不法であると認め、鬱陵島を朝鮮の領土として認めたのである。

　第四、『多気甚麼雑誌』は、現在の鬱陵島に関する記録であり、独島に関する記述は全く見られない。日本政府は、日本の漁民が70年間にわたり日本の領土であった鬱陵島に渡航したが、その際、鬱陵島までの渡海経路に独島があるのを根拠に、独島は17世紀に日本の領土として確立されていたと主張している。それ故に、鬱陵島渡海に関する史料である『多気甚麼雑誌』が、独島における領有権の確立を立証する証拠資料であると主張しているが、しかしその主張には説得力が全くないと言える。

## 〈參考文獻〉

權五曄、「于山国と宗教」、『独島と安龍福』忠南大学校出版部、2009年、
　　　　pp.70-98.

金晧東(2009.2)「朝鮮肅宗時代の領土紛争の背景と対応に関する検討-安龍福
　　　　の活動の新たな検討のために」、『大邱私学』第94輯参照.

內藤正中著、グォンオヨプ・グォンジョン訳(2005)『獨島と竹島』ジェイエン
　　　　シ参照.

　　　　　　、グァクジンオ・キムヒョンス訳(2008)『韓日間の独島・竹島論争
　　　　の実体』チャエクサラン参照.

　　　　　　(2000)『獨島と竹島』ジェイエンシ.

愼鏞廈(1996)『独島の民族領土史研究』、知識産業社、pp.30-37.

鄭英美訳(2010)「竹島考上・下」慶尚北道・安龍福財団、pp.205-211.

崔長根(2012)「古地図上の「于山島」の名称に関する研究 -「石島=独島」の究明
　　　　を中心に」、『日本近大学研究』第36輯、韓国日本近代学会、2012.5、
　　　　pp.221-240.

大西輝男・グォンオヨプ・グォンジョン訳(2004)『獨島』ジェイエンシ、
　　　　pp.263-264.

奥原碧雲(1906)『竹島及鬱陵島』松江：報光社.

池内敏(2007)「隠岐川上家文書と安竜福」『鳥取地域史研究』第9号参照.

　　　　(1998)『近世日本と朝鮮漂流民』、臨川書店、p.14.

　　　　(2008.2)「安竜福と鳥取藩」『鳥取地域史研究』第10号、pp.17-29.

　　　　(2009.3)「安竜福英雄傳説の形成ノート」、『名古屋大學文學部研究論
　　　　集(史學)』55、pp.125-142.

　　　　(2010)「日本江戸時代の竹島・松島認識」『獨島研究』6、嶺南大學校獨島
　　　　研究所、p.201.

川上健三著、グォンオヨプ訳(2010)「日本の独島論理-竹島の歴史地理學的研

究-」白山資料院、pp.316-321.

島根県(田村清三郎)編(1954)『島根県竹島の 研究』, pp.1-83.

下条正男(2005)『'竹島' その歴史と領土問題』竹島・北方領土返還要求運動島
根県民会議, .

_____(2004)『竹島は日韓どちらのものか』文春親書377.

内藤正中・金柄烈(2007)『歴史的検証独島・竹島』岩波書店, p.42.

_____・朴炳渉(2007)『竹島=独島論争ー歴史から考えるー』新幹社, pp.67-68.

田村清三郎(1965)『島根県竹島の新研究』島根県総務部総務課, pp.1-159.

○ 「竹島の「真実」と独島の《虚偽》」(下條正男), http://www.pref.shimane.lg.jp
/soumu/web-takeshima/takeshima04/takeshima-dokdo/takeshima-
dokdo_1.htm(閲覧日: 2015.05.12)

○ 「竹島問題」日本外務省、http://www.mofa.go.jp/mofaj/area/takeshima/
(閲覧日: 2015.1.30).

○ 島根県(2005)「竹島問題研究會」,, http://www.pref.shimane.lg.jp/soumu
/web-takeshima/(閲覧日: 2015.05.12)

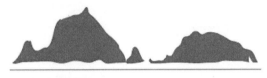

# 제3장

## 『다케시마잡지』로
## 보는 일본지식인의
## 울릉도와
## 독도 인식(2)

# 1. 들어가면서

울릉도와 독도는 지리적으로 한국과 일본 사이에 놓여있는 조선동해 상에 위치하고 있다. 대한제국은 1900년에 칙령을 발령하여 「울릉전도, 죽도, 석도(독도)」를 관할한다고 하는 울도군을 설치하였다.[1] 이것이 오늘날 한국이 독도를 영토로서 인식하고 실효적으로 관리해왔다고 하는 핵심적인 증거이다. 한편 일본은 지리적으로 멀어서 한국보다 먼저 혹은 지속적으로 독도를 영토로서 인식하고 관리했다고 하는 그런 증거가 없다.[2] 단지 일본은 역사적으로 볼 때 1905년 러일전쟁 중에 '조선의 영토로 보이는 독도'[3]에 대해 「무주지 선점」이론을 적용

---

1) 송병기(1999)『鬱陵島와 獨島』단국대학교출한부, pp.93-126. 송병기(2004)
『독도영유권 자료선』자료총서34, 한림대학교 아시아문화연구소, pp.193-194.
2) 호사카 유지(2005)『일본 고지도에도 독도 없다』(주)자음과모음, pp.13-78.
3) 메이지정부의 내무성과 나카이 요사부는 독도를 한국영토로 인식했다. 奧
原碧雲(1906)『竹島経営者中井養三郎氏立志伝』. 島根県広報文書課編(1910)
「中井養三郎履歴書」(隠岐島庁 提出), 島根県編(1953)『島根関係資料』第1巻.

하여 일방적으로 독도를 무주지로 단정하여 영토 편입 조치를 취하였던 것이다.[4] 오늘날 일본은 이러한 일본의 조치가 정당하다고 하여 영유권을 주장하고 있다.[5] 한국은 역사적 사실에 의한 영토적 권원과 대일평화조약을 전후한 연합국의 독도 영토조치에 의거하여 독도가 한국영토임을 분명하다는 것이다.[6] 최근에 발굴된 사료 중에서 일본에 보관중인 울릉도, 독도와 관련된 사료인『다케시마잡지』라는 것이 있다.[7] 이『다케시마잡지』는 1854년에 기록된 것[8]이기 때문에 당시 일본 사람들의 울릉도와 독도에 대한 인식을 알 수 있는 좋은 자료가 된다.[9] 본 연구는 19세기경 일본인들의 울릉도, 독도에 관한 인식을 고찰하는 것을 목적으로 한다. 특히 본고에서는『다케시마잡지』의 후반부를 다루고 있는데, 전반부는 다른 원고에서 논증하고 있다.[10] 연구

---

신용하(1996)『독도의 민족영토사연구』지식산업사.

4) 일본의 영토편입조치는 국제법적을 적용하는 방법을 취하였으나, 내용적으로나 실질적으로는 침략에 해당하는 행위였다.

5) 外務省(2015)「竹島問題」,「パンフレット'竹島問題を理解するための10のポイント'」(검색일: 2015년8월2일). 島根県(2015)「竹島問題研究會」, http://www.pref.shimane.lg.jp/soumu/web-takeshima/.(검색일:2015년 8월2일)

6)「대한민국의 아름다운 영토, 독도」, 한국외무부, https://www.youtube.com/watch?v=muB4_LNZ2Rk&feature=youtu.be(검색일:2015년8월2일).

7) 경상북도독도사료연구회 편(2014)『독도관계 일본고문서1』경상북도, pp.19-46.

8) 위의 책, p.19. 집필 연도에 관해서「갑인년(1854) 초겨울」이라고 기록하고 있다.

9) 본서는 울릉도에 관한 내용이 대부분이다. 그것은 당시 일본인들이 독도에 대한 관심이 없었다는 것이고, 또한 오늘날 '다케시마' 영유권 문제에 있어서 명칭의 혼동으로『다케시마잡지』를 그 증거로 삼으려고 하는 경향이 있다.

10) 전반부에 대한 사료 해제는「『다케시마잡지』속의 울릉도와 독도 인식과

방법으로는, 선행연구에서 『다케시마잡지』 내용 중의 일부분을 취하여 독도영유권을 논하는 오류를 범하고 있는 부분[11]도 없지 않기 때문에 이를 보완하는 작업으로서, 『다케시마잡지』에 나타난 인식을 전체적이고 입체적으로 조명할 것이다.


## 2. 도해 일본인의 도해금지 철회 탄원

1692년 한일 양국 어민이 울릉도를 도해하여 서로 조우하게 되었고, 이듬해 1693년에는 양국 어민이 다시 울릉도에서 조우하여 영유권 분쟁을 일으켜서 중앙정부가 개입하게 되었다. 이 문제는 1696년까지 지속되어 최종적으로 막부가 울릉도와 독도의 영유권을 포기하고 울릉도 도해면허를 취소하고 도항을 금지시켰다.[12] 이에 대해 선행연구에서는 도해가 금지되었다는 내용에 관해서는 밝혀졌지만, 도해 어부들이 울릉도 재 도해를 위해 탄원서를 막부에 올렸다는 선행연구는 없었다.[13] 본 사료에서는 오야, 무라카와 두 가문이 70여 년간 도해했다고

---

영유권문제」라는 주제로 논문을 정리하고 있다.
11) 도해면허로 영유권을 확립하였다는 주장은 거짓이고, 『다케시마잡지』는 울릉도 도항에 관한 사실을 기록하고 있다. 「죽도」, 일본외무성, http://www.mofa. go.jp/files/000092147.pdf.(검색일 : 2015년8월15일).
12) 이 내용에 관해서는 경상북도사료연구회에서 『죽도기사1』과 『죽도기사2』 (경상북도, 2013)로 번역 출간하여 공개하고 있다. 경상북도사료연구회 편 (2013) 『죽도기사1』 경상북도, pp.11-423. 경상북도사료연구회 편(2013) 『죽도기사2』 경상북도, pp.10-460.
13) 이 부분에 대해서는 이케우치 사토시의 연구(池内敏(2008.2) 「安竜副と鳥取藩」 『鳥取地域史研究』 第10号. 池内敏(2007) 「隠岐川上家文書と安竜副」

하는 울릉도 도해가 금지된 이후, 오야 무라카와 가문이 막부에 대해
재차 울릉도 도해를 위해 탄원서를 내었다는 것이다. 그 내용에 대해
다음과 같이 기술하고 있다.

  역시 이에 대한 이런저런 공문서가 세상에 여러 가지 있지만 보지 못한
채 (본 것만) 여기에 적어 둔다. 단 이 두 통(문서)는 신기하게도 그 사본
을 (얻었기에) 얻은 대로 여기에 들어 위 내용을 고증으로 삼았다. 이제
그 때로부터 3년이 지난 11월 (겐로쿠) 축년(1699) 가을에 요나고 주민
무라카와 이치베가 에도에 가서 탄원을 하기에 이르렀다.(『죽도도설』) 그
후에는 어떻게 되었는지, 어떤 말도 듣지 못하였다. 「생각건대 관청에 무
라카와와 오야 두 사람이 제출했다고 하는 이 섬에 대해 적음 문서가 있다
고 들었다. 그러면 그 문서라는 것이 이때에 올린 서류가 아닐까 싶다.
나도 몇 년 전부터 이 서류를 보고자 하여 찾아보았으나, 아직 얻지 못한
것은 매우 유감이다.」 그후 27년이 지나, 교호 9년(1724) 갑진년, 에도에
서 인슈의 영주에 대해 조사를 하였는데, 단 요나고는 아라오 다지마의
영지이므로 그에게 명하여 이를 (다케시마 관련 건을) 조사하였다고 한
다. 그래서 그때 그 (아라오 다지마)가 이 두 상인이 올린 서류를 필사하
고 다유 이케다 분고노카미가 (이것을) 관청에 제출하였다고 한다. 그
러면 그 섬은 하쿠슈 아이미군 하마노매 산류무라에서 오키의 고토까
지 35,6리 정도되며, 이 눈짐작으로 조선의 산을 보면 (조금 더 멀리

『鳥取地域史硏究』第9号. 池内敏(2009.3)「安竜副英雄傳說の形成ノート」,
『名古屋大學文學部硏究論集』史學55. 池内敏(2010)「일본 에도시대(江戶時
代)의 다케시마(竹島)・마츠시마(松島) 인식」『獨島硏究』6, 영남대학교
독도연구소. 池内敏(1998)『近世日本と朝鮮漂流民』, 臨川書店)에서 다루
고 있으나, 그의 연구에서는 언급하지 않고 있다.

보이ㅣ) 야 40리 정도라고 생가된다. (가ㅏ모리 겐사쿠의 필기 및 그이 주에 이 산이라고 하는 것은 조선의 울릉산이 아닐까 싶다. [라고 되어 있다.] 이 필기라는 것은 교호시대(1716-1736)에 수차 도해했던 노 어부에게서 들은 것(을 적은 것)이라고 한다. 다시 생각건대, 그 어부라는 자는 세키슈 하마다의 어부 조베라는 자일 듯싶다. (내가) 돌아다닐 때 이 근처 지역에서 호사가로서 꽤 알려진 문필가 또는 여관 주인 등에게 물어보았는데 많은 사람들이 이 조베에 대해 말했다. 따라서 그 (다케시마의) 형세의 대부분은 이 조배가 한 말을 적은 것이다. 조베는 후에 비젠(肥前)으로 갔고 오하라마치(小原町?)라는 곳에서 죽었다.14) 가나모리 겐사쿠의 기록은 이에 의거한 것이라고 본다.15)

이상처럼, 두 가문이 울릉도 도해금지에 대해 항의차원에서 직접 에도의 막부를 방문하여 도해를 요청하는 탄원서를 통해 다음과 같은 사실을 알 수 있다.

첫째, 도항이 금지되고 3년이 지난 후 1699년 가을 요나고 주민 무라카와 이치베가 에도에 직접 가서 탄원하였다는 사실과 막부가 탄원을 수용하지 않았다는 사실을 알 수 있다.

둘째, 탄원서의 내용은 당시의 원본은 발견하지 못하고, 1724년 에도의 막부에서 인슈의 영주 아라오 다지마에 대해 다케시마 관련 건을 조사하였을 때 아라오 다지마가 이 두 상인이 올린 서류를 필사하고 다유 이케다 분고노카미가 (이것을) 관청에 제출하였던 것이었다.

---

14) 전게서, 경상북도독도사료연구회 편(2014) 『독도관계 일본고문서1』, p.26.
15) 전게서, 경상북도독도사료연구회 편(2014) 『독도관계 일본고문서1』, p.27.

셋째, 교호시대(1716-1736)에 필사한 사람은 가나모리 겐사쿠이고, 가나모리는 두 상인이 올린 내용에 세키슈 하마다의 노 어부 조베라는 자의 체험담을 듣고 주를 달았던 것이다.

넷째, 지금의 울릉도를 조선 소속의 울릉산이라고 불렀고, 울릉산까지 거리는 오키 섬을 중심으로 울릉도까지는 40리, 하쿠슈 아이미군 하마노매 산류무라까지는 35,6리 정도라고 하여 울릉도까지가 조금 더 멀다는 인식을 하고 있었다. 울릉도를 도해한 일본인들은 오키를 중심으로 '하쿠슈에서', '울릉도까지'라는 관념을 갖고 있었음을 알 수 있다.

## 3. 울릉도의 지리와 환경

지금까지 선행연구에서는 오야, 무라카와 가문의 울릉도 도항에서 무엇을 하였는지, 무엇에 관심이 가지고 있었는지 그다지 심도있게 다루어지지 않았다. 그 이유는 지금까지 발굴된 사료에서는 어업과 임업을 했다는 단편적인 정보 이외에는 울릉도에서 무엇에 관심을 갖고 무엇을 하였다는 기록이 없었기 때문이다.[16] 특히 이번 연구에서 분석의

---

16) 『숙종실록』의 안용복에 관한 기록은 안용복의 행적에 관한 기록인데, 대부분 영유권에 관한 기록이다. 「원록각서」 (권오엽 역, 2014)는 일본에 도항한 안용복 일행의 모습과 일정에 관한 기록이다. 『죽도기사』(경상북도 사료연구회 편, 2013)는 1726년에 쓰시마 번사 고시 쓰네에몬(越常右衛門)이 편찬한 것으로 「울릉도쟁계」 즉 일본에서 말하는 「죽도일건」에 관한 기록이다(경상북도사료연구회 편(2013) 『죽도기사2』 경상북도, p.3.)

대상인 『다케시마잡지』에서는 울릉도의 지리와 환경에 관해서 알 수 있는 새로운 정보를 많이 제공하고 있다.

오야, 무라카와 두 가문이 울릉도 도해금지에 대해 항의하기 위해 왜 다시 울릉도에 도항해야 하는지? 그 정당성을 주장하는 차원에서 울릉의 지리와 산물에 관해 상세히 적어 막부에 제출했다. 이 내용은 오야, 무라카와 두 가문이 70여 년간 울릉도를 도항하면서 조사한 것이다. 이를 통해 이들 두 가문의 울릉도 도항 목적이 단순한 어로행위를 위한 것이 아니었다는 사실을 알 수 있고, 또한 당시 울릉도의 산물이나 지리에 관해서 알 수 있는 좋은 자료라고 판단된다. 먼저 울릉도의 지리에 관해 다음과 같이 기록하고 있다.

그 땅은 동서로 약 3.5리이며, 4리가 채 되지 않는다고 한다. 남북으로는 약 6,7리 정도가 된다고 한다. 둘레는 약 16리라고 한다. 주위 아홉 곳에 바위 곶(串)이 있고, 또 그 주위에도 셀 수 없을 정도의 작은 곶이 있다. 또 섬 뿌리에는 암초가 많다. (크기는 지도에 자세히 기록되어 있다. 암초가 셀 수 없이 많고, 기암괴석에 대해서는 일일이 다 적기 힘들 정도라고 한다.) 「중략」 거대 암석 해변으로 나온다. (계곡 모양은 같다. 그 계곡 안은 가파른 암벽으로 높이가 10장정도 된다. 일설에 이 위에 다다미(畳) 200장을 깔 수 있을 정도의 암굴이 있다고 한다. [17] 바다 속은 실로 훌륭할 것이다. 안에는 돌제비가 많다고 한다. 세키슈와 운슈에서 이 새를 구멍새라고 한다. 또 조금 더) 바위 곶을 돌면 (바위로 되어 있다) 모래사장으로 나온다. (이 곳 역시 6,7 정 정도이다. 북쪽

---

17) 전게서, 『독도관계 일본고문서1』, p.28.

으로 향해있다. 앞에 몇 개의) 섬이 있다. (이 섬은 돌섬이며 둘레가 약 3정정도라고 한다. 또 이 해변에 작은 계류가 있다. 그러나 이 계류는 서쪽에 있는 것으로 가장 크다) 또 곶 하나를 (작다고 한다) 돌면 바다 가운데 섬 하나가 있다. (나무가 없다) 둘레는 약 5,6정 정도라고 한다. 또 연이어 (섬) 하나가 있다고 한다. (이 섬은 서쪽 포구에서 가장 큰 섬이다. 둘레가 약 15,6정이나 될 것이라고 하며, 가장 자라가 모두 바위로 되어 있고, 그 주변에 암초가 많다고 한다) 계속해서 큰 바위 곶을 (이 바위의 높이는 약 100간이라고 한다. 바다 쪽으로 돌출해 있다고 한다) 돌아 '기타구니 포구'라 하는 곳이 나온다. (해변은 북쪽을 향해 있다. 좌우는 큰 바위 곶인데, 그 사이에는 15,6정되는 모래사장이 있다. 여기에 세 갈래의 계류가 흐른다. 강의 근원은 모두 섬 안에 있는 산의 폭포라고 한다. 여기로부터 흘러나온다고 한다. 그 폭포주변의 풍경은 눈이 번쩍 뜨일 정도의 경승지라고 한다)[18] 또 작은 섬 하나가 있다. ('기타구니포구'를 향해있다. 그 섬 앞을) 지나 또 큰 바위 곶을 (험준하다. 90장이라고 들었다) 돌면 (조금 북쪽으로 돌아) '야나기포구'라는 곳으로 나온다.[19] (이 곳 역시 좌우에 큰 바위 곶이 있어 하나의 협곡을 이루고 있다. 협곡 사이의 모래사장은 10정 정도 된다. 평탄하며 두 개의 강이 있다. 이 주변에 갈대와 싸리가 많다고 한다. 이 곳의 조금 높은 곳에 오르면 조선의 산이 아주 잘 보인다고 한다. 조선인의 배가 이곳을 향해 온다고 한다.)[20] 또 이곳에 ('야나기포구'를 향한 곳) 섬 하나가 있다. (이 섬의 속도 중 큰 것이다. 둘레가 20정이나 된다고 한다. 주변은 모두 암벽이다. 또 조금 북쪽으로 돌아) 큰 곶 하나를 지나

---

18) 전게서, 『독도관계 일본고문서1』, p.28.
19) 전게서, 『독도관계 일본고문서1』, p.29.
20) 전게서, 『독도관계 일본고문서1』, p.29.

(이 곳은 큰 바위 곳으로 바다 쪽으로 돌출해 있다. 북쪽 끝이다) 동쪽으로 돌면 작은 해변이 있다. (평평하며 계류하나가 흐른다. 이 곳은 6,7정 정도라고 한다. 「중략」 전체적으로 섬 안에 험산준령이 많고 내무가 무성하며, 또 여기저기에 폭포가 있고, 동쪽에 해당하는 곳에는 기이한 샘물 하나가 있다고 한다. 그 물은 맑고 맛은 단데, 하루에 겨우 1승 정도가 솟아나온다고 한다.(『백기민담』)『죽도도설』이 섬에 감로폭포가 있고, 또 감천이 있다는 말이 있다. 그러나 사실 확인을 하지 못하였기 때문에 여기에서는 생략한다.(운운)[21]

이상의 탄원한 내용은 울릉도를 70여 년간 도항한 오야, 무라카와 가문으로부터 들은 것을 위주로 울릉도의 지리를 기록했다. 거기에 조베라는 자의 경험담을 토대로 주를 달아서 70여 년간 울릉도를 도해했던 일본인들의 울릉도에 관한 지리와 지형을 상세하게 기록되었다. 내용상 특징은 다음과 같다.

첫째, 울릉도의 크기에 대해 「그 땅은 동서로 약 3.5리이며, 4리가 채 되지 않는다고 한다. 남북으로는 약 6,7리 정도가 된다고 한다. 둘레는 약 16리」로 인식하고 있었다.

둘째, 오키섬의 후쿠우라에서 40-60리를 항해하면 오사카포구에 도달하는데, 그곳에 관한 「크기는 지도에 자세히 기록되어 있다」라는 것으로 볼 때, 당시 울릉도에 관한 상세지도를 제작했다는 사실을 알 수 있다.

---

21) 경상북도독도사료연구회 편(2014) 『독도관계 일본고문서1』 경상북도, pp.27-30.

셋째, 오사카포구에는 「강 위에 폭포가 있고, 은어가 산다고 한다. 또 해안의 암석에 전복이 많고, 보이는 곳마다 해서(海鼠)가 있다. 호라카이(螺)가 있고, 그 나머지의 미에리카이(東海夫人) 등과 해초는 일일이 다 적을 수 없을 정도이다」라고 하여 도해 일본인들이 전복과 해서, 호라카이(螺), 미에리카이(東海夫人) 등과 해초를 채취했다는 사실을 알 수 있다.

넷째, 위의 기록은 일본인들이 오사카포구에 도착하여 배로 울릉도 주변을 돌면서 묘사한 것이다. 울릉도를 수토한 수토사들도 동일한 형태의 그림지도를 남기고 있다.[22]

다섯째, 「하마다 포구」라고 한다. (생각건대, 이 섬의 세키슈와 마주보고 있기 때문인지, 하마다의 어부들이 많이 이곳을 향해 오므로 그런 이름이 붙었다고 생각한다」라고 하고, '다케포구'는 「이 근처 산중에 큰 대나무가 가장 많다. 이에 그런 이름이 붙었다고 생각한다)」라고 하는 것으로 보아, 포구 명칭은 도해한 자들이 편의적으로 명명한 것임을 알 수 있다.

여섯째, '야나기포구'라는 곳은 협곡 사이에 평탄한 모래사장이 있고 이 곳의 조금 높은 곳에 오르면 조선의 산이 아주 잘 보이고, 「조선인의 배가 이곳을 향해 온다」라고 하여 조선인들이 정박하는 포구라는 것이다. 전술한 바로는 조선인들은 울릉도에 도항하지 않았다고 주장했지만, 실제로는 일본인들이 수시로 울릉도에서 조선인들을 조우했음을 알 수 있다.

---

22) 박석창, 이규원 등의 지도가 같은 그림지도를 그리고 있다.

일곱째, '기타구니 포구'라는 곳은 「세 갈래의 계류가 흐르는데, 강의 근원은 모두 섬 안에 있는 산의 폭포이고, 그 폭포주변의 풍경은 눈이 번쩍 뜨일 정도의 경승지」라는 것이다.

여덟째, '산본바시'라는 섬이 있는데, 「일설에 이 섬을 이루는 세 개의 바위는 모두 떨어져 있다고도 한다. 또는 밑둥은 하나인데 세 개로 나뉘어져 있다고도 한다. 이 지역 주민이 이 이야기를 할 때에는 실로 놀랍다는 듯이 이야기한다」라고 하여 일본인들이 도해할 때 울릉도에도 주민이 살고 있었다는 것이다.

아홉째, 「내가 생각건대, 왜 모두 (섬의 -필자주) 높이보다 둘레가 적은 것일까. 20간이나 50간이라는 것은 눈짐작일터이고 그 정도는 되지 않을 것이다. 그러나 들은 대로 적어둔다) 또, 바위 곳 하나를 돌면 그 '오사카 포구'로 온다고 한다. (이에 대한 것은 모두 내 이기에 그곳에서 들은 대로 적어 놓았다) 」라고 하는 것처럼, 들은 것을 그대로 기록한 것임을 알 수 있다.

## 4. 울릉도의 어채류와 조류

오야, 무라카와 가문이 격년제로 번갈아가면서 70여 년간 울릉도에 도항하여 일년 중에 몇 개월을 울릉도에 체류했다는 기록이 있다.[23] 이들은 울릉도에 도항했을 때 주로 어떠한 것에 관심을 갖고 있었을

---

23) 川上健三(1966) 『竹島の歷史地理學的研究』 古今書院, 1966, pp.139-190.

까? 도해일본인들이 관심을 갖고 있었다는 것은 다시 말하면 이들의 도해 목적이기도 했다.[24] 본 자료를 통해 당시 일본인들이 울릉도를 도해한 목적이 어채류와 조류에 관해서도 관심을 갖고 있었음을 알 수 있다. 그렇다면 그들이 조사했던 어채류와 조류에 관해 살펴보면 다음과 같다.

실로 둘도 없는 신기한 섬이다. 또 전복이 매우 큰데, 이것을 구시코 (전복꼬치-필자주) 로 만든 것이 산물이다. 대저 일본 전역에서 귀히 여기는 전복을 많이 얻을 수 있는 곳이므로, 해변가의 대나무를 구부러 트려서 바다 물속에 넣어두었다가 아침에 건지면 가지와 잎에 마치 버섯처럼 전복이 붙어 있다고 한다.(『백기민담』) 이 섬에 사는 고양이는 모두 꼬리가 짧고 굽었다고 한다. 이에 평상시 꼬리가 굽어 있는 것을 사람들이 다케시마 고양이라고 한다. 많은 사람이 이를 호랑이과 동물이라고 한다.(『백기민담』) 쥐, 종달새, 찌르레기, 검은 방울새, 시지우카라, 갈매기, 가마우지, 노지코, 제비, 독수리, 뿔매, 매, 구멍새 (이 새는 돌제비인 것 같다. 아침 6시경에 암굴을 떠나 그 날 해질 무렵 돌아온다. 그 암굴에 산다고 한다. 사람들이 한밤중에 그 굴을 찾아내어 새를 잡기도 한다고 한다. 색은 재색이고 마치 제비같이 생겼다. 배도 역시 하얗다. 어부들이 구멍새라는 이름을 붙였다. '다케 포구'의 서쪽 암굴과 그 주변 암굴 여기저기에 많다고 들었다) 해로(이 물고기는 비젠의 히라토와 고토 바다에 '마레부이'라는 것이 있는데 그것이 이 물고기일

---

24) 다케우치 다카시(竹内猛), 송휘영·김수희 역(2013)『독도=죽도문제 고유영토론의 역사적 검토』도서출판 선인, pp.44-45. 다케우치는 통상적인 무역거래가 아닌, 일본인들의 도항목적이 천연자원을 공짜로 채취하는 것이었다고 지적하고 있다.

것이다. 그 크기는 작은 개만하다. 생김은 메기 같고 지방이 매우 많다. 빛은 희고 육질은 밀납 같아, 사람들이 이것을 잡아 가마솥에 넣고 물을 부어 끓이면 역시 처음과 같이 되고, 몇 번을 거듭해도 처음과 같다. 이에 만약 어부가 이것을 잡으면 많은 기름을 얻을 수 있는 이점이 있기 때문에 즐겨 잡는다고 한다. 이 물고기는 바람과 파도가 없을 때 해변가에 올라 곤하게 잘 때가 있다고 한다. 그 때 바람 부는 반대 방향으로 돌아가서 창으로 찌른다)[25]

위의 사료에서 울릉도의 조류와 어채류와 관련하여 다음과 같은 사실을 알 수 있다. 즉, 첫째, 「실로 둘도 없는 신기한 섬이다. 또 전복이 매우 큰데,」라고 하는 것처럼, 현재도 울릉도를 '신비의 섬'이라고 하고 있는데, 당시 내왕했던 일본인들의 눈에도 일본에서는 좀처럼 볼 수 없었던 신기한 섬이었던 것이다. 섬의 형상에 관해서는 언급이 없고 엄청난 큰 전복 등 어채류가 많았기 때문에 신기한 섬이라고 했던 것 같다.

둘째, 당시 일본에서는 전복을 귀히 여기었는데, 「해변가의 대나무를 구부러트려서 바다 물속에 넣어두었다가 아침에 건지면 가지와 잎에 마치 버섯처럼 전복이 붙어 있다」라는 것처럼 울릉도는 전복의 서식지였던 것이다.

셋째, 「평상시 꼬리가 굽어 있는 것을 사람들이 다케시마 고양이라고 한다」라고 한 것처럼 '다케시마 고양이'라는 고양이과는 이들 도해 일본인들이 명명한 울릉도의 고양이를 말하는 것이었다.

---

25) 전게서, 『독도관계 일본고문서1』, pp.30-31.

넷째, 구멍새라는 명칭은 「어부들이 구멍새라는 이름을 붙였다」고 한다. 일본인들이 구멍새를 잡아먹기도 했던 것이다.

다섯째, 울릉도에서 일본어부들이 작은 개만한 해로를 잡아 기름을 채취하였는데, 잡는 방법은 바람과 파도가 없을 때 해변가에 올라와 있는 해로를 바람 부는 반대 방향에서 창으로 찔러 잡았다고 한다.


# 5. 울릉도의 식물과 광물

울릉도에 도항한 일본인들은 식물에도 많은 관심을 갖고 있었다. 그 것은 이들 일본인들의 도항목적이기도 했다. 아래 사료에 의하면, 일 본에 없거나 있어도 진귀한 식물이 많아서 거기에 관심을 갖고 있었 다. 또한 그것들을 채취하기 위해 목숨 걸고 울릉도에 도항했다는 것 은 이들 일본인들에게는 그것이 매우 유용한 보물이었음에 틀림없다. 그 내용을 살펴보면 다음과 같다.

인삼(잎은 무 이파리 같다. [노코키키] 가늘고 압화 같으며, 색은 황색 으로 맛은 맵고 단 맛이 난다고 한다) 결향화(이 껍질로 안피를 뜬다. 또 등지를 만드는데 좋다고 한다) 하세사쿠라, 선단목(주단, 흑단이 모 두 있다. 열매 모양은 반나무와 같다) 황백 다이다라(반나무처럼 생겼 다. 또는 가래나무처럼 생겼다고 한다) 야생 차나무, 솔송나무, 개, 대죽 (둘레가 2척 정도 되는 것이 있다고 한다), 호랑가시나무(잎은 루수 잎 과 같고, 나무, 감탕나무, 마늘(잎은 옥잠화 잎처럼 생겼다), 대산, 소산,

관동, 양하, 땅두릅, 백합, 우엉, 구미, 딸기, 이타도리 등이 있다. 또 광물로는, 진사 암록청 등에 속하는 것이 있다. (적어 둔 것은 모두 구비로 전해 온 어부의 말이다. 이 암록청이라는 것은 우젠 · 아키타 · 아니 등에 있는 동산에 수록청이라는 것이 있는데 이것이 아닐까 싶다) 등이 그 대강으로써, 특히 인삼 · 전복 · 해로의 세 품목이 가장 많다고 한다. (이는 그 대략으로써, 어민 · 천민 등은 원래 산물에 대해 잘 모르는 자들이나 어쨌든 그들이 가지고 온 것만을 적어 둔다) 역시 요나고에서 도해하는 사람들이 늘 이 세 가지를 많이 가지고 돌아왔고, 그 외의 것을 가지고 온 적은 없다고 한다.「중략」지금 여기에서 더해 보면, 지금, 동, 은, 석연 등의 종류를 내는 기운이 매우 많다. 하니 이 섬에 진사, 암록청이 나지 않으랴. 개척자는 왜 이것들을 찾으려고 열심을 내지 않을까. 록청은 원래 금, 은, 동의 기운이 뭉쳐져서 된 것이다. 진사는 주석, 수은의 기운 때문에 나는 것이다. 내가 이용한 것은 전해 내려온 어부들의 말과, 호사가의 기록과, 그 외 이것저것 섬에 대한 것을 기록한 것을 모아 편찬한 것이며, 실제 항해하여 기록한 것이 아니므로, 이 외 산물에 뜻을 가진 자로 하여금 이 섬을 탐색하게 하면 국가적 이익이 적지 않을 것이다.[26]

위의 사료에 의해 울릉도의 식물과 광물에 관해 다음과 같은 특징을 알 수 있다. 즉, 첫째, 인삼, 결향화, 하세사쿠라, 선단목, 황백, 다이다라 등을 채취하여 약재로 사용했을 가능성이 높다.

둘째, 울릉도 도항 일본인들은 울릉도 생산물 중에서 「특히 인삼 · 전복 · 해로의 세 품목이 가장 많다」라고 하는 것처럼, 울릉도에서 인

---

26) 전게서, 『독도관계 일본고문서1』, pp.31-32.

삼, 전복, 해로를 많이 채취하였던 것이다. 「역시 요나고에서 도해하는 사람들이 늘 이 세 가지를 많이 가지고 돌아왔고, 그 외의 것을 가지고 온 적은 없다」고 한 것으로 보아 그이외의 식물은 채취의 주된 목적은 아니었던 것 같다.

셋째, 「나는 것 중 대나무의 둘레는 2척에 달하니, 실로 우리나라 삿슈의 오고비라를 제외하면 이에 비할만한 땅이 없다. 나무가 많고 소나무가 나니, 이 역시 거대한 재목을 낼 것이다」라고 하여 대나무와 소나무를 채취했다는 것이다.

넷째, 「산 속에 결황화가 많이 피어있다고 한다. 이 껍질을 벗겨 활용하면 이 역시 더할 나위 없이 좋다. 하물며 인삼은 어쩌하랴. 또 섬 안에 대산, 야산이 난다」라는 것처럼 식물을 채취하여 약재로 사용했음을 알 수 있다.

다섯째, 필자가 「이전에 내가 『삼항하이일지』에 적어 둔 바 있고, 또 『좌도일지』에도 그 고증을 해 두었다」라고 하는 것으로 보아 울릉도의 식물에 관한 연구를 했던 것이다.

여섯 번째, 들은 바에 의하면, 「지금 여기에서 더해 보면, 지금, 동, 은, 석연 등의 종류를 내는 기운이 매우 많다. 하니 이 섬에 진사, 암록청이 나지 않으랴. 개척자는 왜 이것들을 찾으려고 열심을 내지 않을까」라고 하여 도항 일본인들은 광물에는 관심을 갖고 있지 않았지만, 사실상 울릉도의 광물도 울릉도의 매력이라는 것이다.

# 6. 울릉도 개척의 필요성과 독도외의 관련성

## 6.1 울릉도 개척의 필요성

이상에서 살펴본 바와 같이 도항 일본인들에게 있어서는 울릉도에는 일본에서 진귀한 것들 즉, 인삼과 같은 약재, 전복, 해로와 같은 어채류, 진사와 암청록과 같은 광물까지도 채굴이 가능하여 말 그대로 신비한 섬이었던 것이다. 도항 일본인들에게 있어서는 신비한 섬이었기에 울릉도 도항은 계속되었고, 당시 막부에서 울릉도와 독도를 조선 영토로 인정했음에도 불구하고 울릉도에 대해 애착까지 버리지 못했다. 아래 사료를 보면, 당시 도항 일본인들로부터 전해들은 사람들 사이에는 울릉도 개척을 주장하기도 했다.

몰래 고금을 달관하여, 조금이라도 재야에 본심을 드러내고자 하는 것은 아니지만, 천하태평 영세의 창업은 부국과 강병의 두 가지에서 나오지 않는 것이 없으며, 그 나라를 부유하게 하는 중요하는 것은, 「중략」 이 섬에 대해 우려하는 자 아직 만난 적 없다. 이에 대해 민간인의 몸으로써 어떻게 만인지상의 황제에게 말할 기회를 얻을 수 있을까. 큰 탄식 끝에, 산인 지역 및 여러 지역을 돌아다닐 때의 일지를 조사하고, 그 지역 주민으로부터 들은 옛 이야기를 발췌하고, 최근 보고 들어 적은 것을 모아 책 한 권으로 만들어 뜻있는 동지에게 전하고자 하였다. 영락한 몸으로 그 (일을 할) 여유가 없었고, 그런데 평상시 아사히도의 쓰다 군과 하루 종일 해방에 대해 말하다가 다케시마 이야기를 하게 되었다. (쓰다) 군이 깊이 이 섬에 대해 걱정하였다. 이에 지금 이것을 편집하여 보낸다. 따라서 글 중에 거친 내용이 적지 않고, 단지 하야시 유도의 『삼국통람』을 흉내 내었을 뿐이다.

가에 7년(,1854) 갑인년 음력 10월 상순
도쿄 메지로 후지타씨의 묵향숙에서 세슈 모즈 출신의 마쓰우라 다케시로 겐코 씀.
끝.

아침이나 저녁이나 마음은 오키의 풍랑에, 어찌 견뎌내는가 다케시마는.
갑자년(1864) 11월 음력 6일 열람
기무라야 메가타 모리카게 간행
메이지 7년(1871) 3월 메가타 모리카게 간행. 끝.[27]

위의 사료에서 볼 때 필자는 국가를 위해 울릉도 개척을 종용하기 위해 집필한 것이었다. 그 특징을 정리하면 다음과 같다.

첫째, 「병사를 이끌고 정벌하고자 하는 자가 지리를 모르면 안위의 장소에 실패를 한다.」 「몰래 고금을 달관하여, 조금이라도 재야에 본심을 드러내고자 하는 것은 아니지만, 천하태평 영세의 창업은 부국과 강병의 두 가지에서 나오지 않는 것이 없으며, 그 나라를 부유하게 하는 중요하는 것은, 그 풍토를 자세히 살펴」야하고, 「지리를 국가경세의 근간을 삼으니, 지사는 이에 열심을 내지 않으면 안 된다. 또 조정에서

---

27) 전게서, 『독도관계 일본고문서1』, pp.32-34.

국사를 담당하는 자가 지리를 모르면 기회에 임하여 실패를 한다」라고
하여 지사나 국정을 담당하는 자는 세계지리를 잘 파악하여 새로운 영
토를 개척해야한다는 것이다.

둘째, 「단지 하야시 유도만이 『삼국통람』을 저술하여 황국에 인접
한 나라들인 조선, 오키나와, 노사쿠, 사할린 및 무인도(울릉도-필자
주)에 대해 기록하였다. 이는 실로 심원하기 그지없는 병도라 할 수 있
겠다. 실로 선견지명이라고 할 수 있다. 이미 간세 때(1789~1801)의 홋
카이도 편입 조치 및 분카 때(1804~1818)의 러시아인 난동 시에 담당
관료가 먼저 이 책을 참고하였다」라고 하여 홋카이도를 편입한 것처
럼, 하야시처럼 주변국의 지리를 잘 알아야 영토를 확장할 수 있다는
것이다.

셋째, 「계속해서 작년 봄부터 외국인이 동서(해안)에 정박하기까지
하니 국사를 염려하는 건의가 셀 수 없이 많다. 홋카이도, 사할린, 무
인도(울릉도-필자주), 하치조지마에 대한 것을 논하는 자들도 있다. 그
런데 다케시마는 큰 바다 한가운데에 우뚝 서있고, 조선과 황국에서
떨어져 있어 아직 사람들이 가지 않는 곳이다」하여 주변의 다른 지역
처럼 무인도인 울릉도도 열강에게 빼앗기기 전에 일본이 먼저 개척해
야한다는 것이다.

넷째, 「이곳에 배를 대고 산인의 여러 항구에 출몰한다면 실로 그
피해가 적지 않을 것이고, 또 그 곳에 상륙하여 땅을 개간한다면 큰
근심거리가 될 것이다. 그렇다고 해도 이 섬은 겐로쿠 때에 조선국에
건네주어 그곳의 소유가 되었으므로 주민을 보내 개간하기 어렵다」라

고 하여 울릉도를 유럽 열강들에게 선취당하면 일본에게는 국방상 매우 위협 요소가 된다는 것이다. 하지만 일본이 조선국영토로 인정해버렸기 때문에 개척은 불가능하다는 것이었다.

다섯째, 일본이 울릉도를 활용하는 방법으로는 「이로써 표류를 가장하고, 어렵을 한다고 하고 그곳에 뜻있는 자 몇 사람을 보내어 그곳에 오는 외국배의 신뢰를 얻어, 다른 곳의 풍문을 듣고, 전 세계의 동태를 탐색한다면 이는 실로 최상의 기책이라고 할 수 있지 않겠는가. 또 해안에서 어렵을 하면 그 이익이 적지 않을 것이다」라고 하여 표류를 가장하여 몰래 울릉도에 들어가 이익을 취하고, 그곳에서 외국배를 통하여 세계정세를 탐색해야한다는 것이다.

여섯째, 「그 곳은 원래 우리나라의 속도로서, 오로지 에도 막부가 인덕으로써 조선국에 건네준 것이 지금에 이르렀고」라고 하여 원래 울릉도가 일본영토인데, 교린을 위해 조선에 주었다는 인식을 갖고 있었다. 그것은 사실과 다르다. 막부가 조선영토로 인정한 것은 사료적 증거를 통한 역사적 권원에 의하여 한국영토로 인정한 것이다.[28]

일곱째, 울릉도는 무인도이기에 「그 나라에서 아직 개간하지 않고 있는 것이 오늘날에 와선 다행이다. 따라서 그 땅을 개간하고, 먼저 고구마와 감자를 키우고, 사탕수수 씨를 뿌려 그 포대를 운반하게 하고, 계속해서 땅이 비옥해질 때에 이르러 잡곡을 심고, 무성한 나무와 거대한 대나무를 집기로 만들면 그 이익이 적지 않을 것이다」라고 하여

---

28) 막부가 동국여지승람을 관람했고, 또한 인슈국과 하쿠슈국의 조사를 통해 일본영토가 아니라는 결론을 내린 것이었다.

조선이 자신의 땅이지만, 무인도로 남겨두고 있기 때문에 다행히 일본
이 먼저 개척할 것을 강조했다.

여덟째, 울릉도 개척에 관해 「그렇다고 해도 이 섬에 대해 자세히
밝히려는 자 누구 한 사람 없고, 이 섬에 대해 우려하는 자 아직 만난
적 없다. 이에 대해 민간인의 몸으로써 어떻게 만인지상의 황제에게
말할 기회를 얻을 수 있을까」라고 하여 어느 누구도 울릉도 개척을 주
장하는 자도 없고, 국가가 나서지 않으면 개인의 자격으로 아무것도
할 수 없다는 것이다.

아홉 번째, 울릉도 개척을 주장하는 이유는 「평상시 아사히도의 쓰
다 군과 하루 종일 해방에 대해 말하다가 다케시마 이야기를 하게 되
었다. (쓰다) 군이 깊이 이 섬에 대해 걱정하였다. 이에 지금 이것을
편집하여 보낸다. 따라서 글 중에 거친 내용이 적지 않고, 단지 하야시
유도의 『삼국통람』을 흉내 내었을 뿐이다」라고 하여 울릉도가 일본영
토이기 때문이 아니라, 「거친 내용」 즉 지나친 주장이긴 하지만 하야
시의 통람도설을 흉내내어 울릉도 개척을 주장했다는 것이다.

마지막으로 이상에서 살펴본 바와 같이 『다케시마잡지』는 저술목적
이 17세기에 막부가 교린을 위해 원래 일본의 영토였던 '다케시마'를
조선의 영토로 건네 주었고, 지금도 '다케시마'는 무인도이기 때문에
일본의 국익을 위해 일본영토로서 개척해야한다고 주장하기 위한 것
이었다. 『다케시마잡지』에서 '다케시마'는 지금의 울릉도에 대한 명칭
이고, 지금의 독도와 전혀 상관없는 명칭이다. 게다가 본서에는 독도
와 관련되는 내용도 단 한 곳도 없다. 따라서 독도 영유권을 논할 때

이 본서 『다케시마잡지』를 '죽도=일본영토'라는 사료적 근거로 삼는 것은 전혀 타당성이 없음을 알 수 있다.

## 6.2 독도영유권과 관련성

본 연구의 분석 대상이었던 『다케시마잡지』는 울릉도의 개척을 선동하기 위해 제작된 것이다.[29] 본서의 배경은 오야, 무라카와 가문이 70여년에 걸쳐 울릉도를 도항했는데, 1693년부터 1696년 사이의 조일 양국 중앙정부 간의 울릉도 영유권 분쟁에서 막부가 울릉도를 조선영토로 인정하여 도항이 불가능하게 되었기 때문이다.[30] 중앙정부에 해당하는 막부가 최종적으로 울릉도 도항을 금지한 이유는 당시 울릉도가 사람이 살지 않아서 일본인들이 도항하여 활용한 섬이기는 했지만, 역사적 사실에 비추어 영토적 권원이 조선에 있다고 판단했기 때문이다.[31] 그래서 막부가 일본인들의 도항을 금지시키고 울릉도와 독도를 조선영토로서 인정했던 것이다.

여기서 독도 영유권과 관련해서 언급하면 다음과 같다. 즉 『다케시마잡지』는 지금의 독도에 관한 언급은 전혀 없다. 왜냐하면 당시 일본인들의 도해목표가 울릉도였기 때문이다. 울릉도는 일본에는 없거나 진귀한 천연자원이 풍부했고, 이를 쉽게 다량으로 취할 수 있었다. 반면 독도에 대해서는 당시 일본인들에게 필요한 산물이 없었기 때문에

---

29) 전게서, 『독도관계 일본고문서1』, pp.32-34.
30) 전게서, 경상북도사료연구회 편(2013) 『죽도기사1』, pp.11-423. 전게서, 경상북도사료연구회 편(2013) 『죽도기사2』, pp.10-460.
31) 전게서, 『죽도기사2』, pp.10-460.

일부로 독도를 위해 도항할 필요가 없었다. 그래서 울릉도에 대해서는 막부로부터 도항허가서를 받았지만, 지금의 독도에 대해서는 도항허가서를 받지 않았다. 도해일본인들이 도해면허를 받은 이유는 울릉도의 영유권을 확립하기 위한 것이 아니라, 다른 경쟁자들의 울릉도 도항을 막기 위한 것이었다.[32] 독도에는 특별한 산물이 없었기 때문에 독도를 도항하기 위한 경쟁자가 있을 수 없었다.[33]

그런데 오늘날 일본외무성은 17세기 도해일본인들이 울릉도를 도항했을 때 울릉도와 더불어 독도에 대해서도 영유권을 확립하였다고 주장한다.[34] 당시 일본인들은 울릉도에 도항할 때에 독도만을 목표로 도항한 적은 없었다.[35] 단지 울릉도 도항 도중에 지금의 독도를 거쳐서 울릉도에 도착했기 때문에 독도는 단지 울릉도 도항의 이정표로서 만의 역할을 했던 것이다.[36] 막부가 최종적으로 울릉도 도해를 금지하여 울릉도 도항이 불가능하게 되었을 때 독도에 대한 도항도 금지되었던 것이다.[37] 왜냐하면 '울릉도쟁계' 즉 '죽도일건'[38] 당시 막부가 울릉도

---

32) 전게서, 『독도=죽도문제 고유영토론의 역사적 검토』, pp.44-45.
33) 독도는 동도, 서도 두 개의 암초로 되어 있다. 지금은 어업자원이나 미래의 잠재적 가치로서 지하자원 등이 존재하지만, 근해에서도 풍부한 어장을 갖고 있었던 과거는 독도에 대한 특별한 가치가 존재하지 않았다.
34) 「竹島問題」(일본외무성), ○ http://www.mofa.go.jp/mofaj/area/takeshima/ (검색일 ; 2015.8.30).
35) 상동.
36) 大西俊輝(2007) 『日本海と竹島』東洋出版 」, p.34. 송도(독도)를 거쳐서 죽도(울릉도)에 도달한다고 기록하고 있다.
37) 안용복이 일본에 도항하여 울릉도와 독도를 조선영토라고 주장했다. 막부는 송도(독도)가 일본영토가 아님을 확인했다. 또한 송도가 일본영토임을 주장한 적이 없다. 권오엽(2009) 『독도의 원초기록 원록각서』제이앤씨, pp.11-75.

와 독도의 소속을 조사하였기 때문이다.[39] 막부가 이를 조사하는 과정
에 울릉도와 마찬가지로 독도에 대해서도 일본영토가 아니라는 사실
에 대해 확인했던 것이다.[40] 다만 독도도해금지령을 내리지 않았던 것
은 독도도해면허를 하지 않았기 때문이다.[41] 메이지 시대의 자료인 태
정관문서를 보면 「죽도(울릉도)외 1도(독도)」라고 표기하고 있다.[42]
이를 보더라도 독도가 울릉도의 속도로서 존재했다는 사실을 알 수 있
다. 실제로 독도가 울릉도 도해의 이정표로서만의 역할을 하였기 때문
에 울릉도 도항 금지는 독도에 대한 도항금지에 해당한다. 일본영토론
자들 중에서는 『다케시마잡지』가 일본이 울릉도와 독도를 실효적으로
지배했던 증거자료라고 주장한다.[43] 그것은 사실이 아니다. 『다케시마
잡지』의 제작경위를 보면 울릉도 개척을 선동하기 위해 작성된 것이
대문에 울릉도는 물론이고 독도의 영유권을 확립한 증거가 될 수 없

---

38) 일본에서는 17세기말 울릉도 영유권을 둘러싼 영토분쟁이었던 울릉도쟁
계를 '죽도일건'이라고 한다. 그 유래는 죽도일건을 다루었던 사료에서
그렇게 표현했기 때문에 그대로 답습하고 있다. 전게서, 川上健三(1966)
『죽도の歴史地理學的研究』, pp.139-174.

39) 內藤正中・金柄烈(2007)『歴史的検証独島・竹島』岩波書店, pp.62-78. 內
藤正中・朴炳涉(2007)『竹島＝独島論争ー歴史から考えるー』新幹社,
pp.53-79.

40) 상동.

41) 가와카미는 독도에 대해서도 도해면허를 취득하였다고 주장하지만, 제대
로 논증이 되지 않았다. 이에 대해서는 이케우치 사토시의 연구를 참고하
기 바란다.

42) 송병기(2004)『독도영유권 자료선』자료총서34, 한림대학교 아시아문화
연구소, p.231. 신용하(1996)『독도의 민족영토사연구』지식산업사, pp.156-164.

43) 島根県, 「竹島問題研究會」, http://www.pref.shimane.lg.jp/soumu/web
-takeshima/(검색일 : 2015년 8월21일).

다. 따라서 『다케시마잡지』는 독도가 일본영토로서 영유권을 입증히는 자료가 아니다. 역설적으로 독도가 일본영토로서의 증거자료가 없다는 것은 반대로 독도가 한국영토로서 존재했다는 것을 의미한다.

# 7. 맺으면서

본 연구에서는 『다케시마잡지』에 그려진 '막부의 울릉도 도해금지에 따른 민간의 대응과 독도 영유권문제'라는 주제로 일본인이 울릉도와 독도에 관한 지리적 인식이나 영유권과 관련된 인식은 어떠했는가에 관해 고찰했다. 이를 정리하여 요약하면 다음과 같다.

첫째로, 1692년 울릉도에서 한국과 일본의 어부들이 조우하게 되어 양국어부들 간에 영유권 분쟁이 있었다. 그것이 조선조정과 막부간의 영토분쟁이 되었고, 결국은 막부가 울릉도와 독도의 영유권 주장에 대해 포기하였다. 본 연구에서는 울릉도 도항 당사자였던 어부들이 막부에 대해 도해일본인에게 도해금지를 철회해달라는 탄원서를 제출하였는데, 막부가 이를 수용하지 않았다는 새로운 사실이 밝혀졌다.

둘째로, 17세기 쇄환정책으로 동해상에 무인도로서 존재했던 울릉도와 독도의 지리와 환경에 관해서 정확하게 알지는 못했다. 그러나 『다케시마잡지』를 통해 당시의 지리와 환경, 어채류와 조류, 식물과 광물에 관해서도 알 수 있었다.

셋째로, 『다케시마잡지』의 저술 목적은 하야시 시헤이의 『삼국통람』

를 저술하여 주변 국가를 식민지로 개척해야한다고 주장한 것처럼, 울릉도도 무인도이기 때문에 타국이 점령하기 전에 일본이 점유하여야 많이 국익에 도움이 된다는 것을 계몽하기 위한 것이었다.

마지막으로 『다케시마잡지』에는 독도와 관련되는 내용이 전혀 없기 때문에 일본이 주장하는 독도가 일본영토라고 논리적 근거가 될 수 없음을 알 수 있다.

## 〈참고문헌〉

경상북도사료연구회 편(2013)『죽도기사1』경상북도, pp.11-423.

_____(2013)『죽도기사2』경상북도, pp.10-460.

경상북도독도사료연구회 편(2014)『독도관계 일본고문서1』경상북도, pp.19-46.

다케우치 다카시(竹内猛), 송휘영・김수희 역(2013)『독도=죽도문제 고유영
　　토론의 역사적 검토』도서출판 선인, pp.44-45.

송병기(1999)『鬱陵島와 獨島』단국대학교출한부. pp.93-126.

_____(2004)『독도영유권 자료선』자료총서34, 한림대학교 아시아문화연
　　구소, pp.193-194.

신용하(1996)『독도의 민족영토사연구』지식산업사.

호사카 유지(2005)『일본 고지도에도 독도 없다』(주)자음과모음, pp.13-78.

池内敏(1998)『近世日本と朝鮮漂流民』, 臨川書店.

_____(2007)「隠岐川上家文書と安竜副」『鳥取地域史研究』第9号.

_____(2008.2)「安竜副と鳥取藩」『鳥取地域史研究』第10号.

_____(2009.3)「安竜副英雄傳説の形成ノート」,『名古屋大學文學部研究論集』
　　史學55.

_____(2010)「일본 에도시대(江戸時代)의 다케시마(竹島)・마츠시마(松島)
　　인식」『獨島研究』6, 영남대학교 독도연구소.

大西俊輝(2007)『日本海と竹島』東洋出版, p.34.

奥原碧雲(1906)『竹島経営者中井養三郎氏立志伝』.

川上健三(1966)『죽도의 歷史地理學的研究』古今書院, 1966, pp.139-190.

島根県広報文書課 編(1910)「中井養三郎履歴書」(隠岐島庁 提出),

島根県 編(1953)『島根関係資料』第1巻.

内藤正中・金柄烈(2007)『歴史的検証独島・竹島』岩波書店, pp.62-78.

_____・朴炳渉(2007)『竹島=独島論争ー歴史から考えるー』新幹社, pp.53-79.

한국외무부(2015),「대한민국의 아름다운 영토, 독도」, https://www.youtube.com

/watch?v=muB4_LNZ2Rk&feature=youtu.be(검색일: 2015년8월2일).

外務省(2015) 「竹島問題」, 「パンフレット'竹島問題を理解するための10のポイント'」., http://www.mofa.go.jp/files/000092147.pdf. (검색일 : 2015년 8월15일).

島根県(2015) 「竹島問題研究會」, http://www.pref.shimane.lg.jp/soumu/web-takeshima/.(검색일 : 2015년8월2일).

# 第3章

## 『多気甚麼雑誌』に見られる日本の知識人の鬱陵島と独島の認識(2)

# 1. はじめに

鬱陵島と独島は、地理的に韓国と日本の間にある「東海」上に位置している。大韓帝国は1900年に勅令を発令して〈鬱陵全島、竹島、石島(独島)〉を管轄する鬱島郡を設置した。[1]この事実が、現在において、韓国が独島を領土として認識して実効的に管理してきたという重要な証拠になっている。一方、日本は地理的に遠く、韓国より先に、または継続的に日本が独島を領土として認識して管理したという証拠がない。[2]ただ、歴史的に見ると、日本は1905年日露戦争の時に「朝鮮の領土に見える独島」[3]について〈無主地先占〉の論理に

---

1) 宋炳基(1999)『鬱陵島と獨島』檀國大学校出版部、pp.93-126.宋炳基(2004)『獨島領有権史料選』資料叢書34、翰林大學校亜細亜文化研究所、pp.193-194.
2) 保坂祐二、『日本の古地図にも獨島はない』(株)ザウムトアモウム、2005、pp.13-78.
3) 明治政府の内務省と中井養三郎は獨島を韓国の領土として認識してい

基づき、一方的に独島を無主地であると断定して領土編入措置を
とったのである。[4]現在、日本はそのような措置が正当であったと
し、独島における領有権を主張している。[5]韓国は、領土問題をめ
ぐる歴史的事実によって裏付けられた歴史的権原、及び、対日平和
条約の前後に連合国によって施された独島に関する措置に基づい
て、独島が韓国の領土であることを明らかにしている。[6]最近発掘
された史料の中に、現在日本に保管されている、鬱陵島及び独島に
関する史料である『多気甚麼雜誌』というものがある。[7]この『多気甚
麼雜誌』は1854年に執筆されたもの[8]で、当時の日本人における鬱陵
島と独島に対する認識が分かる良い史料であると考えられる。本研
究は、19世紀頃の日本人における鬱陵島及び独島に対する認識を考
察することを目的とする。本稿では、とりわけ『多気甚麼雜誌』の後
半を取り上げるが、その前半については拙稿においてすでに論証し
たことを記しておきたい。[9]先行研究が『多気甚麼雜誌』の一部だけ

た。奥原碧雲、『竹島経営者中井養三郎氏立志伝』1906. 島根県広報文書課
編、「中井養三郎履歴書」(1910年隠岐島庁提出)、『島根関係資料』第1巻、
1953. 愼鏞廈(1996)『獨島の民族領土史研究』知識産業社
4) 日本が獨島を領土として編入した措置は国際法に依拠して行われたが、
その内容を見てみると、実質的には侵略に該当する行為であった。
5) 外務省(2008)「竹島問題」、「パンフレット'竹島問題を理解するための10
のポイント'」、島根県、「竹島問題研究會」、http://www.pref.shimane.lg.jp
/soumu/web-takeshima/.
6) 「大韓民国の美しい領土、獨島」、韓國外務部. https://www.youtube.com/watch?v
=muB4_LNZ2Rk&feature=youtu.be.
7) 慶尙北道獨島史料研究會編、『獨島関係日本古文書1』慶尙北道、2014, pp.19-46.
8) 執筆時期について「甲寅年(1854)初冬」と記されている。上掲書、p.19.
9) 韓國日本文化學會投稿中

を取り上げて独島における領有権を論じる誤謬を犯していること[10]
を踏まえて、本研究ではそのような先行研究を補完する作業とし
て、『多気甚麼雑誌』に現れている認識を全体的かつ立体的に取り上
げて考察を行う。


## 2. 鬱陵島に渡海した日本人による渡海禁止撤回の嘆願

　1692年、鬱陵島に渡海した日韓両国の漁民が遭遇し、翌年の1693
年に再び両国の漁民が鬱陵島で遭遇したが、その際に両者間に領有
権をめぐって紛争が起き、中央政府が介入することになった。この
問題は1696年に至るまで続いたが、最終的に幕府が鬱陵島と独島に
おける領有権を放棄し、鬱陵島渡海免許を取り消して日本人の鬱陵
島渡航を禁止した。[11]いわゆる「竹島一件」と言われるこの件につい
て、渡海が禁止された事情に関しては先行研究において明らかにさ
れているが、渡海していた漁民が鬱陵島に再渡海するために幕府に
嘆願書を出したことを指摘する先行研究はなかった。[12]次の史料に

---

10) 鬱陵島への渡海免許によって独島における領有権が確立されたという主
　　張は偽りであり、『多気甚麼雑誌』には鬱陵島渡航に関する事情が記録さ
　　れている。「竹島」、日本外務省、http://www.mofa.go.jp/files/000092147.pdf.
11) この内容については、慶尚北道史料研究会が翻訳して『竹島記事1』と『竹島
　　記事2』(慶尚北道、2013年)を出版し、一般に公開している。慶尚北道史料研
　　究会編、『竹島記事1』慶尚北道、2013、pp.11-423. 慶尚北道史料研究会編、
　　『竹島記事2』慶尚北道、2013、pp.10-460.
12) 先行研究としては池内敏が数多い論文を書いているが、彼の研究に嘆願書

は、大谷家と村川家が70年間にわたり鬱陵島に渡海していたが、幕
府により渡海が禁止された後、両家は再び鬱陵島へ渡海するために
幕府に対して嘆願書を出したということが記されている。その記述
は下記の通りである。13)

　尚此餘さまざま御沙汰書世にさまざま有べけれども見る事をゑせざ
るまましるし置かず。又此二通は不思議にも其寫しを得しまま、此處
に抄擧して考證とすべきもの也。さて其より三年を過て十一年(元祿)
丑(マ丶)の秋、米子の市人村川市兵衛江戸に出て愁訴に及べり(竹島圖
説)。其後は如何なりしやらん。何事も聞はべらず。(弘按ずるに、官
に此村川、大谷兩人が呈せしと云へる此島の事を書し書有るよし聞
り。然れば其書といへるものは此時の呈書かと思わる。余も此呈書を
見まほしく四五年間探索すれども未だ得ざるこそ遺恨なり。)然るに其
後二十七年を過て享保九(甲辰)の年、江府より因州家え台問有て、但
し米子は荒尾但馬の食邑なれば、同氏え令して之を正さしめられしと
かや。然るに其時彼家より此兩商の呈する處の書を謄寫して、大夫池
田豊後より官え呈せしとかや。扨其島伯州會見郡濱野日三柳村より隠
岐の後島え三十五六里あり。此遠見の考を以て朝鮮の山を見れば凡四
十里と思わる。(金森建策筆記。併同人の考に此山といへるは朝鮮の欝

---

については言及されていない。池内敏(2008.2)「安竜福と鳥取藩」『鳥取地域
史研究』第10号、池内敏(2007)「隠岐川上家文書と安竜福」『鳥取地域史研究』
第9号。「安竜福英雄傳説の形成ノート」、『名古屋大學文學部研究論集(史學)』
55、2009.3. 池内敏(2010)「日本江戸時代の竹島·松島認識」『獨島研究』6、
嶺南大學校獨島研究所. 池内敏(1998)『近世日本と朝鮮漂流民』、臨川書店.
13) 慶尙北道獨島史料研究會編、『獨島關係日本古文書1』慶尙北道、2014、p.27.

陵山なるか。此筆記とするもの享保年間屢渡海する一老漁叟に聞しなるもののよしなり。弘再按ずるに、其漁叟と云もの石州濱田の漁夫長兵衞といへるもの哉。遊暦〔歴〕の時此近國にて好事の家にておりおり筆記するものまたは旅泊の亭主等に聞に多くは此濱田の長兵衞のことを談じたり。故に其形勢多くは此長兵衞の傳えしことを以てしるすなり。長兵衞後備前に到り小原町といへるにて死す。金森建策の筆記多くは是に據ならん。)


以上に見られるように、両家が鬱陵島への渡海禁止に抗議するために、直々に江戸の幕府を訪問し、渡海の再開を要請する嘆願書を提出したということから、次のようなことが分かる。

第一、渡航が禁止されて3年が過ぎた1699年の秋、米子の住民村川市兵衞が直々江戸に行って嘆願したということと、幕府が彼の嘆願を受け入れなかったということが分かる。

第二、嘆願書については、当時の原本は見つからず、1724年に因州の領主荒尾但馬が竹島に関連することで江戸幕府から調査を受けた際に、彼が二人の商人が提出した書類を書写したのを大夫池田豊後が官庁に提出したものである。

第三、享保時代(1716-1736)に書写した人は金森謙策であり、金森は二人の商人が提出したものに石州濱田の漁夫長兵衞という者の体験談を聞いて注釈を付けたのである。

第四、現在の鬱陵島を朝鮮に属している鬱陵山と呼んでいた。距離については、隠岐島を中心に伯州會見郡濱野日三柳村までが35、6里ほ

どあるのに対し、鬱陵島までが40里ほどあるとして、鬱陵島の方が少し遠いと認識していた。鬱陵島に渡海した日本人は隠岐を中心に「伯州から」「鬱陵島まで」という観念を持っていたことが分かる。

## 3. 鬱陵島における地理と環境

　従来の先行研究では、大谷家と村川家が鬱陵島に渡航して何をしたのか、また何に関心を持っていたのかについてあまり深く取り上げられてこなかった。その理由として、現在に至るまで発掘された史料において、渡海した日本人が鬱陵島で漁業と林業をしたという断片的な情報の外に、鬱陵島で彼らが何に関心を持っており、何をしたかについての記録がなかったということを挙げることができる。[14)]しかし、本研究の分析対象である『多気甚麼雑誌』は、鬱陵島における地理と環境に関して新しい情報を多数提供している。

　大谷、村川の両家は鬱陵島への渡海禁止に抗議するために、なぜ再び鬱陵島に渡航する必要かあるのかについての正当性を主張する立場から、鬱陵島の地理と産物について詳しく書いて幕府に提出し

---

14) 『粛宗実録』においての安龍福に関する記録は安龍福の行跡に関わるものであるが、その大半が鬱陵島の領有権に関する記録であると言える。『元録覚書』(權五曄訳、2014)は、日本に渡航した安龍福一行の様子や日程に関する記録である。また、『竹島記事』(慶尚北道史料研究会編、2013年)は1726年に対馬藩士越常右衛門が編纂したもので、「鬱陵島争界」、つまり日本で言う「竹島一件」に関する記録である。(慶尚北道史料研究会編、『竹島記事2』慶尚北道、2013、p.3.)

た。その内容は、大谷、村川の両家が70年間にわたり鬱陵島に渡航して調査したものである。この資料を通じて、両家における鬱陵島渡航の目的が単なる漁撈行為をするためのものではなかったことを理解することができ、また、当時の鬱陵島の産物や地理に関しても分かるようになると考えられる。まず、鬱陵島の地理については、次のように述べられている。[15]

　其地東西凡三り半。四里には不レ滿みたざるよし。南北凡六七り有るとかや聞り。周圍十六里といへり。其廻りに九ヶ所の岩岬有。また其餘小き岬には擧て數えがたし。また鴎の様に岩島、暗礁多し(大サ圖に委し)。暗礁無數。奇岩怪石筆状しがたしとかや。因て船をよするに到て其場處よろしからず。只隱岐の國福浦　(隱岐都府中より西に當一ツの港なり。一ノ宮の南也。)より船を出して戌亥の方に向て遣り(凡四十リといへり。また六拾りとも云。)大坂浦と云に着る(當しまの南東隅にして一ツの岬の間に有。凡此岬と岬との間平地なる濱一里半も有べく此處に船をよする。此濱に流れ四すじ。其内一ツの流れは源少し遠きよしにて水勢急也。川上に瀑布有て年魚を産するとかや。また海岸岩石に蝮多く、海鼠滿面に有。螺、其餘東海夫人(シユリカヒ)等并に海草擧てしるしがたし。以下其品の有ることはしるさざれども此島周圍皆如レ此と聞り。また山皆松并雜木にして陰森、竹多く其事は先にもしるしたればここに略しぬ。一本に此前に一ツの島有りて此濱に船をよするに向ふ風を避て甚以便なりと云り。然れども皆無谷の處

15) 慶尙北道獨島史料研究會編、『獨島關係日本古文書1』慶尙北道、2014、pp.27-30.

なればしるすに據なし。)扨是よりして南の一大岬(此岬大岩組にして
浪荒れるよし。)を廻り内に入(此處濱形二十一斗。東西に二ツの岩岬
有。此處未申に向ふ。)是を濱田浦と云(按ずるに此邊石州と對峙する
が故に、濱田邊より漁者多く此處をさして乘來りしにて此名有るやと
思はる。此濱砂濱にして小石まざり流れ二ツ有。其川口〔源〕は山中
の瀑布より出で東方の大河二流を合て、大小三岐にわかれ其二すじは
此處に來り、一すじは東濱に落るよし。此川また年魚(あゆ)を生ずる
こと最も多しと。)。また西なる一ツの岬を廻りて(大岩組上也。)澗内
まうちに入。何れも大岩崖にして壁立處々に屈有(此岩燕の内石燕多し
と。)。また瀑布有(岩崖に懸り高凡三十丈。)少しの岩岬を廻り(此邊り
皆絶壁なり。)西へ出、竹の浦といへるに到る(此處濱形未向。砂濱平
地十五丁斗なり。其中程に一すじの流れ有。此處に船を繋ぐによろし
と。然れども南風劇き地にして甚難所なりと船澗と云にもあらざるよ
し。此邊り山中尤巨竹多し。依て號るやと思わるなり。)。また西の方
一ツの大岩岬有(此處西の端なり。岬燕尾に分れて海中に突出す。何れ
も大岩組上なるよし。)此處を廻り少し北の面に廻りて(此邊都て岩壁
也。)大岩磯に出る(澗形をなしたり。其澗内峨々たる岩壁にして其高
十丈餘有。一説に此上に貳百疊も敷るる岩出有といへり。16)海内實に
無双のものならん。中に石燕多きよし。石州雲州邊にて此島を穴島と
いへり。また少しに)岩岬を廻りて(岩の組上なり。)砂濱に出る(此處ま
た濱形六七十有。戌の方に向ふ。前に少しの)嶋有(此島岩斗にして凡
廻り三丁斗なり。また此濱に小流れ有。然し此流西の方にては大
〔第〕一とす。)。また一ツの岬(小きよし。)を廻り海中に一ツの島有
(樹木なし。周凡五六丁と聞り。)また并て一ツ有よし(此島西浦一の大

---

16) 上掲書、『獨島関係日本古文書1』、p.28.

島とす。凡十五六丁も周り有らん哉に聞。周り皆岩にして其邊り暗礁
多し。)つゞきて大岩岬(此岩高凡百間といへり。海中に突出するよ
し。)廻りて北國浦といへるに出る(濱形亥の方に向ふ。左右大岩岬。
其間凡十五丁斗。砂濱なり。是に三ツの流れ有。何れも川源は嶋中の
山にして瀑布有るよし。是より來ると聞り。其瀑布の邊り實に風景目
ざましき勝景なる有と。)。[17]小島一ツまた有(北國浦の向ふなり。此
瀬戸を)越てまた大岩岬(嶮嵯九十丈と聞り。)廻りて(少し北に廻りて)
柳の浦といへるに出る[18](此處また左右に大岩岬有て一ツの澗となる。
澗内砂濱十丁斗。平地にして川□有。此邊に芦荻多きよし也。此處の
岬より少し高き地へ上れば朝鮮の山よく見ゆるよし。朝鮮人は此處を
さして乗來るよし也。)。[19]また此處に(柳の浦の向ふなり。)一ツの島
有(此島屬島中の大なるもの也。凡廻り二十丁も有るべし。周り皆岩壁
なり。また少し北へ廻り)。一大岬を過(此岬大岩組にして海中に突出
す。北のはし也。)東へ廻り少しの濱有(平地にして谷川一つ。凡此間
六七丁といへり。荻芦多し。左右大岩岬也。)[20]また前に三本柱といへ
る島有(此岩の高百五十間にして周り四十間斗と云。其二ツは上に松の
樹生たり。一説此しま皆離れたりとも云。また根は一つにして三ツに
分れたりとも云り。此邊り之土人此話をする時は實に不思議の様に説
り。)少しの岩岬をまた廻る(此岬岩の組上なり。)一ツの岩島(此岬と島
との間三十間斗といへり。島は岩にして樹木なし。越て)。砂濱に出る
(小流れ有。并て)大岩壁に瀑布三ツ有(何れも高五十間といへり。何れ
も海中に落るよし。)また并て岩岬三ツ有。此處(何れも小さきよし。)

17) 上掲書、『獨島関係日本古文書1』、p.28.
18) 上掲書、『獨島関係日本古文書1』、p.29.
19) 上掲書、『獨島関係日本古文書1』、p.29.
20) 上掲書、『獨島関係日本古文書1』、p.29.

を廻りて(此邊東浦なり。)小石濱(凡貳十丁有。)に出る。此邊り岩島暗
礁多し(濱形卯辰に向ふなり。小流れ此處に五ツ有。また前に)嶋有(高
五十間。周十五六間と云り。其上に松の木有て廻り暗礁多きよし也。)。
また少し隔てゝ海中に島有(此周貳十丁。上に樹木多きよし。周皆岩壁に
して船よせがたしと。并て南の方)小岩岬を廻り(少しの濱に出るな
り。)此邊り陸の方平山にして樹木多く、竹また多しと聞り。また一ツ
の岩岬を廻り(此處辰に向なり。)澗有(此澗奧行貳丁斗と云。一説二十
丁といへり。此濱巳の方に向ふよし。川一つ有よし。前にまた)島有
(高サ二十間周りに暗礁多し。其周り凡一町半といへり。上に松の木
有。弘按ずるに、高(さ)よりは何れも周りが間少なるは如何なること
やらん。其二十間、五十間は凡のつもりにしてよもさまではあるまじ
きものをや。然れども余は聞ままをしるし置り。)。また一ツの岩岬を
廻りて彼大坂浦に來ると聞り(此間のこと皆我が日記中彼邊にて聞しを
もてしるし置り。)。惣而此島中峻嶺多く樹木繁茂、又瀑布處々有。東
に當る處には一ツの奇泉有るよし。其水清く味甘美也。一日に漸一升許
り涌出す(伯耆民談)。(竹島圖説。此島に甘露の瀧有。異るまた井泉あ
る事を沙汰す。然れども未だ其實を糺さず。故に爰に□り云々。)。

以上の内容は、70年間にわたり鬱陵島に渡航した大谷家と村川家
から聞いたことを中心に、鬱陵島の地理を記録したものである。そ
こに長兵衞という者の體験談をもとに、注釈を付けて鬱陵島におけ
る地理と地形について詳細に記した。内容における特徴は以下の通
りである。

第一、鬱陵島の大きさについて「其地東西凡三り半。四里には不

レ滿みたざるよし。南北凡六七り有るとかや聞り。周圍十六里といへ
り」と認識していた。

第二、隠岐島の福浦から40-60里ほど航海すると大阪浦に到達する
と記されている。「大サ圖に委し」というところを見ると、当時、鬱陵
島に関する詳細な地図を製作していたことが分かる。

第三、大阪浦について「川上に瀑布有て年魚を産するとかや。また
海岸岩石に鮑多く、海鼠滿面に有。螺、其餘東海夫人(シユリカヒ)等
幷に海草擧てしるしがたし」と述べられており、そこから渡海した日
本人が鮑や海鼠、螺、東海夫人などと海草を取っていたということが
分かる。

第四、上の記述は、日本人が大阪浦に到着して、船で鬱陵島周辺を
回りながら描写したものであるが、鬱陵島を管理した「捜討使」も同じ
形の絵地図を残している。[21]

第五、「是を濱田浦と云(按ずるに此邊石州と對峙するが故に、濱田
邊より漁者多く此處をさして乗來りしにて此名有るやと思はる」とし
ているところ、また、「竹浦」は「此邊り山中尤巨竹多し。依て號るや
と思わるなり」としているところから、浦の名称は渡海した者たちが
便宜的に命名したことが分かる。

第六、「柳浦」というところは峡谷の間に平らな砂浜があり、この岬
の少し高い所に登ると、朝鮮の山が非常によく見え、「朝鮮人は此處
をさして乗來るよし也」と説明されていることから、朝鮮人たちが停

---

21) 朴錫昌、李奎遠などが同じように絵地図を描いている。

泊する浦であったと考えられる。前述によると、日本人は朝鮮人た
ちが鬱陵島に渡航しなかったと主張したが、実際には日本人が鬱陵
島で朝鮮人に頻繁に遭遇していたことが分かる。

第七、「北国浦」というところについては、「是に三ツの流れ有。
何れも川源は嶋中の山にして瀑布有るよし。是より來ると聞り。其
瀑布の邊り實に風景目ざましき勝景なる有と」と述べられている。

第八、「三本柱」という島があるが、「一説此しま皆離れたりとも
云。また根は一つにして三ツに分れたりとも云り。此邊り之土人此
話をする時は實に不思議の樣に説り」と説明されているところを見
ると、日本人が渡海した時、鬱陵島には住民が住んでいたというこ
とになる。

第九、「弘按ずるに、高(さ)よりは何れも周りが間少なるは如何な
ることやらん。其二十間、五十間は凡のつもりにしてよもさまでは
あるまじきものをや。然れども余は聞ままをしるし置り。)。また
一ツの岩岬を廻りて彼大坂浦に來ると聞り(此間のこと皆我が日記
中彼邊にて聞しをもてしるし置り。)」から見られるように、これは
聞いたことをそのまま記したものであるということが分かる。

## 4. 鬱陵島の魚介類と鳥類

　大谷家と村川家が交互に隔年制で70年間にわたり鬱陵島に渡航して、一年間の中で数ヶ月間を鬱陵島に滞在したという記録がある。[22]彼らは鬱陵島に渡航した時、主に如何なるものに関心を持っていただろうか。鬱陵島に渡海した日本人が関心を持っていたものというのは、言い換えれば、彼らの渡海目的であるとも言える。[23]次の史料を通じて、当時の日本人が渡海した目的が鬱陵島の魚介類と鳥類にあり、それらについて関心を持っていたことが分かる。それでは、彼らが調査した魚介類と鳥類について見てみたい。


　實に是無比の奇島なり。亦鮑極めて大く是を串鮑(鮑串-筆者注)にして産物とす。凡日本普く賞翫す。所謂鮑を得ること多きが故に、岸泚の竹を燒て海中に沈置、朝に浮うかべるレ之に枝葉に附つく鮑恰も生はえたる木子〔茸〕の如くなるとかや(伯耆民談)。此島に生ずる猫都すべて尾短く曲なりと云。依て常にも曲尾なるをば世人號して竹島猫とは稱するなり。多くは是虎生のものと云り(伯耆民談)。鼠告天子ヒバリ白頭翁ヒヨドリ金翅鳥ヒワ白頬鳥シジウカラ鷗※(「顱のへん＋鳥」)ウ繡眼ノジロ燕鷲角鷹穴鳥(此鳥石燕かと思わる。朝六ツ比に岩窟を飛出して、其日の暮るる時また皈り來り其岩窟に棲むよし。人夜中に其穴

---

22)　川上健三(1966)『竹島の歴史地理學的研究』古今書院, 1966, pp.139-190.

23)　竹内猛, 宋彙榮、金秀姫訳、『獨島＝竹島問題固有領土論の歴史的検討』図書出版善人、2013、pp.44-45. 竹内は通常の貿易取引以外における日本人の渡航目的は天然資源を無償で採取するものであったと指摘している。

を求めて之を獲ること有といへり。其色灰にして宛も燕の如し。腹も
また白し。漁人ども名(づ)けて是を穴鳥と云り。竹の浦の西なる岩窟
其餘處々に多しと聞り。)海鱸(此魚肥前、平戸、五島邊の海に「マレブ
イ」と云ふもの此魚の類ならん。其大さ小犬の如し。面は鐵魚(ナマヅ)
の如く極めて多脂なり。色白く質は蝋にして□□。是を獵せば釜中に入
れ水を加えて煮る時は、油氣沸騰して上面に浮ぶ。之を取り更に水を加
えて煮る時は復た始の如し。また幾度も盡る時なし。是を以て若し漁人
煮せば大に油代を得るの利ある故好て獵せんとす。此魚風波無時礁上
に眠り醒ざる事あり。其時其風下より廻りて括槍にて刺す也。)[24]

　以上から、鬱陵島の鳥類と魚介類に関連して、次のようなことが
分かる。第一、「實に是無比の奇島なり。亦鮑極めて大く」と記され
ているように、現在においても鬱陵島は「神秘の島」と呼ばれている
が、当時鬱陵島に渡航した日本人の目にも、日本ではなかなか見る
ことができない不思議な島として映っていたのである。島の形状に
ついては言及されていないが、巨大な鮑などの魚介類が多かったこ
とから鬱陵島を不思議な島と言ったのであろう。

　第二、当時の日本では鮑が珍しいものであったが、「岸沚の竹を燒
て海中に沈置、朝に浮うかべるレ之に枝葉に附つく鮑恰も生はえた
る木子〔茸〕の如くなるとかや」に見られるように、鬱陵島は鮑の生
息地であったのである。

　第三,「依て常にも曲尾なるをば世人號して竹島猫とは稱するなり」

---

24) 前掲書、『獨島関係日本古文書1』、pp.30-31.

から分かるように、「竹島猫」という猫科は、鬱陵島の猫を指して渡海した日本人が命名したものであった。

　第四、穴鳥という名称について「漁人ども名(づ)けて是を穴鳥と云り」と記されている。日本人は穴鳥を食べたりもした。

　第五、日本の漁夫たちは鬱陵島で小犬ほどの大きさの海鱸を獲って油を採取していたが、その獲り方は、風と波がない時、海辺に上がってきている海鱸を風の反対方向から槍で刺して獲ったという。


## 5. 鬱陵島の植物と鉱物

　鬱陵島に渡航した日本人は、植物にも大きな関心を持っていた。植物への関心は、彼ら日本人の渡航目的でもあった。次の史料によると、鬱陵島には日本に存在しない植物、または珍しい植物が多く、日本人はそれらに関心を持っていた。日本人がそれらを採集するために命をかけて鬱陵島に渡航したということは、彼らにはそれが非常に有用な宝物だったに違いなかったことを裏付けている。その詳細については次の通りである。[25]


　　人蔘(葉蘿葡〔蔔〕の如し。「ノコキレ」細く壓花の如く、色黄にして
　　味甘辛なりと云。)結香花ミツマタ(此皮を以て雁皮を漉、また藤

---

25) 前掲書、『獨島関係日本古文書1』、pp.31-32.

〔籭〕紙を制〔製〕するによし。)笑靨花ハゼザクラ栂檀木(朱檀黒檀共に有る也。實の形ち梔子に似たり。)黄柏タイタラ(ハンの木の如し。又樺木の如しと(云)り。)山茶栂概大竹(周り貳尺斗のもの有るといへり。)枸骨ヒイラギ(葉は機樹。茶の如し。木色赤うして葉先年々立なり。本邦の栢に似たり。)桐檍モチノキ蒜(葉玉簪花の如し。)大蒜小蒜款冬フキ茗荷メウガ土當滿ウド百合牛房〔蒡〕胡頽子グミ苺イチゴ虎杖イタドリ等なり。また土砂にては辰砂 岩緑青ろくしやう等に類するもの有(何れも漁人の口碑に傳ふるを筆記し置しなり。此岩緑青といへるものは羽州秋田阿仁の銅山等にて水緑青といへるもの有るが是ならんと思ふ也。)等は其あらましにして別に人蔘、蚫、海鱸を最も多しといへり(是其大略にして漁者賤民等之産物の事に不レ明なれば、兎に角其持皈りしもののみを記るし置しならん。)米子よりまた渡海の人此三品をいつも多く携え歸りて、其餘を持歸りしことはなかりしといへり。(此一條金森建策が筆記よりとる也。)然るに世に此地をして荒鴻〔誕ヵ〕に比する事如何にも餘りにしとやいわん。天度中正を得て三十七八度に及び(東國關八州と同じ事也。)いわんや海岸船舶をよするの地有、樹木并巨竹を産し花卉草菜繁茂し、何ぞ不毛とはいゝがたかるべし。夫不毛といへるは樹木不レ長ちやうせず、菜草不レ生しやうぜず、沙漠礁磽の地をして云なるべし。其生ずる處の竹圍(り)貳尺に及び、實に本邦薩州大河(平)を除くの外他に比すべき地なし。樹木多く松を生じ、是また巨材を出さん。結香花、山中に多きと聞り。是の皮を剥て運用せば是また他に類少なし。いわんや人蔘に於てをや。また島中大蒜野蒜を生ずるよし。余兼而三航蝦夷日誌にしるし、佐渡日誌にも其考證をしるし置ば今此處に贅せざれども、此類を産するの地金銅、銀銅、鉛等の氣定めて多し。況や此島辰砂、岩緑青を産するに

於てをや。開物者何ぞ是等のことを精(く)せざらん。緑青は元來金、
銀、銅の氣結でなり、辰砂は朱砂、錫、水銀の氣有るが故に産するな
り。我が用ゆる處は漁夫どもの云傳ふると好事家の筆したるものと、
其餘彼是と島中のことをしるしたるものを集めて一册とするにして、
敢て航してしるしたる(に)あらざれば此餘□〔物〕産に志を齎す人をし
て此一島の事探さく〔索〕せば、國家の益何ぞ少なからん。


　以上から、鬱陵島の植物と鑛物について、次のような特徴が分
かる。第一、人蔘、結香花、ハゼザクラ、栴檀木、黄柏タイタラな
どを採集し、薬材として使用した可能性が高い。
　第二、鬱陵島の生産物について「別に人蔘、蚫、海鱸を最も多し
といへり」と述べられていることから分かるように、鬱陵島に渡航
した日本人たちは鬱陵島で人蔘、鮑、解顱を多く取っていたと言え
る。「米子よりまた渡海の人此三品をいつも多く携え歸りて、其餘
を持歸りしことはなかりしといへり」としているのを見ると、それ
以外の植物が目的になることはあまりなかったように思われる。
　第三、「其生ずる處の竹圍(り)貳尺に及び、實に本邦薩州大河
(平)を除くの外他に比すべき地なし。樹木多く松を生じ、是また巨
材を出さん」と述べられていることから、竹と松を伐採していたこ
とが分かる。
　第四、「結香花、山中に多きと聞り。是の皮を剥て運用せば是ま
た他に類少なし。いわんや人蔘に於てをや。また島中大蒜野蒜を

生ずるよし」というところから、植物を採集して薬材として使用していたことが分かる。

　第五、「余兼而三航蝦夷日誌にしるし、佐渡日誌にも其考證をしるし置ば今此處に贅せざれども」と述べているところを見ると、以前から筆者が鬱陵島の植物に関する研究をしていたと考えられる。

　第六、「此類を産するの地金銅、銀銅、鉛等の氣定めて多し。況や此島辰砂、岩緑青を産するに於てをや」として、渡航した日本人が鑛物には関心を持っていなかったように見えるが、実は鬱陵島の鑛物も鬱陵島の魅力の中の一つなのである。


# 6. 鬱陵島における開拓の必要性と独島との関連性

## 6.1 鬱陵島開拓の必要性

　以上に見てきたように、渡航した日本人にとって、鬱陵島は日本において珍しいもの、すなわち、人蔘のような薬材、及び、鮑、解顱のような魚介類、そして辰砂や岩緑青のような鑛物までも得ることができる、文字通り「神秘な島」であったのである。渡航した日本人にとって鬱陵島は神秘な島として思われていたので、鬱陵島渡航が続けられたわけであり、当時、幕府が鬱陵島と獨島を朝鮮の領土として認めたにもかかわらず、鬱陵島に対する愛着まで捨てることはできなかった。次の史料を見ると、26)当時、鬱陵島に渡航した日

本人から事情を聞いた人々の間で、鬱陵島開拓を主張する動きが
あったということが分かる。

　　窺ひそかに古今を達觀し、聊草茅そうぼうに赤心を危するにあらざ
れども、皷腹承世の創業と云は冨國強兵の二ツに出ざるは無。其國を
富するの要たるや其風土を審察して、魚蝦、鳥獸、巨材、竹石の多少
を明辨し耕織器什の巧を授け、舟車の便不便を委にして、其地味に據
て産する處の竹木花果と雑穀菜草を試み、種まき培つちかふことを教
え、故に是以地理の事は國家經世の基根とし、志士何ぞ是を精（く）せ
ずんば有べからず。又廊廟に居て國事に與る者地理を不レ知ときは機
に臨み失有。兵士を提ひつさげて征伐を事とする者地理を不レ知とき
は安危の場に失有。渡※する者地理を知らざる時は遲速の失有。(此一
條三國通覽より抄ス。)然るに古今經世之事併籌海守禦之事を説とく
に、皆是封内の事のみにして其邊海に距わたるものなし。啻林友道の
み三國通覽を著して皇國に隣接するの各國たる朝鮮、琉球、野作エ
ゾ、※哈嗹島カラフト、無人島オガサハラジマの事を記す。實に是兵
道の奥旨といわん。實に是先見の明といわん。既に寛政度蝦夷島上地
之等〔等之〕所置及び文化度赤夷亂妨之機に及び于役の人士此書を階
梯とす。然るに近世間有志の人士籌海守禦の事を獻白す。其中時とし
て蝦夷唐人島の事を嘩ず。都而是林友道の通覽に始て其要危をしるな
らん。實に是屋下おくか屋おくを架するの比ひならん。續而去夏墨夷
赤狄東西に滯船し、志士※〔扼〕腕の餘紛々丹心を吐露するの時に及
び國事を杞憂するの獻議數るに暇なし。蝦夷エゾ、※哈嗹島カラフ

26)  前掲書、『獨島関係日本古文書1』、pp.32-34.

ト、無人島オガサハラジマ、八丈島之事必を論ずるの策問之有。然る
に竹島の大海中に突出し、朝鮮と皇國ワガクニの間に部落し土人未だ
是に據らず。然るに此地に船をよせ山陰の諸港に出沒せば實に其害不
レ少。又彼地に上陸し島地を開墾せば其憂ひ比するにものなし。然り
といへども此島元祿年間朝鮮國え御渡し有レ之、彼地の所有ならば土
俗を遣し墾開致しがたし。依て以て漂流に事よせ、漁獵の爲とし有志
の士をして數輩彼地へ送り、其寄る處の異船に信を致し是に他の風説
を聞、五大洲中の情態を探索せば是實に無上の奇束〔策〕といわん。
また海岸に漁獵を營在せば其益少なからざらん。彼地元來我屬島にし
て、全く憲廟の御仁德を以て朝鮮國に御渡しに相成し事故、今に及彼
地よりして未二開墾一は今日之幸也。故其地を墾開し先以甘諸併馬鈴
芋ナラビニゴシヨイモを作り、甘蔗サトウキビを種に其皺〔包〕を運
送到〔致〕させ、續而地味熟し候時に及び雜穀に及ぼし、樹木繁茂、
竹籔巨大のものは是に隨て器什を製せば其利少からず。然りといへど
も誰人として此島地を審にするもの無。誰人とし而此島地を杞憂する
ものに未だ邂逅せず。草卉之身何ぞ是を在上の君に説とく事ことを得
ん。只長大息の餘余山陰諸國歷遊中之日誌を閲して、其地土人の口牒
〔碑〕を摘探して近年見及および聞及すの筆抄を合せ、以て一卷とし
同志之士に似さんと欲す。落魄之身何ぞ其暇を得ず。然るに頃日旭堂
津田君一日談海防談此島に及す。君深く此島之事を杞憂せらる。依而
今是を編輯志贈。故に書中杜撰之説不レ少。又林友道が三國通覽に比
して。

嘉永七甲寅神無月上
浣於二武江※〔#「糸+爾」〕〔繡〕眼兒メジロ臺藤田氏之墨香塾一

勢州雲出之迂生

　　松浦竹四郎源弘誌

　　畢々


　　朝な夕な心を隠岐の浪風に、いかにと志のふ多気しまのこと

　　甲子(1864)十一月辰六日閲

　　木村家

　　目賀多守蔭置

　　明治七年(1871)三月目賀多守蔭置


　以上から、筆者は国家のために鬱陵島開拓を促そうとして執筆したということが分かる。筆者の主張における特徴をまとめると、次の通りである。

　第一、「兵士を提ひつさげて征伐を事とする者地理を不レ知ときは安危の場に失有」、「竊ひそかに古今を達觀し、聊草茅そうぼうに赤心を危するにあらざれども、皷腹承世の創業と云は冨國強兵の二ツに出ざるは無。其國を富するの要たるや其風土を審察して」、「故に是以地理の事は國家經世の基根とし、志士何ぞ是を精(く)せずんば有べからず。又廊廟に居て國事に與る者地理を不レ知ときは機に臨み失有」と述べられていることから、筆者が志士や国政を担当する者は、世界地理をよく把握して、新しい領土を開拓しなければならないと考えていたことが分かる。

　第二、「啻林友道のみ三國通覽を著して皇國に隣接するの各國た

る朝鮮、琉球、野作エゾ、※哈嗹島カラフト、無人島(鬱陵島-筆者注)オガサハラジマの事を記す。實に是兵道の奥旨といわん。實に是先見の明といわん。既に寛政(1789~1801)度蝦夷島上地之等〔等之〕所置及び文化(1804~1818)度赤夷亂妨之機に及び于役の人士此書を階梯とす」というところから、北海道を編入した時に参考になった林の例から見られるように、周辺国の地理についてよく知っておかないと、領土を拡張することができないという筆者の主張が窺える。

第三、「續而去夏墨夷赤狄東西に滯船し、志士※〔扼〕腕の餘紛々丹心を吐露するの時に及び國事を杞憂するの獻議數るに暇なし。蝦夷エゾ、※哈嗹島カラフト、無人島(鬱陵島-筆者注)オガサハラジマ、八丈島之事必を論ずるの策問之有。然るに竹島の大海中に突出し、朝鮮と皇國ワガクニの間に部落し土人未だ是に據らず」というのは、周辺にある他の地域のように、列強に奪われる前に無人島である鬱陵島も日本が先に開拓しなければならないということである。

第四、「然るに此地に船をよせ山陰の諸港に出沒せば實に其害不レ少。又彼地に上陸し島地を開墾せば其憂ひ比するにものなし。然りといへども此島元祿年間朝鮮國え御渡し有レ之、彼地の所有ならば土俗を遣し墾開致しがたし」と述べていることから、ヨーロッパ列強に鬱陵島を先取りされてしまうと、国防において非常に大きな脅威になるが、しかし、日本が鬱陵島を朝鮮の領土として認めてい

るため、開拓は不可能であると認識していたことが分かる

　第五、日本が鬱陵島を活用する方法については、「依て以て漂流に事よせ、漁獵の爲とし有志の士をして數輩彼地へ送り、其寄る處の異船に信を致し是に他の風説を聞、五大洲中の情態を探索せば是實に無上の奇束〔策〕といわん。また海岸に漁獵を營在せば其益少なからざらん」と記されている。すなわち、漂流を偽装して鬱陵島に潜入し、漁獵を通じて利益を取って、またそこから外国船を介して世界情勢を探索する必要があると述べているのである。

　第六、「彼地元來我屬島にして、全く憲廟の御仁德を以て朝鮮國に御渡しに相成し事故」というところから、本来、鬱陵島は日本の領土であったが、外交(交隣)関係のために朝鮮に譲ったという認識が窺える。しかし、それは事実と異なっている。幕府は史料に基づいた歴史的権原によって鬱陵島を朝鮮の領土として認めたのである。27)

　第七、鬱陵島が無人島であることを指摘し、「今に及彼地よりして未二開墾一は今日之幸也。故其地を墾開し先以甘藷併馬鈴芋ナラビニゴシヨイモを作り、甘蔗サトウキビを種に其皷〔包〕を運送到〔致〕させ、續而地味熟し候時に及び雜穀に及ぼし、樹木繁茂、竹籔巨大のものは是に隨て器什を製せば其利少からず」と述べている。朝鮮の領土ではあるが、幸いなことに、朝鮮が鬱陵島を無人島として残しているので、日本が先に開拓すべきであると強調してい

---

27) 幕府は『東国輿地勝覧』を参照し、また、因州国及び伯州国における調査を通じて、鬱陵島が日本の領土ではないという結論を下したのである。

るのである。

第八、鬱陵島開拓について、「然りといへども誰人として此島地を審にするもの無。誰人とし而此島地を杞憂するものに未だ邂逅せず。草卉之身何ぞ是を在上の君に説とく事ことを得ん」と記しているが、これは、鬱陵島開拓を主張する者もおらず、国家が積極的に取り組まないと個人の立場としては何もできないということを力説しているのである。

第九、鬱陵島開拓を主張する理由について、「然るに頃日旭堂津田君一日談海防談此島に及す。君深く此島之事を杞憂せらる。依而今是を編輯志贈。故に書中杜撰之説不レ少。又林友道が三國通覽に比して」と書いている。すなわち、鬱陵島が日本の領土であるため、開拓を主張しているのではなく、「杜撰」な内容、つまり度が過ぎた主張ではあるが、林の『三國通覽』を真似して開拓を主張しているのである。

最後に、以上に見てきたように、本来、日本の領土であった「竹島」を17世紀に幕府が交隣のために朝鮮の領土として譲渡したが、著述当時にいても「竹島」は無人島であったため、日本の国益のために日本の領土として「竹島」を開拓すべきであると主張するのが『多気甚麼雜誌』における著述目的であった。『多気甚麼雜誌』においての「竹島」は現在の鬱陵島を称する名称であり、現在の獨島とは全く関係のない地名である。さらに、この書物には、獨島と関連する内容が全く見られない。従って、獨島における領有権を論じる際に、この『多

気甚麼雑誌』を「竹島=日本の領土」の根拠にするのは、全く妥当性の
ないことであるというのが分かる。

## 6.2 獨島における領有権との関連性

　本研究の分析対象であった『多気甚麼雑誌』は鬱陵島開拓を扇動す
るために製作されたものである。[28]この書物の背景には、大谷家と
村川家が70年にわたって鬱陵島に渡航していたが、1693年から1696
年にかけて日朝両国の中央政府間に勃発した鬱陵島の領有権をめぐ
る紛争の結果、幕府が鬱陵島を朝鮮の領土として認め、鬱陵島への
渡航が不可能になったということがある。[29]日本の中央政府に該当
する幕府が最終的に鬱陵島への渡航を禁止した理由は、当時の鬱陵
島は人が住んでおらず、渡航した日本人によって活用された島では
あったが、歴史的な事実に照らして領土の権原が朝鮮にあると判断
したからである。[30]そのような判断によって、幕府は日本人の渡航
を禁止し、鬱陵島と獨島を朝鮮の領土として認めたのである。

　ここで、獨島における領有権と関連して、次のようなことが指摘
できる。つまり、『多気甚麼雑誌』には現在の獨島に関する言及が全
くない。なぜなら、当時の日本人における渡海の目標は鬱陵島で
あったからである。鬱陵島には日本にないか、または珍しい天然資

---

28) 前掲書、『獨島関係日本古文書1』、pp.32-34.
29) 慶尚北道史料研究会編、『竹島記事1』慶尚北道、2013、pp.11-423. 慶尚北
　　道史料研究会編、『竹島記事2』慶尚北道、2013、pp.10-460.
30) 前掲書、『竹島記事2』、pp.10-460.

源が豊富にあり、これを容易に、多量で取ることができた。一方、獨島には当時の日本人が必要としていたものがなかったので、わざと獨島に渡航する必要がなかった。それ故に、鬱陵島に対しては幕府から渡航許可を受けていたが、現在の獨島に対しては渡航許可を受けていなかった。渡海する日本人が渡海免許を受けた理由は、鬱陵島における領有権を確立するためではなく、他の競争者たちが鬱陵島に渡航することを防ぐためであった。[31]獨島には必要とされるものがなかったので、獨島に渡航するために争う競争者がいなかったのである。[32]

ところが、現在、日本の外務省は17世紀に日本人が鬱陵島に渡航した際に、鬱陵島と共に獨島に対しても領有権が確立されたと主張している。[33]当時、日本人が鬱陵島に渡航する際に、獨島のみを目指して渡航することはなかった。[34]ただ、鬱陵島への渡航の途中、現在の獨島を経由して鬱陵島に到着したので、獨島は鬱陵島渡航の道標としての役割を果たしていただけであった。[35]最終的に幕府が

---

31) 前掲書、『獨島=竹島問題固有領土論の歴史的検討』、pp.44-45.
32) 獨島は東島と西島、二つの岩礁から成っている。現在においては、漁業資源や潜在的な価値を持っている地下資源などが存在していることで評価されているが、近海にも豊かな漁場が多かった過去においては、獨島に特別な価値があるとは思われなかった。
33)「竹島問題」(日本外務省)、http://www.mofa.go.jp/mofaj/area/takeshima/ (閲覧日：2015.8.30).
34) 同上.
35) 大西俊輝(2007)『日本海と竹島』東洋出版、p.34. 松島(獨島)を経て竹島(鬱陵島)に到達したと記されている。

鬱陵島渡海を禁止することで鬱陵島への渡航が不可能になった際、獨島への渡航も禁止になったのである。36)なぜなら、「鬱陵島爭界」、すなわち「竹島一件」が起こった当時、幕府は鬱陵島と獨島における管轄について調査したが、37)その調査を通じて、鬱陵島と同様に獨島についても日本の領土ではないということを確認したのである。38)にもかかわらず、獨島に対する渡海禁止令を出さなかったのは、獨島への渡海免許を出したことがなかったからである。39)明治時代の史料である「太政官文書」を見ると、「竹島(鬱陵島)外一島(獨島)」と表記されているが、40)これを見ても、独島が鬱陵島の属島として存在していたということが分かる。実際のところ、獨島は鬱陵島に渡海するための道標としての役割を果たしていただけなので、鬱陵島への渡航禁止は獨島への渡航禁止に該当するのである。獨島が日本の領土であると論じる学者の中の一部の人たちによって、『多気甚麼雑誌』は日本が鬱陵島と獨島を実効的に支配していた証拠資料であ

---

36) 安龍福は日本に渡航して鬱陵島と獨島が朝鮮の領土であると主張し、幕府は松島(獨島)が日本の領土ではないことを確認した。なお、幕府は松島が日本の領土であると主張したこともない。權五曄(2009)『獨島の 原初記録、元祿覚書』ジェイエンシ、pp.11-75.

37) 内藤正中・金柄烈(2007) 『歴史的検証独島・竹島』岩波書店, pp.62-78.内藤正中・朴炳渉(2007) 『竹島＝独島論争－歴史から考える－』新幹社, pp.53-79.

38) 同上.

39) 川上は、日本人が獨島に対しても渡海免許を取得していたと主張するが、論証が不足している。これについては池内の研究を参照すること。

40) 宋炳基(2004)『獨島領有権史料選』資料叢書34、翰林大学校亜細亜文化研究所、p.231.愼鏞廈(1996)『獨島の民族領土史研究』知識産業社、pp.156-164.

ると主張されてきた。[41]しかし、それは妥当ではない。制作経緯を見てみると、『多気甚麼雑誌』は鬱陵島開拓を扇動するために製作されたものであり、鬱陵島は言うまでもなく、獨島においても、日本が領有権を確立していたということを証明する証拠にはならない。従って、『多気甚麼雑誌』は獨島が日本の領土であると立証できる史料ではない。獨島が日本の領土であることが証明できる証拠資料がないということは、逆説的に獨島が韓国の領土として存在していたことを意味する。

## 7. おわりに

本研究では、『多気甚麼雑誌』を中心に「幕府による鬱陵島への渡海禁止に伴う民間の対応及び獨島における領有権問題」というテーマで、鬱陵島と獨島についての地理的認識や領有権に関して日本人が保持していた認識は如何なるものであったのかについて考察した。その結果をまとめて要約すると、以下の通りである。

第一、1692年、鬱陵島で韓国と日本の漁師たちが遭遇することになり、両国の漁師たちの間で領有権をめぐる紛争が勃発した。それが朝鮮と幕府の間の紛争に発展し、最終的には、幕府が鬱陵島と獨

---

41) 島根県、「竹島問題研究會」、http://www.pref.shimane.lg.jp/soumu /web-takeshima/(閲覧日：2015年8月21日)。

島に対して領有権を主張するのを放棄した。本研究において、鬱陵島に渡航した当事者であった漁師たちが、日本人に対する渡海禁止の撤回を求める嘆願書を幕府に提出したが、受け入れられなかったという新たな事実が明らかになった。

第二、17世紀当時、刷還政策によって、「東海」に無人島として存在していた鬱陵島と獨島の地理と環境については正確に把握できていなかった。しかし、『多気甚麽雑誌』を通じて、当時の地理と環境、及び魚介類と鳥類、そして植物と鑛物に至るまで、様々な事情について知ることができた。

第三、『多気甚麽雑誌』の著述目的は、林子平が『三国通覧』を通じて周辺国を植民地として開拓すべきであると主張したように、無人島である鬱陵島が他国に占領される前に、日本が鬱陵島を占有するのが国益のためになると啓蒙するためである。

最後に、『多気甚麽雑誌』には獨島に関する内容が全くないため、この史料は獨島が日本の領土であるという日本の主張を論理的に裏付ける根拠にはならないことが分かった。

〈參考文獻〉

慶尙北道獨島史料研究會編(2013)『竹島記事(1)』慶尙北道獨島史料研究會研究
　　　報告書1、pp.11-423.

　　　　　　　　　　　　(2013)『竹島記事(2)』慶尙北道獨島史料研究會研究
　　　報告書2、pp.10-460.

慶尙北道獨島史料研究會編(2014)『獨島關係日本古文書(1)』慶尙北道、pp.19-46.

竹內猛、宋彙榮、キム・スヒ訳(2013)『獨島=竹島問題固有領土論の歴史的検討』ソン
　　　イン、pp.44-45.

宋炳基(1999)『鬱陵島と獨島』檀國大學校出版部、pp.93-126.

　　　　　　(2004)『獨島領有權資料選』資料叢書34、翰林大學校アジア文化研究所、
　　　pp.193-194.

愼鏞廈(1996)『獨島の民族領土史研究』知識産業社.

保坂祐二(2005)『日本の古地圖には獨島がない』(株)子音と母音、pp.13-78.

池內敏(1998)『近世日本と朝鮮漂流民』臨川書店.

　　　(2007)「隠岐川上家文書と安竜副」『鳥取地域史研究』第9号.

　　　(2008.2)「安竜副と鳥取藩」『鳥取地域史研究』第10号.

　　　(2009.3)「安竜副英雄傳説の形成ノート」、『名古屋大學文學部研究論集』史學55.

　　　(2010)「日本江戸時代の竹島·松島認識」『獨島研究』6、嶺南大學校獨島研究所.

大西俊輝(2007)『日本海と竹島』東洋出版, p.34.

奥原碧雲(1906)『竹島経営者中井養三郎氏立志伝』.

川上健三(1966)『竹島の歴史地理學的研究』古今書院, 1966, pp.139-190.

島根県広報文書課編(1910)「中井養三郎履歴書」(隠岐島庁　提出),

島根県編(1953)『島根関係資料』第1巻.

内藤正中・金柄烈(2007)『歴史的検証独島・竹島』岩波書店, pp.62-78.

　　　　　　　　　(2007)『竹島＝独島論争ー歴史から考えるー』新幹社, pp.53-79.

韓國外務部(2015)、「大韓民國の美しい領土獨島」、https://www.youtube.com/watch?v
　　=muB4_LNZ2Rk&feature=youtu.be(観覧日:2015年8月2日).

外務省(2015)「竹島問題」,「パンフレット'竹島問題を理解するための10のポイ
　　ント'」.,http://www.mofa.go.jp/files/000092147.pdf.
　　(観覧日:2015年8月15日).

島根県(2015)「竹問題研究會」http://www.pref.shimane.lg.jp/soumu/
　　web-takeshima/.(観覧日：2015年8月2日).

# 제4장
# 『죽도잡지』로 보는 일본지식인의 울릉도와 독도 인식

# 1. 들어가면서

일본정부는 독도를 17세기에 영유권을 확립했다고 주장한다.[1] 사실상 17세기 일본이 독도를 영토로서 관리했다고 본격적으로 다룬 기록은 없다.[2] 다만 17세기 일본의 어부 오야, 무라카와 두 가문이 조선이

[1] 「다케시마문제」, http://www.kr.emb-japan.go.jp/territory/takeshima/issue.html(검색일: 2015년12월1일). "일본국이 예로부터 다케시마의 존재를 인식하고 있었다는 점에 대해서는 많은 옛날 자료와 지도를 통해 명백히 밝혀져 있습니다. 17세기 초에는 일본 민간인이 정부(에도막부)의 공인 아래에 울릉도로 건너갈 때 '다케시마'를 항행의 목표로 삼거나, 또는 배의 중간 정박지로 이용함과 동시에 강치나 전복 등의 포획에도 이용했습니다. 늦어도 17세기 중반에는 일본의 다케시마에 대한 영유권이 확립되어 있었다고 생각할 수 있습니다."

[2] 안용복 사건이 계기가 되어 조일간에 독도분쟁이 일어났다. 울릉도, 독도 모두가 문제되었지만, 울릉도문제가 주된 문제였다. 그런데 일본학자(이케우치)들은 울릉도 도해금지령과 안용복의 도일과 관련이 없다고 주장하지만, 잘못된 인식이다. 송휘영 엮음(2013)『일본학자가 보는 독도의 역사적 연원』지성인, pp.161-205. 다케우치 다케시는 인용복에 의해 울릉도와 독도 2섬에 대해 조선조정이 영토로서 인식했다는 인식이다(다케우치 다

쇄환정책으로 육지에서 멀리 떨어진 섬을 비워서 관리하고 있을 때에 70여 년간 몰래 울릉도에 왕래했다는 기록이 있다.[3] 안용복 일행과 2번에 걸쳐 쟁계가 있었다.[4] 본고에서 다루는 『죽도잡지(竹島雜誌)』는 일본에서 울릉도를 본격적으로 소개하는 몇몇 안 되는 초기 자료 중의 하나이다. 「죽도」의 일본영토론자들은 이 「죽도잡지」가 울릉도를 소개하는 기록이지만, 울릉도에는 반드시 독도를 거쳐 가기 때문에 일본이 독도의 영유권을 확립하였다고 하는 증거자료로 삼고 있다.[5]

이 「죽도잡지」의 어떠한 부분의 어떠한 내용이 일본이 독도의 영유권을 확립했다고 하는 증거자료가 될 수 있는지 고찰하려고 한다. 선행연구에서 이 「죽도잡지」를 본격적으로 다룬 연구는 전무하다. 실제로 17세기를 전후하여 울릉도의 지리나 환경 등에 관한 자료는 그다지

---

케시 저, 송휘영·김수희 역(2013) 『고유영토론의 역사적 검토』 선인, p.19). 이런 인식은 内藤正中·金柄烈(2007) 『歴史的検証独島·竹島』 岩波書店, pp.8-61. 内藤正中·朴炳渉(2007) 『竹島＝独島論争ー歴史から考えるー』 新幹社, pp.53-79에도 있다.

3) 관련연구서로서, 川上健三(1966), 『竹島の歴史地理的研究』 古今書院, pp.139-193. 下条正男(2005) 『'竹島' その歴史と領土問題』 竹島·北方領土返還要求運動島根県民会議, pp.33-39, 下条正男(2004) 『竹島は日韓どちらのものか』 文春親書377, pp.43-92 등이 있다. 1차 사료로서 1차와 2차 도일에 관해 상세히 기록한 문헌(권오엽 편주(2010) 『일본고문서의 독도, 控帳』 책사랑, pp.68-229)이 있다.

4) 1차도일 때는 조선 측은 40명 정도가 울릉도에 도항했는데 2명이 무장한 일본 측에 납치당했다. 경상북도 편(2013) 『죽도기사(1)』 경상북도 독도사료연구회 연구보고서1, p.39. 오오니시 도시테로, 권정 역(2011) 『독도개관』 인문사, pp.421-442.

5) 일본이 17세기 독도 영유권을 확립했다고 하는 근거로 울릉도 도항을 증거로 삼고 있다. 그 이유는 막부가 영토인식이 결여되어 울릉도는 조선에 주었지만, 독도는 넘기지 않았다는 주장이다.

많지 않다 본 「죽도잡지」는 당시 울릉도의 상황을 알 수 있는 많은 정보를 담고 있다. 그래서 연구방법으로는 「죽도잡지」에 싣고 있는 울릉도, 독도에 관한 모든 정보를 해석하여 당시 일본의 독도와 울릉도에 대한 산물과 영토 인식에 관해 고증하려고 한다.

본 연구는 죽도잡지의 필자가 독도와 울릉도를 답사하여 작성한 것이 아니고, 본서의 참고문헌인 『다케시마잡지』, 『죽도도설』과 『백기만담』, 「조베(長兵衛)의 다케시마 이야기」 등의 많은 자료를 참고로 작성하였기 때문에 참고문헌의 오류에 의해 「죽도잡지」의 기술도 곳곳에 옳지 않은 내용들이 있다. 오류 부분은 최근의 연구를 토대로 각주에서 보충 설명하도록 한다. 사실 「죽도잡지」에는 독도에 관한 언급은 없지만, 일본영토론자들은 17세기 일본이 독도의 영토주권을 확립했다는 증거자료로 삼기 때문에 사실상 「죽도잡지」의 연구는 독도연구의 일환이라는 점을 강조해둔다.

## 2. 『죽도잡지』의 집필동기

### 2.1 죽도 개척의 필요성에 대해

『죽도잡지(竹島雜誌)』[6]는 1871년 10월에 마쓰우라 다케시로(松浦武四郎)가 도쿄(東京)에 소재하고 있는 아오야마도(青山堂)에서 출간

---

6) 본서의 죽도는 '다케시마'라고 읽으며, 지금의' 울릉도'를 가리킨다. 일본사람들이 말하는 지금의 독도를 가리키는 '다케시마'가 아니다. 본고에서는 '죽도'라고 표기하도록 한다.

했다.[7] 「서문」은 「메이지 4년(1871) 신미 6월 후지카와 주켄(藤川忠献)이 썼고, 교서한 사람은 세키시(関思)이고, 책자를 발행한 도쿄서림(東京書琳)의 대표는 가리가네야 세이치(雁金屋清吉)였다.[8]

 "미나모토노 하치로(源八郎)는 오키나와(琉球)를 취하고, 미나모토노 쿠로(源九郎)는 홋카이도(蝦夷)를 복속시켰다. 이들이 원주민을 포로로 잡아 멸망시켜 개화시켰으나 우리나라 판도로 복속시키는데 도쿠가와(德川)씨는 적극적이지 않았다. 마쓰우라 다케시로(松浦武四郎)가 이를 개탄하여 예전에 홋카이도로 가서 산천을 그리고 좋은 토지를 측량하여 저서로 남겼기에 개척사를 설치할 수 있었다.

 조정의 홋카이도 대대적 개척에는 다케시로의 공이 크다고 한다. 최근 다케시로가 또 『죽도잡지』를 저술하였기에 내가 서문을 썼다. 그 섬은 원래 아주 작은 섬이어서 홋카이도에 비할 바가 못 되나 (국가의) 힘이 될 곳이라는 것을 알 수 있었다.

 훗날에, 우리나라가 조선과 이 섬을 가지고 있다면 반드시 쓸모가 있을 것이다. 어찌 작다고 해서 이 둘을 불문에 부칠 수 있을까? 아아 위에 있는 사람이 과연 이 책을 읽고 행동에 옮길 수 있다면 두 명의 미나모토(源)의 공적을 어찌 다 말할 수 있을까. 이에 내가 출판을 하여 권한다."[9]


이상의 죽도잡지 「서문」을 통해 개척의 필요성에 대해 다음과 같이

---

7) 『죽도잡지(竹島雜誌)』
8) 경상북도 편(2014) 『독도관계일본고문서(1)』 경상북도 독도사료연구회 연구보고서1, p.50.
9) 전게서, 경상북도 편(2014) 『독도관계일본고문서(1)』, pp.49-50.

정리된다.

첫째, 영토팽창 측면에서 보면 중세시대의 미나모토 정권은 홋카이도와 오키나와를 복속시키고 원주민을 멸망시켰다. 그런데 근세 도쿠가와 정권은 영토 확장에 소극적이었다.

둘째, 마쓰우라 다케시로가 홋카이도를 측량하여 지도를 그려서 책자를 발간하여 개척을 선동함으로써 홋카이도에 개척사를 파견하게 되었다.

셋째, 조정이 홋카이도를 개척하였는데, 마쓰우라 다케시로의 공로가 지대했다.

넷째, 마쓰우라 다케시로는 다케시마가 작은 섬이지만, 국가에 도움이 된다는 이유에서 『죽도잡지』를 저술했다.

다섯째, 훗날에 조선과 다케시마를 가지고 있으면 일본에 쓸모가 있다는 것이다.

여섯째, 누가 이 다케시마를 개척하면 그 공로는 엄청날 것이다.

일곱째, 『죽도잡지』의 서문을 쓴 사람은 「메이지 4년(1871) 신미 6월 후지카와 주켄이고, 세키시가 교서」를 했다.

여덟째, 『죽도잡지』의 저술 목적은 일본의 영토가 아닌 이웃나라의 영토인 다케시마의 개척을 선동하기 위한 것이었다.

## 2.2 『죽도잡지』의 집필동기와 내용의 신뢰도

『죽도잡지』의 범례는 마쓰우라 다케시로히로시(松浦竹四郎弘)가 메이지3(1870) 경오년, 중추 윤 3월 도쿄 히비야(日比谷) 바카쿠사이

(馬角齋)에서 작성했다.[10] 『죽도잡지』의 「범례」에 집필동기와 내용의 신뢰도에 대해 다음과 같이 기술하고 있다.

"-. 지리의 중요성에 대해서는, 내가 말하지 않아도, 모두 알고 있는 바이고, 요즘 식자들이 그 일(지리)에 대해 마음을 쓰고 있는 덕일까, 앉아서도 런던의 번화함, 파리의 아름다움에 대해 모르는 것이 없고, 수만리 바다 건너에 있는 곳의 흥망성쇠나 동란도 그 달 안에 알게 된다. 이 어찌 태평성대의 은택이 아니라고 할 수 있을까. 그런데 아는지 모르는지 다케시마라는 것에 대해 말하는 자 없다. 또 알고 있는 자도 드물다. 지난 계축(,1853)년 가을부터 주해(籌海)[11] 관련 서적을 수 십 편을 보니 홋카이도, 사할린, 오키나와나 이즈 7도(伊豆七島), 무인도에도 가는 사람이 있으나, 아직 다케시마 관련 시책은 볼 수 없다. 이에 이 책을 편찬하여 『죽도잡지』라 이름하였다.

-. 이 책에 근거는 달았으나 길거리에 떠도는 말이나 동네 소문 같은 것을 인용한 것은 아니고, 모두 참고문헌에 의거하여 편찬하였다. 이 책 중의 조잡한 근거가 내가 꾸민 것이 아니라는 것을 독자가 알아주길 원한다.

-. 그러나 그 참고문헌이라는 것이, 원래 어부나 사냥꾼의 말을 기록한 것일 뿐이므로, 조잡한 것이 당연하겠지만 원래 도킨야(陶金屋)가 쓴 『북해수필』도 하야시 시헤이(林子平)씨가 쓴 『삼국통람』의 저본이 된 것인데, (『삼국통람』의 내용도) 그 당시의(조잡한) 이야기(가 근거)이다. 독자가 가벼이 여기는 일이 없기를 바란다."[12]

---

10) 전게서, 경상북도 편(2014) 『독도관계일본고문서(1)』, p.51.
11) 일본열도와 그 주변.
12) 전게서, 경상북도 편(2014) 『독도관계일본고문서(1)』, pp.50-51.

이상에서 『죽도잡지』의 집필동기아 내용의 신뢰도에 관해 정리하면 다음과 같다.

첫째, 집필 동기는 지리를 알아야 국가가 발전한다고 생각하였기 때문에 울릉도의 지리를 책으로 집필한 것이다. 세계의 근대화(태평성대) 덕분에 일본에서도 해외의 정보를 알 수 있었다. 울릉도의 정보를 알 수 있는 것도 근대화의 덕분이다.

둘째, 일본열도 주변의 다른 섬에 관해서는 정보를 알고 왕래하기도 하는데, 유일하게 죽도에 관한 지리적 정보가 없어서 『죽도잡지』를 집필했다는 것이다.

셋째, 『죽도잡지』는 필자의 상상력을 꾸민 것이 아니고 참고문헌을 인용하여 집필한 것이다. 내용이 조잡한 것은 참고문헌상의 문제이다.

넷째, 참고문헌 자체가 사냥꾼과 어부의 말을 기록하였기에 조잡한 것이지만, 저명한 학자들이 저술한 책들도 그 조잡한 참고문헌을 토대로 작성하였기에 정확하지 않다. 『죽도잡지』가 다소 조잡하더라고 필자의 잘못이 아니라고 한다.

다섯째, 『죽도잡지』는 마쓰우라 다케시로 아베히로시(松浦竹四郎阿部弘)가 편집했다. 저술할 때 참고로 활용한 문헌은 『일본풍토기』『일본여지로정도』『현존육첩』『회중초』『동애수필』『초로잡담』『수서』『대청일통도』『북사』『백기민담』『죽도도설』『태평연표』, 가나모리 겐사쿠(金森建索)의 필기, 소 쓰시마노카미 요시카쓰(宗対馬守義攻), 조베(長兵衛)의 다케시마 이야기" 등이다.[13]

---

13) 전게서, 경상북도 편(2014) 『독도관계일본고문서(1)』, pp.51-52.

여섯째, '다케시마'에 대한 지견은 당시 일본에 존재했던 다양한 서
적을 통해 조사한 것으로서 직접 도항하여 알게 된 것은 아니었다.

## 3. 죽도의 명칭과 지리적 위치, 섬의 가치

울릉도의 명칭과 지리적 위치에 관해서는 한국 측에서는 신라시대
의 우산국과 고려시대에 울릉도에 사람이 거주했고, 또한 거리적으로
울릉도에서 독도가 보였기 때문에 울릉도와 독도의 형성에 관해서도
정확히 알고 있었다는 것은 의심의 여지가 없다.[14] 그러나 그에 관한
기록은 없다. 한국측에서 울릉도의 상세정보에 관한 가장 오래된 기록
은 수토사들이 남긴 지도이다.[15] 일본에서는 오야, 무라카와 가문 어
부들이 울릉도 도항했을 때에 남긴 기록이다. 본서는 그 내용들이 전
해져서 이렇게 기록되었다.

마쓰우라 다케시로는 『죽도잡지』의 「총설」에 죽도의 명칭과 지리적
위치, 섬의 가치에 대해 다음과 같이 기술하고 있다.

---

14) 한국측의 자료는 삼국사기, 삼국유사에서부터 '울릉도에 우산국이 있었고
  신라가 우산국을 정벌하였다'라고 하는 울릉도에 대해 영토인식에 관한
  기록이 대부분이고, 실제로 그 시대에 있어서 울릉도의 지리나 산물에 관
  해 기록한 서적은 없다. 사실 일본측에서도 『죽도잡지』 같은 경우, 내용은
  17세기 오야, 무라카와 두 가문이 울릉도 왕래 시에 조사한 산물에 관해
  기록하고 있지만, 실제의 집필연도는 1870년도이다.
15) 조선 수토사들이 남긴 지도와 내용. 최장근(2014) 『독도 한국고유영토론』
  제이앤씨, pp.11-159.

"他計甚麼 (일본풍토기) 또는 竹島라고 쓰는 것은 이 섬에 대죽 늪(동쪽 해안 오사카포구에 있다)이 있고, 그 대나무 중 가장 큰 것은 둘레가 2척 정도가 되는 것도 있어(『죽도도설』) 그렇게 부르는 것일 것이다. 또 축라국(舳羅國)(『수서』) 등의 명칭이 있다.

『동애수필』에 이 섬을 축라도라고 한다는 말이 보이나, 생각건대 축라도라는 것은 쓰쿠시 앞 바다에 있는 섬을 가리키는 것일 것이다. 규슈의 맹인들이 매우 구슬픈 목소리로 이루와카 대신 일대기라는 것을 노래 부르며 시가지를 다니면서 구걸하는데, 그 문구로써 생각해 보면, 축라도는 이키나 쓰시마인 것처럼 들린다.

또 『동애수필』에는 주위가 40리라고 하니, 이 다케시마는 그 만큼은 안 될 것이다. 그(섬의) 크고 작음은 어쨌든, 그 대신이 살던 시대에는, 지금도 밝혀진 바 없으니, 이 섬이 도대체 어떤 섬인지 설마 몰랐을 것이다. 또 여기에 기록하는데, 『북사』권 94 「왜국전」에 "문임랑(文林郎)과 배세청(裴世淸)을 사자로 보내었는데, 백제로 건너가 다케시마에 이르렀고, 탐라도를 보며" 라고 한다. 이것으로도 서로 다른 섬이라는 것을 알아야 한다.

다케시마는 일본에서 멀리 떨어져있어 오히려 조선에 가까우며 섬 안이 매우 넓은 섬이다(『백기민담』). 오키노쿠니 마쓰시마의 서도(마쓰시마에 속한 작은 섬이다. 지역 주민들은 차도[次島]라고 한다)에서 바닷길 약 40리 정도의 북쪽에 있다(『죽도도설』).(이 설은 매우 의심스러우나 이 외 근거할만한 것이 없기 때문에 적어 둔다) 북위 37도 50분에서 38도에 걸쳐 있다(「일본여지로정도」, 『대청일통도』).[16]

---

16) 전게서, 경상북도 편(2014)『독도관계일본고문서(1)』, pp.52-53.

촌민들 말에 오키에서 북서(戌亥)쪽으로 40리 정도에 있고,[17] 이와미(石見)에서 북북서쪽(亥子)으로 80리, 조슈에서는 북동쪽(子丑)에 해당하며 약 90리 정도라고 생각한다. 그러나 이는 눈짐작으로 한 말이 전해져 온 것이므로 정확하지 않다.

조선에서 가자면 부산포에서 이 섬까지는 80리, 밤이 되어 그 나라의 민가에서 밝히는 불빛이 분명히 보인다고 한다. 도해했던 적이 있던 선원들이 한 말이다(『백기민담』). 생각건대 이는 잘못된 말이다.[18]

또, "고려가 보이는 것이 운슈(雲州)에서 인슈(因州)가 보이는 것과 같다(「일본여지로정도(日本興地路程図)」) 등의 말이 나온다. 또 고가(古歌)에 (회중초) 영원도 걸렸다는 다케시마의 / 마디를 사이에 두고 지금 그처럼 되다(현존륙첩). 아, 다케시마, 밀려오는 잔물결, 몇 번이고 / 무정한 세상을 내달려 넘어가라. 생각건대 이후의 노래는 오우미(近江)의 호수에 있는 다케시마(多気島)를 노래한 것일 것이다. 그 지형은 삼각형이고 둘레는 약 16리 정도, 산물이 매우 많은 진귀한 섬이다(『죽도도설』).

산악과 계곡 사이에 대죽(大竹)과 교목(喬木)이 무성하고, 섬 안에 금수가 많이 살고, 어류와 패류가 해안가에 깔려있어 산물이 충분한 섬이라고 한다(『백기민담』)."[19]

이상의 내용으로 죽도의 명칭과 지리적 위치, 섬의 가치에 대해

---

17) 정영미 역(2010) 『竹島考 상·하』 경상북도·안용복재단, p.125.
18) 권오엽, 오오니시 주석(2009) 『독도의 원초기록 원록각서』 제이앤씨, p.59.
    "죽도와 조선사이는 30리, 죽도와 송도사이는 50리"라고 인식하고 있었다.
19) 전게서, 경상북도 편(2014) 『독도관계일본고문서(1)』, pp.52-54.

다음과 같은 사실을 알 수 있다.

첫째, 다케시마라는 명칭은 동쪽 오사카포구에 대나무 숲이 있는데, 큰 것은 둘레가 2척이나 된다. 그래서 이 섬을 '다케시마(竹島)'라고 명명했다.

둘째, '축라도'라는 말이 있는데, 다케시마를 축라도라고 한다는 사람이 있지만, 쓰쿠시 앞바다의 잇키 섬 혹은 대마도를 두고 하는 말 같다. 지금의 다케시마는 아니다.

셋째, 여러 서적에서나 전해들은 바에 의하면 일본에서 다케시마까지의 거리에 대해 여러 가지 언급하고 있지만 정확하지는 않다. 분명한 것은 이 섬에서 밤에 부산포 민가의 불이 보인다고 하니, 이 섬은 일본에서보다 조선에서 더 가깝다.

넷째, 「일본여지로정도」나 『대청일통도』에 의하면 '다케시마'[20]는 북위 37도 50분에서 38도에 걸쳐 있다.

다섯째, 다케시마는 "오키노쿠니(隱岐国) 마쓰시마(松島)의 서도에서 바닷길 약 40리 정도의 북쪽에 있다"고 하여 마쓰시마(松島)를 오키노쿠니(隱岐国) 소속으로 언급하고 있다.

여섯째, 저술 연도에 대해 "마쓰우라 다케시로 히로시(松浦竹四郎弘)는 메이지3(1870) 경오년, 중추 윤 3월 도코 히비야(日比谷) 바카쿠사이(馬角斎)에서 『죽도잡지』를 저술했다."고 하므로 마쓰우라 다케시

---

20) 여기서 말하는 '다케시마'는 울릉도를 가리킨다. 지금의 독도에 관한 언급은 전혀 없다. 그것은 오야, 무라카와 두 가문이 독도를 목표로 하지 않았다는 것이고, 이 책의 집필동기도 울릉도 개척을 선동하기 위한 것이다. 당시의 독도는 개척할 만큼의 가치가 있는 섬이 아니었기 때문이다.

로 히로시가 『죽도도설』을 인용하여 1870년경에 저술한 것이다.[21]

일곱째, 다케시마는 그 지형은 삼각형이고 둘레는 약 16리 정도, 산악과 계곡 사이에는 대나무와 교목이 무성하고, 산물이 매우 많은 진귀한 섬이다. 산에는 금수, 해안가에는 어류와 패류가 풍부하다.


## 4. 일본인의 울릉도 도해와 도항금지령

### 4.1 오야, 무라카와 가문의 도해면허의 취득 경위

오야, 무라가와 두 가문은 울릉도에 표류된 적이 있어서 울릉도가 무인도이고 산물이 풍부하여 경제적 가치가 있다는 사실을 알고, 막부로부터 도해면허를 취득하여 1620년대부터 1696년 안용복사건으로 도항이 금지될 때까지 70여 년간 울릉도에 도해했다. 안용복사건으로 조일 양국 간에 울릉도와 독도에 관한 영유권 분쟁이 있었는데, 막부는 쓰시마번[22]와 돗토리번을 통해 울릉도의 소속을 조사하고 결과적으로

---

21) 1870년 일본외무성에서는 울릉도와 독도를 조사하였는데, 일단 문서기록 상으로는 울릉도와 독도를 조선의 소속으로 되어있다는 사실을 알게 되었고, 실제로 조선의 공문서를 조사해본 결과 울릉도는 조선의 영토로 되어 있지만, 독도에 대해서는 소속이 결정되어 있지 않다고 보고했다. 이 보고는 사실과 다르다. 세종실록지리지, 동국여지승람등 '울진현 정동 앞 바다에 "우산도, 울릉도" 2섬이 존재하고 이섬은 날씨가 청명할 때 서로 잘 보인다'라고 하는 사실을 상세히 조사하지 않았던 것이다.
22) 대마번의 조사에서는 울릉도가 일본의 영토라고 주장하여 조선인들의 도해를 금지할 것을 조선정부에 요청했지만, 돗토리번의 조사에서는 울릉도와 독도가 조선영토임을 확인했던 것이다.

울릉도와 독도를 조선영토로 인정하고 면허를 히기한 울릉도의 도해
를 금지시켰다. 「죽도잡지」에서도 오야, 무라가와 두 가문의 도해면허
의 취득 경위에 대해 다음과 같이 기록하고 있다.

"또 이 섬이 쓰쿠시노쿠니의 다케시마(『북사』 「왜국전」)라 하여 우리
나라의 섬이라고 한(『초로잡담』) 것은, 하쿠슈 요나고의 주민 오야와
무라카와 두 가문은 대대로 명망 있는 주민으로 자손은 지금까지도 마
치도시요리직을 수행하고 있다. 이 두 사람이 다케시마 도해 면허를
받은 것은, 이 지역(당국/호키노쿠니)의 전 태수인 나카무라 호키노카
미 다다가즈(『백기민담』)가 게이초(慶長) 14년(1609)에 죽었는데 자식
이 없었으므로 (영지) 상속이 단절되었다. 이후 겐나 2년(1616)에 영주
가 없어 막부의 영지가 되었다. 이에 의해 막부의 시로다이(城代)가 매
년 에도에서 와서 (요나고)성에 머물면서 하쿠슈를 지배하였다(『백기
민담』). 같은 해 아베 시로고로가 와 있었을 때, 두 사람이 다케시마
도해 건을 청원하였다.
그런데 다음 해인(『백기민담』) 겐나 3년(1617) 정사년에 마쓰다이라
신타로 미쓰마사경이 동 지역(당국/하쿠슈)을 배령받아 부임하였기에
두 사람이 다시 청원하였는데, 미쓰마사경이 곧 에도에 고하여 이에
대한 허가를 받았고, 이후 다케시마로 몰려가서 어로를 행하였다. 그
후 매년 쉬지 않고 도해하였다(『동』). 겐나 4년(1618) 이 두 상인을 에
도로 불러 주인(朱印)을 내려 면허하였다. 단 두 상인에게 직접 준 것이
아니라 일단 제후 「신타로 미쓰마사」에게 내려주신 것을 받았다(『동』).
이 해부터 두 상인은 장군(가)을 배알할 수 있게 되어 시복(時服)을 하
사 받았고 다케시마의 명물인 전복을 상납하였다. 이 후 8, 9년이 지나

두 상인 중 한 명만을 불러 격년으로 어업을 하게 되었는데, 후에 74년
이 지나, 겐로쿠 5년 임진년(1695)[23]에 도해하였더니 조선인이 무리지
어 어로를 하고 있었다. 두 사람이 못하게 하려고 하였으나 듣지 않아
위험하였으므로 분하지만 그냥 돌아왔다(『백기민담』)."[24]

이상의 오야, 무라가와 두 가문의 도해면허의 취득 경위에 관한 내
용을 정리하면 다음과 같다.

첫째, 오야, 무라가와 두 가문은 다케시마를 '쓰쿠시로구니' 즉 일본
의 땅이라고 생각했다.

둘째, 오야와 무라카와 두 가문은 하쿠슈 요나고의 주민으로서 대대
로 명망 있는 가문의 자손이고, 두 가문은 지금까지도 마치도시요리직
을 수행하고 있다.

셋째, 하쿠슈는 1609년 태수였던 나카무라 호키노카미 다다가즈가
죽고 상속자인 자식이 없어서 1616년 막부의 영지가 되었다.

넷째, 매년 막부로부터 온 시로다이가 성에 머물면서 하쿠슈를 지배
했다. 1616년 아베 시로고로가 시로다이로 와있을 때 두 가문이 다케
시마 도해 면허를 신청했다. 1617년 마쓰다이라 신타로 미쓰마사가 하
쿠슈의 영주로서 배령받아 부임하였다. 그때 두 가문이 다시 청원하여
미쓰마사가 바로 에도에 고하여 도해허가를 받았다. 그 이후 매년 쉬
지 않고 다케시마로 건너가 어로를 했다.[25]

---

23) 사실과 다른 점은 1692년에 조선인을 처음 만났다고 한다.
24) 전게서, 경상북도 편(2014)『독도관계일본고문서(1)』, pp.54-55.
25) 사실과 다른 점은 1620년 이후에 면허를 받았다는 연구가 있다.

다섯째, 1618년 두 상인을 에도로 불러서 심문힌 후 신타로 니쓰마사 영주에게 주인선을 주었다. 1618년부터 막부의 쇼군을 배알하여 시복을 받고 전복을 상납했다.

여섯째, 1618년 이후 8,9년이 지난 후부터 74년 동안 한 가문씩 격년으로 불러 어업을 하게 되었다.[26]

일곱째, 1695년에는 다케시마에서 조선인들이 무리를 지어 어로를 하는 상황을 목격했다. 두 사람은 조선인들의 어로를 막지 못하고 분한 마음으로 귀향했다는 것이다.

## 4.2 일본어부의 울릉도에서 조선인과 조우

안용복 일행은 1692년 울릉도에서 일본인들을 조우했다.[27] 그리고 이듬해 1693년에 다시 일본인들을 만났고, 안용복은 일본인들을 꾸짖었는데, 오히려 무장한 일본인들에게 납치당하여 일본으로 끌려갔다.[28] 무장한 납치 일본어부들의 대우와는 달리, 일본의 관공서에서는 안용복 일행을 극진하게 대우했고, 나가사키와 대마도를 거쳐 송환되었다.[29] 「죽도잡지」에도 안용복의 1차 도일에 관해 아래와 같이 기록하고 있다.

---

26) 도해면허를 받고 8, 9년이 지난 후에 도항을 했다는 사실은 선행연구에서 검토한 적이 없는 새로운 사실이다.
27) 경상북도 편(2013) 『죽도기사(1)』 경상북도 독도사료연구회 연구보고서1, pp.14-21.
28) 권오엽 편주(2010) 『일본고문서의 독도, 控帳』 책사랑, pp.16-30.
29) 상동.

"『죽도도설』에, 겐로쿠 5년(1695) 봄 2월 19일에 예년과 같이 요나고를 떠나 오키노쿠니 후쿠우라(福浦)에 도착하였고, 같은 해 3월30) 24일 후쿠우라를 떠나 26일 아침 5시에 다케시마의 '이카 섬(イカ島)'이라는 곳에 도착하였다. 이 때 처음으로 이방인이 어렵을 하는 것을 볼 수 있었다. 실로 이전에는 본 적이 없는 것이었다. 그 다음날인 27일 우리 배가 다케시마의 '하마다포구'로 가던 중에 외국 배 두 척을 보았다. 단, 한 척은 사람이 타지 않았고 한 척은 바다에 떠있었는데 외국인 30인 정도가 이 배에 타고 있었다.

우리 배를 8, 9간 떨어져서 '오사카포구(大阪浦)'로 갔다. 그 사람들 중 한 사람이 섬에 남아 있었는데 즉시 작은 배를 타고 우리 근방으로 왔다. 이에 이 사람에게 물으니, 조선인 '가와텐 가하라'라고 대답하였다. 그리고 이 사람은 통사인 것처럼 우리나라(일본) 말을 아주 잘했다. 그래서 전복을 왜 따고 있었는지 물으니 그가 대답인즉, 「원래 이 섬의 전복을 따고자 했던 것은 아니다. 그런데 이 섬의 북쪽에 섬 하나가 있는데 좋은 전복이 매우 많다. 그래서 우리들이 조선국 왕의 명을 받아 삼 년에 한 번씩 그 섬에 간다. 올해도 역시 그 섬에 갔는데 돌아오는 길에 큰 바람을 만나 뜻하지 않게 이 섬 (다케시마)으로 밀려왔다」고 하였다. 이후 우리들이 말하길, 「이 다케시마는 옛날부터 일본인이 전복을 따왔던 곳이다. 즉시 떠나라」고 했더니 그가 말하길, "큰 바람을 만나 배가 모두 파손되었기 때문에 이것을 고치고 난 후에 떠나겠다"고 하였으나 사실 급히 떠날 것처럼 보이지도 않았다. 우리들이 상륙하여 예전에 세워두었던 오두막을 살피니 어선 8척이 없어져 있었다. 이에

---

30) 일본어부가 울릉도에서 처음으로 조선인을 만난 것은 1692년 기록이 타당하다. 그런데 본서에서는 1695년이라고 기록하고 있는데 오류로 보는 것이 타당하다.

이 일을 그 통사에게 따져 물으니 "모두 포구로 보냈다"고 답하었다. 게다가 (우리) 배를 정박시키라고 강요했으나 우리는 수가 적고 저들은 수가 많으니 대적할 수가 없어 두려운 마음에 3월 21일 밤 7시에 출항 하였다. 단 구시코(串鮑), 갓, 망건, 메주 한 덩어리를 가지고 돌아왔다. 이것은 이번 도해의 증거로 삼기 위한 것이다. 4월 1일 세키슈 하마다 로 돌아와, 운슈를 경유하여 4월 5일 7시에 하쿠슈의 요나고에 도착하 였다. 「생각컨데 여기에서 겐나(1615~1624) 때라고 했으나 겐로쿠 (1688~1704) 때일 것이다. 이에 여기에 주(注)를 달았다」"[31]

이상과 같이 일본인이 조선인과 조우한 사실」에 관해 내용을 정리 하면 다음과 같다.

첫째, 울릉도 도항에 관한 내용은 『죽도도설』에 의거하고 있음을 알 려준다.

둘째, 「겐로쿠 5년(1695) 봄 2월 19일에 예년과 같이 요나고를 떠나 오키노쿠니 후쿠우라에 도착하였고, 같은 해 3월 24일 후쿠우라를 떠 나 26일 아침 5시에 다케시마의 '이카 섬'이라는 곳에 도착하였다.」라 고 하여 요나고 사람이 3월말에 울릉도에 도항하는데, 오키섬의 후쿠 우라에서 5일[32]을 대기했다가, 2박2일이 걸린다는 것이다.

셋째, 겐로쿠 5년(1695) 3월 26일에 울릉도에 도착하여 이전에 본적 이 없는 이방인을 처음으로 보았는데 어렵을 하고 있었다는 것이다.

---

31) 전게서, 경상북도 편(2014) 『독도관계일본고문서(1)』, pp.55-56.
32) 내용상으로 볼 때, 5일인지, 35일인지 분명하지 않다. 오류로 보는 것이 타당하다.

넷째, 2척의 배를 발견했는데, 한척에 30여명이 타고 있었다고 한다. 그럼 60명의 조선인이 울릉도에 도항했다는 것일까?

다섯째, 일본인들은 하마다포구에 정박을 하는데, 조선인들은 오사카포구에 정박하고 가와덴가와라는 사람은 일본말을 잘 하는 통사였다.

여섯째, 「이 섬의 북쪽에 섬 하나가 있는데 좋은 전복이 매우 많다. 그래서 우리들이 조선국 왕의 명을 받아 삼 년에 한 번씩 그 섬에 간다. 올해도 역시 그 섬에 갔는데 돌아오는 길에 큰 바람을 만나 뜻하지 않게 이 섬 (다케시마)으로 밀려왔다」라는 내용을 보면, 동국여지승람의 동람도에 나오는 「우산도」와 「울릉도」를 연상케 한다. 조선국의 명령을 받아 3년에 한번씩 울릉도에 갔다고 돌아오면서 「우산도」에 표류했다는 주장이다. 일본인들과 다투는 것을 우려하여 거짓으로 증언한 것으로 해석된다. 다만 동해에 2섬의 영토인식을 갖고 있었음을 알 수 있다.

일곱째, 「"이 다케시마는 옛날부터 일본인이 전복을 따왔던 곳이다. 즉시 떠나라"고 했더니 그가 말하길, "큰 바람을 만나 배가 모두 파손되었기 때문에 이것을 고치고 난 후에 떠나겠다"고 하였으나 사실 급히 떠날 것처럼 보이지도 않았다.」라는 점에서 조선인들이 일본인들과 분쟁을 우려하여 거짓말을 하고 있음을 알 수 있다.

여덟째, 일본인들은 만들어 정박해놓은 8척의 배를 조선인들이 함부로 포구로 옮겼고, 조선인들이 더 많은 숫자가 와있었다고 한다.

아홉째, 일본인들은 조선인을 만나 두려워서 3월 26일 아침 5시에 다케시마에 도착했다가 3월 21일 밤 7시에 출항했다고 한다.

열째, 조선인과의 조우를 알리기 위해 증거로「구시코, 갓, 망건, 메주 한 덩어리」를 가지고 돌아왔다.

열한째, 경로와 소요시간에 대해「4월 1일 세키슈 하마다로 돌아와, 운슈를 경유하여 4월 5일 7시에 하쿠슈의 요나고에 도착하였다.」고 한다.

열두째, 『생각건대 여기에서 겐나(1615~1624)때라고 했으나 겐로쿠 1688~1704) 때일 것이다. 이에 여기에 주를 달았다』라고 하여 『죽도도설』의 오류를 지적하고 있다.

안용복은 1차도일 이후 대마도주가 계속해서 울릉도의 영유권을 주장하고 있다는 사실을 알고, 2차 도일로서「조울양도감세장」이라는 직함을 사칭하고 관복을 입고 스스로 울릉도-독도를 거쳐 일본에 도항했다. 『죽도잡지』에 안용복의 2번째 도일에 관해 다음과 같이 기록하고 있다.

  "다음 해「겐로쿠 6년(1696)」에 도해하였는데, 많은 조선인(唐人)이 와서 가옥을 세우고 마음대로 어렵을 하고 있었다. 이 때 두 사람이 계책을 내서 조선인 두 사람을 데리고 요나고로 돌아왔고, 같은 해 4월 27일 오후 2시 반경 나다초(灘町)의 오야 규에몬(大谷九衛門) 집에 두고, 두 사람이 섬에 대한 것과 두 사람의 조선인을 데리고 귀항한 것을 태수에게 말하여 결국에는 에도에서 소송이 벌어지게 되었다 (『백기민담』).

  『죽도도설』에 의하면, 다음 해인 겐로쿠 6년(1696) 계유년 봄 2월 하순에 다시 요나고를 떠나 여름 4월 17일 오후 2시(未) 경에 다케시마

에 도착하였다. 그런데 작년처럼 조선인들이 어렵을 하며 우리를 방해
했는데, 자칫하면 욕을 퍼붓곤 해서 분위기가 험상궂었기에, 별 수 없이
그 중 대표자 한 명과 동료 두세 명을 우리 배에 태워, 같은 달 18일
다케시마를 떠나 같은 달 28일 요나고로 돌아왔고, 그 일에 대해 영주
「마쓰다이라 호키노카미(松平伯耆守)」에게 호소하였다. 영주 역시 이
일을 간조부교(勘定奉行)인 마쓰다이라 미노노카미(松平美濃守)에게
보고하였다."[33]

위의 안용복 2번째 도일에 관해 내용을 정리하면 다음과 같다.

첫째, 위의 내용은 『백기민담』과 『죽도도설』에서 인용한 것이다.

둘째, 1696년 「봄 2월 하순에 다시 요나고를 떠나 여름 4월 17일 오
후 2시경에 다케시마에 도착하였다.」 1695년에 이어 1696년에도 도항
했는데, 많은 조선인들이 가옥을 만들고 마음대로 어렵을 하고 있었던
것이다.

셋째, 「조선인들이 어렵을 하며 우리를 방해했는데, 자칫하면 욕을
퍼붓곤 해서 분위기가 험상궂었기에」 일본인 「두 사람이 계책을 내서
조선인 두 사람[34]을 데리고 요나고로 돌아왔다」.

넷째, 귀항 경로와 머물렀던 곳에 관해 「같은 달 18일 다케시마를
떠나 같은 달 28일 요나고로 돌아왔고,」, 「1696년 4월 27일 오후 2시
반경 나다초의 오야 규에몬 집에 두고」에서 조선인 2사람은 오야 구로
우에몬 집에 머물고 있었다는 것이다.

---

33) 전게서, 경상북도 편(2014) 『독도관계일본고문서(1)』, pp.56-57.
34) 『죽도도설』의 「그 중 대표자 한 명과 동료 두 세명」는 오류이다.

다섯째, 「그 일에 대해 영주 "마쓰다이라 호키노카미"에게 호소하였다. 영주 역시 이 일을 간조부교인 마쓰다이로 미노노카미에게 보고하였다.", 「두 사람이 섬에 대한 것과 두 사람의 조선인을 데리고 귀항한 것을 태수에게 말하여 결국에는 에도에서 소송이 벌어지게 되었다」라는 것으로 막부와 조선정부가 울릉도 쟁계가 있었다는 것이다.

여섯째, 『백기민담』과 『죽도도설』의 내용이 반드시 일치하지 않고 정확도에 대해서도 다소 차이가 있다. 서로 비교하면서 공통점과 차이점을 확인함으로써 내용의 옳고 그름을 판단하는데 참고가 된다.

## 4.3 울릉도 도항금지령

안용복은 일본의 관공서에 울릉도와 독도가 조선영토임을 주장했고, 결국은 막부가 울릉도와 독도가 조선영토임을 인정하고 일본인들의 도항을 금지시켰다. 『죽도잡지』에는 울릉도 도항금지령에 관해서 다음과 같이 기록하고 있다.

"이에 막부가 명을 내려 그 사람들을 에도로 불러 그 일들에 대해 자세히 조사할 때, "일본인과 조선인과의 도해 시기는 다르지 않은가"라고 물은 것에 대해, 그 사람들이 답하길, "우리들은 매년 봄 3월경에 도해하여, 7월 상순에 귀항할 때 어렵 배나 도구를 오두막에 간수해 두면, 틀림없이 그 다음해 도해할 때까지 그대로 있었다. 그런데 작년 겐로쿠 5년(1695)부터 (조선인이) 오두막을 열고 마음대로 도구를 빼앗고 태연히 거주하고 있는 모양을 보아, 반드시 이때에 조선인이 처음으로 다케시마를 찾아낸 것이 틀림없습니다"라고 하였다. 게다가 이 일로 인해 어렵을 하기 어렵다는 탄원을 구구절절이 하기에 이르렀다고 한다.

같은 해 오야와 무라카와가 데리고 온 조선인 두 사람이 요나고에서 돗토리(国府城下)로 올 때, 가노 고자에몬(加納郷右衛門), 오제키 추베(尾関忠兵衛) 두 무사가 영주의 명을 받아 (그들을) 데리고 돗토리로 왔다(『백기민담』). 그런데 그 후 도해 정지가 되었다고 한다. 이에 의해 3년이 지난 겐로쿠 9 병자년(1696) 헌묘(憲廟)시대였을까? 조선으로부터 다케시마가 조선의 섬이라는 말을 해 와서 다케시마를 조선에 주었다고도 한다(『초로잡담』). 이리하여 그 달 담당(御月番)「정월 28일」 노중(老中) 도다 야마시로노카미(戸田山城守)님이 봉서를 내렸다고 한다(『죽도도설』).

이전에 마쓰다이라 신타로가 인(因) 하쿠(伯) 양 주(州)의 영주였을 때 여쭈어 하쿠슈 요나고 주민 무라카와 이치베와 오야 진키치가 지금까지 다케시마에서 어로를 해왔는데, 향후에는 입도를 금하라는 명령이 내려왔으니 그 뜻을 받들라.

겐로쿠 9년(1696) 정월 28일

쓰치야 사가미노카미 (土屋相模守) 재판(在判)

도다 야마시로노카미 (戸田山城守) 재판

아베 분고노카미(阿部豊後守) 재판

오쿠보 가가노카미(大久保加賀守) 재판

마쓰다이라 호키노카미(松平伯耆守) 님

"겐로쿠 9년(1696)에 이나바노쿠니(因幡国) 와 조선국 사이에 다케시마라고 부르는 섬이 있는데, 이 섬을 두고 두 나라가 분쟁하는 것처럼 되어 좋지 않으니, 조선 사람이 이 섬에 오는 것은 금한다는 장군의

명이 계셨으므로, 가로(家老)가 이전부터 재차 사지를 조선국에 보내
그 뜻을 예조참판에게 전하였더니, 논쟁이 붙어 복잡해졌으나, 금년 정
월 28일에 요시자네(義真)가 쓰시마로 돌아갈 때, (가로가 요시자네에
게) 다케시마에 일본인이 가는 것은 무익하니 정지시키라는 명령을 영
주(돗토리번)에게 내렸다고 하여서, 요시자네가 귀국한 후 같은 해 10
월 조선의 통역과 만나서 말할 때 위와 같은 명령이 있었음을 전달하여,
이에 논쟁이 종료되기에 이르렀다."[35]

막부의 일본어부들의 울릉도 도항 금지령에 관한 내용을 정리하면
다음과 같다.

첫째, 「작년 겐로쿠 5년(1695)부터」라고 한 것으로 보아 1696년에
「막부가 명을 내려 그 사람들을 에도로 불러 그 일들에 대해 자세히 조
사」라고 하여 그 사람들 오야, 무라가와 가문의 울릉도 도항인들이다.

둘째, 「이에 막부가 명을 내려 그 사람들을 에도로 불러 그 일들에
대해 자세히 조사할 때, "일본인과 조선인과의 도해 시기는 다르지 않
은가"」라고 하여 조선인과 일본인들이 서로 다른 시기에 모두 울릉도
에 도항한 것은 아닌가하고 확인하려고 했다.

셋째, 「그 사람들이 답하길, "우리들은 매년 봄 3월경에 도해하여 7월
상순에 귀항할 때 어렵 배나 도구를 오두막에 간수해 두면, 틀림없이 그
다음해 도해할 때까지 그대로 있었다」라고 하여 조선인들이 오지 않았
다는 것이다.

---

35) 전게서, 경상북도 편(2014) 『독도관계일본고문서(1)』, pp.57-58.

넷째, 「작년 겐로쿠 5년(1695)[36]부터 (조선인이) 오두막을 열고 마음대로 도구를 빼앗고 태연히 거주하고 있는 모양을 보아, 반드시 이때에 조선인이 처음으로 다케시마를 찾아낸 것이 틀림없습니다」라고 진술했다.

다섯째, 「이 일로 인해 어렵을 하기 어렵다는 탄원을 구구절절이 하기에 이르렀다」라고 하는 것으로 조선인들 때문에 조업을 할 수 없게 되었던 것이다.

여섯째, 『백기민담』에 의하면, 「같은 해 오야와 무라카와가 데리고 온 조선인 두 사람이 요나고에서 돗토리로 올 때, 가노 고자에몬, 오제키 추베 두 무사가 영주의 명을 받아(그들을) 데리고 돗토리로 왔다.」는 것이다.

일곱째, 『초로잡담』에 의하면, 「3년이 지난 켄로쿠9 병자년(1699)[37] 조선으로부터 다케시마가 조선의 섬이라는 말을 해 와서 다케시마를 조선에 주었다고도 한다」다는 것이다.

열덟째, 『죽도도설』에 의하면, 「이전에 마쓰다이라 신타로가 인(因), 하쿠(伯) 양 주(州)의 영주였을 때 여쭈어 하쿠슈 요나고 주민 무라카와 이치베와 오야 진키치가 지금까지 다케시마에서 어렵을 해 왔는데, 향후에는 입도를 금하라는 명령이 내려왔으니 그 뜻을 받들라.」 「이리하여 그 달 담당 '정월 28일' 노중 도다 야마시로노카미님이 봉서를 내

---

36) 1692년에 처음으로 만났고, 1693년에 1차적으로 양국 어민들이 부딪치게 되어 조선인을 일본에 납치했고, 1696년 조선인이 스스로 2차로 일본에 도항했다. 따라서 본서의 연도는 오류로 판단된다.
37) 도항금지령은 1696년인데, 사실의 오류이다.

렸다고 한다.」

아홉째, 「겐로쿠 9년(1696)에 이나바노쿠니와 조선국 사이에 다케시마라고 부르는 섬이 있는데, 이 섬을 두고 두 나라가 분쟁하는 것처럼 되어 좋지 않으니, 조선 사람이 이 섬에 오는 것은 금한다는 장군의 명이 계셨다」38)는 것이다.

열째, 「금년 정월 28일에 요시자네가 쓰시마로 돌아갈 때, (가로가 요시자네에게) 다케시마에 일본인이 가는 것은 무익하니 정지시키라는 명령을 영주 (돗토리번)에게 내렸다고 하여서, 요시자네가 귀국한 후 같은 해 10월 조선의 통역과 만나서 말할 때 위와 같은 명령이 있었다」라는 것이다,

## 4.4 울릉도 도항 탄원과 울릉도 조사

막부가 울릉도 도항을 금지하고 난후 두 가문의 어민들이 울릉도 재도항의 탄원이 있었다는 선행연구는 없었다. 「죽도잡지」에는 오야, 무라카와가문이 막부로부터 도항금지령이 내려지고 난후 직접 에도를 방문하여 재 도항을 위한 탄원을 했고, 또 막부가 1724년에 울릉도를 조사했다는 기록을 하고 있다.39) 울릉도 도항 탄원과 울릉도를 조사한 것에 관해 다음과 같이 기록하고 있다.

"이에 대한 꽤 많은 서류가 있으나 얻지 못하였고, 단지 이 두 통은

---

38) 안용복의 진술과 반대이다. 어느 쪽인 진실이가는 논증이 필요하다.
39) 1726년 쓰시마번에서 『죽도기사(2)』를 저술했다. 경상북도 편(2013) 『죽도기사(2)』 경상북도 독도사료연구회 연구보고서2, p.256.

소 쓰시마노카미 요시카쓰(宗対馬守義功)로부터 나온 가보에서 볼 수 있으므로 여기에 게재하였다. 이제 그 때로부터 3년이 지난 겐로쿠 11년(1699) 축년 가을에 요나고 주민 무라카와 이치베가 에도에 가서 탄원을 하기에 이르렀다(『죽도도설』). 그 후에는 어떻게 되었는지 어떤 말도 듣지 못하였고, 27년이 지나 생각건대, 관청에 무라카와와 오야 두 사람이 쓴 것이라고 하는 것이 있다고 한다. 이것은 아마 청원서에 첨부한 것일 것이다. 이것 역시 얻지 못하였다.

교호 9년(1724) 갑진년, 에도에서 인슈(因州)의 영주에 대해 조사를 하였는데, 단 요나고는 아라오 다지마(荒尾但馬)의 영지이므로 그에게 명하여 이를 (다케시마 관련 건을) 조사하였다고 한다. 그래서 그 때 그 (아라오 다지마) 가 이 두 상인이 올린 서류를 필사했고 다유(大夫) 이케다 분고노카미(池田豊後守)가 (이것을) 관청에 제출하였다고 한다."[40]

상기의 울릉도 재도항을 위한 탄원과 막부가 울릉도를 조사한 내용에 관해 정리하면 다음과 같다.

첫째, 「이에 대한 꽤 많은 서류가 있으나 얻지 못하였고, 단지 이 두 통은 소 쓰시마노카미 요시카쓰로부터 나온 가보에서 볼 수 있으므로 여기에 게재하였다.」

둘째, 「그 때로부터 3년이 지난 겐로쿠 11년(1699) 축년 가을에 요나고 주민 무라카와 이치베가 에도에 가서 탄원을 하기에 이르렀다.」

셋째, 「 27년이 지나 생각건대, 관청에 무라카와와 오야 두 사람이

---

40) 전게서, 경상북도 편(2014) 『독도관계일본고문서(1)』, pp.58-58.

쓴 것이라고 하는 것이 있다고 한다. 이것은 아마 정원서에 첨부한 깃

일 것이다.」

넷째, 「그 후에는 어떻게 되었는지 어떤 말도 듣지 못하였다」라는

것으로 청원은 받아들여지지 않았다.

다섯째, 「교호 9년(1724) 갑진년, 에도에서 인슈의 영주에 대해 조

사를 하였는데, 단 요나고는 아라오 다지마의 영지이므로 그에게 명하

여 이를 (다케시마 관련 건을) 조사하였다.」

여섯째, 「그 때 그 (아라오 다지마)가 이 두 상인이 올린 서류를 필사

했고 다유(大夫) 이케다 분고노카미가 (이것을) 관청에 제출하였다.」

일곱째, 이상의 내용은 『죽도도설』에서 인용한 것임을 알 수 있다.


## 5. 울릉도와 풍토와 산물

### 5.1 울릉도의 풍토

일본의 오야, 무라카와 두 가문의 어부들이 70여 년간 울릉도에 도

항했다. 그런데 이들이 울릉도에 도항하여 구체적으로 무엇을 했다는

선행연구는 없었다. 대략적으로 어업과 벌목을 위해 도항했다는 것이

일반적이다. 따라서 선행연구에서는 울릉도의 풍물과 산물에 관한 연

구도 없다. 「죽도잡지」에는 울릉도의 풍물과 산물에 관해 아래와 같이

기술하고 있다.

"그러면 그 섬은, 하쿠슈 아이미군(会見郡) 하마노매(浜野目) 산류무라(三柳村)에서 오키의 고토(後島)까지 35, 6리 정도 된다. 이 눈짐작으로 (오키에서) 조선의 산을 보면 약 40리 정도라고 생각된다.

가나모리 겐사쿠가 주(注)에, 보통 조선의 산이라고 불리는 것은 울릉도일 것이라고 기록하였다. 생각건대 역시 이 주(注)는 어부인 조베(長兵衛)로부터 듣고 적은 것일 것이다. 조배는 세키슈 하마다에서 태어나서 나중에 비젠(備前)으로 가서 오카야마(岡山)의 오하라마치(小原町)라고 하는 곳에서 죽었다.

그 땅은 동서로 약 3리 반이며, 4리가 채 되지 않는다고 한다. 남북으로는 약 6, 7리 정도 된다고 한다. 둘레는 약 16리라고 한다. 주위 아홉 곳에 바위 곳(岩岬)이 있고, 또 그 주위에도 셀 수 없을 정도의 작은 곳이 있다. 또 섬 뿌리에는 암초가 많고, 기암괴석은 말로 다 할 수 없을 만큼 많다. 이에 배를 대기에는 매우 좋지 않고, 단 오키노쿠니 후쿠우라(오키 관청이 있는 곳에서 서쪽에 해당하는 곳에 있는 항구이다. 가즈노미야[一の宮]의 남쪽에 해당한다)에서 출항하여 북서쪽(戌亥)을 향하여 몰면「40리라고 한다」

'오사카포구(大阪浦)'라는 곳에 도착한다. 「이 섬의 남동쪽 끝으로 곳과 곳 사이에 있다. 평평한 해변이 대략 1리 반 정도 된다. 이곳에 배를 댄다. 네 갈래의 계류(溪流)가 있다. 그 중 한 갈래는 물의 근원(水源)이 조금 멀어 물살이 세다. 강 위에 폭포가 있고 은어가 산다고 한다. 또 해안에는 전복이 많고, 보이는 곳마다 해서(海鼠)가 있다고 한다. 호라가이(螺), 미에리카이(東海夫人)등과 해초는 일일이 다 들 수 적을 수 없을 정도이다. 이하의 것들은 적지 않겠지만, 이 섬 주위가 모두 이와 같다. 산에는 수 많은 잡목으로, 깊은 숲이며, 대나무 역시 많다. 원래 이 해변 앞에 섬 하나가 있다. 이에 맞바람을 피하여 배를 세워놓기에 좋다고 한다」 이제 이곳으로부터 남쪽의 큰 곳 하나(큰 바위로 이루어 졌고 파도가 거센 곳이라고 한다)를 돌아 안으로 들어간다. 이 해변은 20정(丁) 정도이며, 동서에 두 개의 바위로 된 곳이 있다. 남서쪽(未申)으로 향해있는 곳이다.

이 곳을 '하마다포구(浜田浦)'라고 한다. 이 섬이 세키슈와 마주보고 있기 때문에 붙은 이름일까. 이곳은 작은 돌이 섞여있는 모래사장으로, 두 갈래의 계류가 흐르고 있다. 그 강의 근원은 산 속의 폭포에서 나와 동쪽에 있는 두 갈래의 큰 강(大河)과 합쳐져서 크고 작은 세 갈래로 나뉘어 그 중 두 갈래의 물이 이곳으로 흐르고, 한 갈래는 동쪽 뒤편으로 흐른다. 이 강에도 역시 은어가 산다. 또 서쪽에 있는 곳 하나를 돌아 (거대 함석으로 되어 있다) 계곡 안으로 들어간다. 모두 거대한 암석으로 된 해안이며 절벽 곳곳에 굴이 있다. 굴 안에 제비가 많다. 또 폭포가 있다. (암석 절벽에서 높이 3장(丈) 정도) 작은 바위 곳을 돌아 (이어지는 곳도 절벽이다) 서쪽으로 나오면 '다케포구(竹浦)' 라는 곳에 도착한다. (해변은 동쪽을 향해 있고, 평지는 15정 정도이며, 한 갈래의 계류가 있다. 이곳은 배를 대기 좋다. 그러나 남풍이 세게 불어 진입이 어렵다고 한다. 이 근처에 가장 큰 대나무가 있다고 한다.) 또 서쪽에 있는 바위 곳 하나가 있다. (거대한 바위이다) 돌아 조금 북쪽으로 가면 (이 근처는 암벽뿐이다.) 거대한 암석 해변으로 나온다. (계곡 모양은 같다. 그 근처는 서쪽으로 향한 암벽으로 높이가 10장 정도라고 한다. 이 위에 다다미 200장[疊] 정도 깐 넓이의 암굴이 있고, 그 안에 제비가 많이 산다. 세키슈와 운슈에서는 이것을 구멍새[穴鳥]라고 한다) 계속 가서 바위 곳을 돈다. 바위 해변으로 나온다. (이 해변도 6, 7정[丁] 정도 된다. 북쪽[戌] 으로 흐르는 강이 있다.) 앞에 섬이 있다. (이 섬은 돌섬이며 둘레가 3정 정도 된다고 한다) 또 곶 하나를 넘은 바다 가운데 섬이 있다. (모토지마(元島)라 한다고 한다, 나무가 없다. 둘레는 5, 6정(丁) 정도된다고 한다.) 또 연이어 오지마 (둘레는 15, 6정이다. 그러나 나무는 없다. 바위로 된 해안, 바위로 된 해변, 암초가 많다) 계속해서 큰 바위 곶(서 있는 거대한 바위로 바다 쪽으로 돌출되어 있다)을 돌아 '기타구니포구(北国浦)'라는 곳으로 나온다. (해변은 북쪽으로 향한 형태의 해변, 좌우가 큰 바위 곶인데, 그 사이는 15, 6정[丁] 정도이며, 모래사장이다. 여기에 세 갈래의 계류가 흐른다. 모두 폭포가 원천이라고 한다.)

또 앞에 있는 작은 섬 하나(그 사이는 좁은 해협을 이루고 있다)를 지나 큰 바위 곶(절벽을 이룬다)을 돌아 북쪽으로 '야나기포구(柳浦)'라는 곳으로 나온다. (좌우가 큰 바위 곶이어서, 그 사이가 하나의 협곡을 이룬다. 모래사장이 약 10정[丁] 정도, 평탄하며 두 개의 강이 있다. 이 근처에 갈대가 많다고 한다.) 이 곳에서 보면 조선 땅이 잘 보이고, 조선인도 이곳을 목표로 온다고 한다. 조금 산으로 들어간 곳에 인가가 있었던 흔적이 있다. 조선인이 살던 흔적이라고 한다. 또 바라다 보이는 곳에 섬 하나가 있다. (둘레가 20정[丁] 정도, 모두 바위 해변이다. 섬 중제일 큰 섬이라고 한다.) 또 큰 곶을 지난다. (큰 바위로 되어 있고 바다 쪽으로 돌출해 있다. 북쪽의 끝이다.) 동쪽에 작은 해변이 있다. (평평하며 계류 하나가 흐른다. 이 곳은 대략 6, 7정[丁]정도이다. 갈대와 싸리가 많다. 좌우는 바위로 큰 바위 곶이다.)

또 앞에 '산본바시라(三本柱)' 라는 바위가 있다. (이 바위의 높이는 10장[丈]이나 된다. 주변 것도 같은 정도이다. 또 두 개의 바위 꼭대기에는 소나무가 있다. 일설에 이 섬이 모두 떨어져 있다고 하기도 하고 또는 밑둥이 하나라고 하기도 한다. 조선인이 신이 산다고 믿어 매우 떠받든다고 한다.)

또 바위 섬 하나(이 곳과 섬과의 사이는 30간(間)이라고 한다)을 넘으면 해변으로 나온다. (작은 계류가 있다.) 이어 높은 암벽에 폭포가 3개 있다. (모두 바다로 떨어진다. 높이는 3장[丈]이라고 한다.)

또 이어서 바위 곶 3개가 있다. 이 곳(모두 자그마한 곳이다)을 돌면 '히가시포구(東浦)'로 나온다.

작은 자갈 해변(약 20정(町) 정도이다)으로 나온다. 이 주변에 바위가 많고 암초가 많다. (해변은 동남쪽(卯辰)으로 향해있고, 작은 계류 다섯 갈래가 있다고 한다.) 바위 섬(높이 5장(丈), 둘레 15, 6간(間), 꼭대기에는 소나무가 있고 그 주변에 암초가 많다) 또 조금 떨어진 바다에 섬이 있다. (둘레 20정[町], 꼭대기에 나무가 많다. 가장자리는 암벽으로 되어 있고 암초가 많다.)

또 남쪽으로 가서 바위 곶을 돈다. (작은 해변이 나온다) 이 주변의 땅은 평평하여 나무가 많고 또 대숲이 이어져 있다. 또 바위 곶 하나를 돌면 (남동쪽[辰]) 협곡이 있다. (이 협곡 깊이는 2, 5정[町]인데, 일설에는 20정[町]이라고 한다. 동남쪽[卯辰]으로 향해있다.) 앞에 섬이 있다. (높이는 20간[間], 둘레 5간[間], 주변에 암초가 많다고 한다. 꼭대기에 소나무가 있다고 한다.) 또 바위 곶 하나를 돌면 그 '오사카포구(大阪浦)'로 나온다. (조베(長兵衛)의 다케시마 이야기)"[41]

이상의 울릉도의 풍토에 관한 내용을 정리하면 다음과 같다.

첫째, 「조베의 다케시마 이야기」를 토대로 울릉도의 지형에 관해 기술하고 있다. 어부「조배는 세키슈 하마다에서 나서 나중에 비젠으로

---

41) 전게서, 경상북도 편(2014) 『독도관계일본고문서(1)』, pp.59-61.

가서 오카야마의 오하라마치라고 하는 곳에서 죽었다.」

둘째, 울릉도의 거리는 「하쿠슈 아이미군 하마노매 산류무라에서 오키의 고토까지 35, 6리 정도이고, 오키에서 눈짐작으로 조선의 산인 울릉도까지 약 40리 정도라고 한다.

셋째, 울릉도를 외곽에서 돌면서 「오사카 포구―하마다 포구―다케 포구―모토지마―오지마―기타구니 포구―야나기 포구―섬 중 제일 큰 섬(죽도-필자주)―산본바시―히가시 포구―오사카 포구」에 관해 상세히 잘 설명하고 있다.

넷째, 「야나기포구」는 「이 곳에서 보면 조선 땅이 잘 보이고, 조선 인도 이곳을 목표로 온다고 한다. 조금 산으로 들어간 곳에 인가가 있었던 흔적이 있다. 조선인이 살던 흔적이라고 한다.」라고 하여 조선과의 관계를 언급하고 있다.

다섯째, 「산본바시」라는 바위가 있다. 이 바위의 높이는 10장이나 된다. 주변 것도 같은 정도이다. 또 두 개의 바위 꼭대기에는 소나무가 있다. 일설에 이 섬이 모두 떨어져 있다고 하기도 하고 또는 밑둥이 하나라고 하기도 한다. 조선인이 신이 산다고 믿어 매우 떠받든다고 한다.」라고 하여 울릉도에 조선인의 문화가 존재함을 언급하고 있다.

## 5.2 울릉도의 산물

울릉도는 다케시마라고 할 정도로 대나무가 많다. 그리고 아름드리 소나무가 많아서 그 소나무를 일본으로 반출하여 절 등 건축물을 지었다는 말도 있다. 또한 산삼을 채취하여 일본으로 반출했다고 한다. 하지만, 울릉도의 산물에 대해 구체적인 연구는 없다. 「죽노삽지」에는 울릉도의 산물에 대해 아래와 같이 기술하고 있다.

"이 섬은 전체적으로 험산준령이 많고 나무가 무성하며 또 여기저기에 폭포가 있고 동쪽에 해당하는 곳에는 기이한 샘물 하나가 있다고 한다. 그 물이 맑고 맛은 달다. 하루에 겨우 1승(升) 정도의 샘물이 난다(『백기민담』).

『죽도도설』은 이 섬에 20개소의 폭포가 있고, 또 별도로 우물이 있다는 것을 알려준다. 그러나 사실인지는 아직 모른다.

실로 둘도 없는 진기한 섬이다. 또 전복이 매우 큰데, 이것을 구시코(串鮑)로 만든 것이 산물이다.

다케시마는 일본 전역에서 귀히 여기는 전복을 많이 얻을 수 있는 곳이므로, 해안가의 대나무를 구부러트려서 바다 물속에 넣어두었다가 아침에 건지면 가지와 잎에 마치 버섯처럼 전복이 붙어 있다고 한다(『백기민담』). 이 섬에서 사는 고양이는 모두 꼬리가 짧고 굽었다고 한다. 이에 평상시 고리가 굽어 있는 것을 사람들이 다케시마 고양이라고 부른다. 많은 사람이 이것이 호랑이과 동물이라고 한다(『백기민담』).

쥐, 종달새, 찌르레기, 검은 방울새, 시지우카라, 갈매기, 가마우지, 노지코, 제비, 독수리, 뿔매, 매, 구멍새

다케시마 담화, 제비 같은 것이 있는데 모두 암굴에 서식한다. 아침 6시에 암굴을 떠나 그날 해질 무렵 돌아온다. 암굴이 둥지이다. 사람들이 한밤중에 굴을 찾아내어 잡기도 한다. 깃털은 재색이고 제비같이 생겼다. 배도 하얗다. 어부들이 구멍새라는 이름을 붙였다는 말이 전해져 온다. '다케포구(竹の浦)'의 서쪽 암굴과 그 주변에 많다고 한다."[42]

이상의 울릉도 산물에 관한 내용을 정리하면 다음과 같다.

첫째로, 나무가 무성하고 험준한데, 20여개의 폭포가 있고 동쪽에 맛이 단 기이한 샘물이 하나 있다.

둘째로, 울릉도는 대나무를 해안가에 넣어두면 버섯처럼 붙어있을 정도로 전복이 많고, 꼬리 굽은 다케시마 고양이가 서식한다.

셋째로, "쥐, 종달새, 찌르레기, 검은 방울새, 시지우카라, 갈매기, 가마우지, 노지코, 제비, 독수리, 뿔매, 매, 구멍새" 등이 서식한다.

넷째로, 구멍새는 어부들이 명명한 이름이고, 암굴에서 사는데 밤에 잠자러 들어온다. 밤에 사람들이 암굴에 가서 이를 잡는다. '다케포구'의 서쪽 암굴과 그 주변에 많다.

특히 울릉도 산물 중에서도 「해로(海驢)」에 관해서는 한층 구체적으로 언급하고 있다. 그 내용은 다음과 같다.

"다케시마 담화, 이 물고기는 비젠(備前)의 히라도(平戶)와 고토(五島)의 바다에 '마레부이'라는 것이 있는데 그 일종이다. 그 크기는 작은 개만하고 생김은 메기 같으며 지방이 매우 많다. 털은 희고 육질은 밀납같아, 조선인이 이것을 잡아 가마솥에 넣고 물을 부어 끓이면 기름이 끌면서 물위로 뜨는데, 이것을 걷어내고 다시 물을 부어 끓이면 역시 처음과 같이 되고, 몇 번을 거듭해도 처음과 같다. 이에 만약 어부가 이것을 잡으면 많은 기름을 얻을 수 있는 이점이 있기 때문에 즐겨 잡는다고 한다. 이 물고기는 바람과 파도가 없을 때 해변가에 올라 곤하게 잘 때가 있다고 한다. 그 때 바람 부는 반대 방향으로 돌아 가서 창으로 찌른다."[43]

---

42) 전게서, 경상북도 편(2014)『독도관계일본고문서(1)』, p.62.

이상의 울릉도의 산물 중에 특히 「해로」에 관한 내용을 정리하면 나음과 같다.

첫째, 해로는 주로 조선인들이 가마솥에 물을 부어 끓이고 물에 뜬 것을 걷어내어 같은 방법을 계속하여 기름을 얻기 위해 잡는다. 당시 울릉도에 조선인이 있었다는 것을 시사한다.

둘째, 잡는 방법은 바람과 파도가 없을 때 해변 가에서 잠자고 있을 바람 부는 반대방향에서 창으로 찔러 잡는다.

셋째, "조선인이 이것을 잡아 가마솥에 넣고"라는 것으로 보아, 당시 오야, 무라가와 두 가문이 내왕했던 17세기에 울릉도에 조선인이 있었다는 것을 시사한다.[44]

또한 울릉도의 식물과 광물에 대해서도 다음과 같이 기술하고 있다.

"인삼 결향 하제사쿠라 선단목 다케시마 담화, 주단, 흑단이 모두 있다. 열매 모양은 치자나무와 비슷하다. 황벽 다이다라(오리나무와 같고, 가래나무 비슷하다) 동백나무 솔송나무 느티나무 대죽 호랑가시나무 (일본의 것과 다르다) 오동나무 감탕나무 수유 마늘(잎은 옥잠화 잎처럼 생겼다) 대산 소산 관동 양하 땅두릅 백합 우엉 딸기, 이타도리 등이다.

또 광물로서는 진사·녹청 등에 속하는 것도 있고, 인삼·전복·해로 세 품목이 가장 많다고 한다. 요나고에서 도해하는 사람들이 늘

---

43) 전게서, 경상북도 편(2014) 『독도관계일본고문서(1)』, pp.62-63.
44) 삼한시대 78개국 중의 하나로서 우산국이 존재했을 것이라는 연구로 볼 때, 울릉도는 조선인의 문화가 존재한 곳이다. 강봉원(2013) 「울릉도 고분에 관한 일고찰」, 『동아시아의 바다와 섬을 둘러싼 갈등과 투쟁의 역사 -독도를 중심으로-』 지성인, pp.123-160.

이 세 가지를 많이 가지고 돌아왔고, 그 외의 것을 가지고 온 적은 없다고 한다(가나모리 겐사쿠 필기). 이와 같이 원래(이 섬이) 우리나라 영역이었던 것은 의심할 바 없고, (이 섬은) 중국의 순천부(順天府: 북경) 같이 일본의 수도가 된 도쿄와 다름없(는 섬일 것이)다. 그 해안에는 배를 댈 만한 곳이 많고, 산에는 나무가 많고, 특히 소나무가 자라며, 대나무는 우리나라 삿슈(薩州)의 오고비라(大河平) 외 (다케시마에) 비할만한 땅이 없고, 또 섬에 대산(大蒜)·야산(小蒜)이 나며, 이런 것들을 내는 땅으로서 광물을 내지 않는다는 말을 아직 들은 바 없으니, 하물며 진사(辰砂)와 녹청(綠青)이 나지 않으랴. 산에는 인삼이 많다고 한다. 그러면 그 땅에서 얻을 수 있는 약용 식물도 적지 않고, 바다에는 전복이 있고, 해로가 있다고 한다. 또 물고기가 많을 것은 당연하다."[45]

이상의 울릉도의 식물과 광물에 관한 기술을 정리하면 다음과 같다.

첫째, 일본인들이 있어서 가장 선호했던 울릉도 산물은 '인삼, 전복, 해로'였다.

둘째, 요나고 어부들이 오직 갖고 온 것은 '인삼, 전복, 해로'뿐이었고, 나머지 식물은 일본에도 있는 것으로 그다지 진귀한 것이 아니었다.

셋째, 광물로는 진사, 녹청 등이 있었다.

넷째. 「원래(이 섬이) 우리나라 영역이었던 것은 의심할 바 없고」라는 것으로, 울릉도가 원래 일본영역이라는 생각을 갖고 있었다.

다섯째, 「해안에는 배를 댈 만한 곳이 많고」라고 하는 것처럼, 울릉도를 바다의 수도라고 할 정도로 많은 배가 오갈 수 있는 섬이라는

---

45) 전게서, 경상북도 편(2014) 『독도관계일본고문서(1)』, pp.63-64.

인식을 갖고 있었다. 이는 올바른 인식은 아니었다.

여섯째, 산에는 소나무와 대나무가 엄청 많이 자라고 「진사와 녹청」
도 있고, 인삼이 많이 난다.

일곱째, 땅에는 약용식물, 바다에는 물고가가 많은 것은 당연하고
전복과 해로가 있다.


이상과 같은 내용의 『죽도잡지』를 집필한 저자의 목적은 「도쿄 히
비야의 바카쿠사이에서 붓을 놓다.」「다케시마잡지 끝」이라고 적은 집
필 후기를 보면, 「아침이나 저녁이나 마음은 오키의 풍랑에, 어찌 견뎌
내는가 다케시마는.」「이와 같은 땅인데 개척자가 아직까지 이를 황도
(荒島)에 비하고 있는 것이 매우 개탄스럽다.」[46]라고 하는 것처럼, 비
옥한 울릉도를 개척해야한다는 것이다.

마지막으로 「관준 마쓰우라 히로시」가 아래와 같이 『죽도잡지』의
후기를 적어 「도쿄서림의 가리가네야 신키치(鴈金屋信吉)」가 「메이지
4년(1871) 신미년 겨울 10월에 조판에 착수」하여 발행했다.


"영원불변의 마쓰우라의 색채를 입은 다케시로(多気志樓)[47] 당신은,
내 어릴 적부터의 동무로서, 오래 전 안세 때(1855~1860)의 초기에 미
치노쿠(陸奥)의 에조(蝦夷)의 지시마(千島)의 섬 입구인 하코다테(봉행
소) 임무를 명받아, 일찌감치 길 떠났을 때부터, 지금까지 누구보다 의
지하는 친구가 된, 허물없고 절친한 당신이여. 에조의 희미하게 보이는

---

46) 전게서, 경상북도 편(2014) 『독도관계일본고문서(1)』, p.64.
47) 타케시로의 호.

섬들, 미치노쿠의 그 어디까지고, 떠날 날 정해서 길 떠났을 때, 수많은 책을 집필하여, 그 이름을 천하에 울려 퍼지게 하다. 대략 말해진 것을 기록한, 아후미(あふみ) 에조라는, 이름을 나눈 그 사람조차, 에조의 마쓰우라 에조(延叙)의 다케시로, 끊어진(잊혀진) 세상은 언제부터이냐고, 에조 사람에 대한 것은 무엇이든지로다. 이리하여 여기에 당신의 이름으로 된 『죽도잡지』라는 한 권의 책으로 된 것을 보니, 이것도 역시 바다 저 멀리 한가운데 떨어져 있는 작은 섬으로, 이 세상에 알려져 사람이 자랑할 만한 땅, 어찌도 그렇게 자세히 쓸 수 있었는가, 이것을 마음에 두고 땅 끝까지, 당신이 갈 때를 정한 것은, 에조의 경계까지 뿐만 아니라, 널리 세상 사람이 전혀 알지 못하는 곳까지, 말하자면 필요이상이 되니, 정성껏 글로 써서, 이렇게 나타내고, 부디 오래도록 세상을 위하고 사람을 위한 것이 되게 하려는, 끊이지 않고 흘러가는 생각에 잠기니, 에조에 대해 알고 있는 자 외에는, 아직 당신에 대해 모를 것이다. 애당초 당신이란 사람이 어느 곳의 사람이라고 묻는다면, 가미카제(神風)의 이세노쿠니(伊勢国), 잇시노코오리(壱志郡), 효요(瓢像)의 구모즈노사토(雲津里), 그곳에서 출생하여 이름을 얻은, 스루가노쿠니(駿河国)가, 도쿄의 임시 거처에서 쓰다."[48]

이상의 「도쿄서림(東京書林) 가리가네야 신키치(雁金屋信吉)(발행)」가 쓴 후기의 내용을 정리하면 다음과 같다.

첫째, 이 책의 후기는 발행인 도쿄서림 사장인 가리가네야 신키치가 쓴 것으로 이 책의 저자인 「마쓰우라 다케시로」의 어릴 적 친구였다.

둘째, 다케시로는 안세 때(1855~1860) 초기, 미치노쿠의 에조의 지

---

시마(千島)이 섬 입구인 히코다데(봉행쇼) 임무를 멍받아 부임했다. 그 이전에 많은 저서를 남겼다.

셋째, 다케시로는 하코다테에 떠나기 전에 많은 저서를 남겼기 때문에 그 이름이 세상에 잘 알려져 있었다.

넷째. 마쓰우라는 에죠에 대해서도 상세한 저서를 남겼지만, 다케시마에 대해서도 「죽도잡지」라는 상세한 저서를 남겼다.

다섯째, 에조에 관심을 갖고 있는 사람은 대부분 마쓰우라를 알고 있지만, 마쓰우라가 다케시마를 비롯해서 일본이 확장해야하는 영토에 관해 관심을 갖고 있었다는 사실을 알고 있는 사람은 드물었다.

여섯째, 이처럼 진귀한 울릉도를 황무지로 생각하여 개척하려는 자가 없어서 개탄스럽다는 것이다.


# 6. 맺으면서

본 연구는 '19세기 중엽, 『죽도잡지』로 보는 일본인의 울릉도, 독도 인식'이라는 주제로 독도 영유권과 관련하여 고찰했다. 연구의 요점을 정리하면 다음과 같다.

첫째, 『죽도잡지』에서는 물산이 풍부하기 때문에 조선과 울릉도는 일본의 영토로 확장하는데 필요한 지역이라고 하여 죽도 개척의 필요성을 강조하고 있다. 또한 죽도에 대한 정보의 신뢰도에 관해서도 본인이 상상력에 의해서 기록한 것이 아니라, 이전의 죽도관련 도서와 관련자료, 그리고 견문록을 참고로 하였기 때문에 내용적으로 상당히 신뢰할 수 있다고 하고 있다.

둘째, 죽도의 명칭에 관해서 일본에서는 '다케시마' 이소다케시마'라고 하고, 한국에서는 '울릉도'라고 한다고 하고 있고, 울릉도까지 일본과 조선에서의 거리에 대해서도 현재적 관점으로 보면 정확한 거리인식은 아니지만, 일본에서보다 조선에서 더 가깝다는 인식을 갖고 있었다.

셋째, 일본인의 울릉도 도해면허는 오야, 무라카와 두 가문이 태수에게 신청하여 태수가 막부에 올려 막부로부터 태수에게 도해면허가 내려왔다는 것과, 울릉도에서 조선인을 만나 영유권 분쟁이 되어 결국은 막부가 일본어부의 울릉도 도해를 금지시켰다고 하고 있다. 도해금지령이 있고 3년 후에 직접 막부에 찾아가서 울릉도 도항을 위한 탄원을 내었는데, 막부가 이에 대해 허가하지 않았다는 사실도 기록하고 있다. 또한 1724년에 막부가 울릉도를 조사하기 위해 오야, 무라카와 두 가문에서 조사보고서를 작성하여 관청에 제출하도록 했다는 사실에 대해서도 언급하고 있다.

넷째, 오야, 무라카와 두 가문이 울릉도에 도항하게 된 목적을 알 수 있는 울릉도의 풍토와 산물에 관해서 매우 상세하게 기록하고 있다. 지금까지 선행연구에서는 일본인 두 가문이 울릉도에 도해했으나, 그 목적에 관해서 구체적으로 밝혀진 바가 없었다. 『죽도잡지』에서 울릉도 산물에 관한 내용이 확인되면서 도해 목적에 관해 더 상세하게 추론할 수 있게 되었다.

다섯째, 『죽도잡지』에 기록된 내용은 전혀 엉뚱한 내용은 아니지만,

그렇다고 매우 정확한 내용이라고 단정할 수는 없다. 다만, 당시 일본인들의 울릉도에 관한 인식을 알 수 있는 좋은 소재임에는 분명하다.

마지막으로 『죽도잡지』는 울릉도에 관한 기록으로서 독도에 관한 언급은 전혀 없다. 그럼에도 불구하고 오늘날 일본이 독도 영유권과 관련하여 언급하는 이유는 울릉도를 도항하는 과정에 독도를 경유했기 때문에 독도가 일본영토로서의 증거라는 것이다.

〈참고문헌〉

강봉원(2013) 「울릉도 고분에 관한 일고찰」, 『동아시아의 바다와 섬을 둘러싼 갈등과 투쟁의 역사 -독도를 중심으로-』지성인, pp.123-160.

경상북도 편(2014) 『독도관계일본고문서(1)』 경상북도 독도사료연구회 연구 보고서1, pp.49-77.

_____ (2013) 『죽도기사(1)』 경상북도 독도사료연구회 연구보고서1, p.39.

_____(2013) 『죽도기사(2)』 경상북도 독도사료연구회 연구보고서2, p.256.

권오엽 · 오오니시 주석(2009) 『독도의 원초기록 원록각서』 제이앤씨, p.59.

권오엽 편주(2010) 『일본고문서의 독도, 控帳』 책사랑, pp.68-229.

다케우치 다케시, 송휘영 · 김수희 역(2013) 『고유영토론의 역사적 검토』 선인, p.19.

송휘영 엮음(2013) 『일본학자가 보는 독도의 역사적 연원』지성인, pp.161-205.

오오니시 도시테로, 권정 역(2011) 『독도개관』 인문사, pp.421-442.

정영미 역(2010) 『竹島考 상 · 하』 경상북도 · 안용복재단, p.125.

최장근(2014) 『독도 한국고유영토론』 제이앤씨, pp.11-159.

川上健三(1966), 『竹島の歷史地理的研究』古今書院, pp.139-193.

下条正男(2005) 『'竹島':その歷史と領土問題』竹島 · 北方領土返還要求運動島根 県民会議, pp.33-39.

_____(2004) 『竹島は日韓どちらのものか』文春親書377, pp.43-92.

内藤正中 · 金柄烈(2007) 『歷史的検証独島 · 竹島』岩波書店, pp.8-61.

内藤正中 · 朴炳涉(2007) 『竹島＝独島論争─歷史から考える─』新幹社, pp.53-79.

○ 「竹島問題」(일본외무성),

○ http://www.mofa.go.jp/mofaj/area/takeshima/(검색일: 2012.1.30).

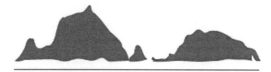

# 第4章

## 『竹島雑誌』に
## 見られる
## 日本の知識人の
## 鬱陵島と
## 独島の認識

## 1. はじめに

　日本政府は独島に対して17世紀に領有権を確立したと主張している。[1]事実上、17世紀の日本が独島を領土として管理していたという本格的な記録はない[2]。ただし、17世紀の日本の漁師、大谷と村

---

1) 「竹島問題」、http://www.kr.emb-japan.go.jp/territory/takeshima/issue.html
(檢索日:2015年12月1日). "我が国が古くから竹島の存在を認識していたことは，多くの古い資料や地図により明らかになっています。17世紀初めには，日本人が政府(江戸幕府)公認の下，鬱陵島に渡る際，竹島を航行の目標として，また船がかり(停泊地)として利用するとともに，あしかやあわびなどの漁猟にも利用していました。遅くとも17世紀半ばには，我が国の竹島に対する領有権は確立していたと考えられます。"

2) 安龍福事件がきっかけとなり、朝日間に独島紛争が起こった。鬱陵島、独島すべてが問題になったが、鬱陵島問題が主な問題であった。ところが、日本の学者(池内)は鬱陵島渡海禁止令と安龍福の渡日は関連がないと主張しており、誤った認識である。宋彙栄編(2013)「日本の学者が見る独島の歴史的淵源」知性人、pp.161-205. 竹内武は安龍福によって鬱陵島と独島の2島について朝鮮朝廷が領土として認識したという認識である(竹内猛、宋彙栄、金秀姫駅(2013)『固有領土論の歴史的検討』ソンイン、

川の両家が、朝鮮の刷還政策により陸地から遠く離れた島を空にして管理している時期に、70年間にわたって密かに鬱陵島に往来したという記録がある。3)安龍福一行と2回にわたり竹島一件があった。4)本稿で扱う『竹島雑誌』は、日本で鬱陵島を本格的に紹介している数少ない初期資料の一つである。「竹島」の日本領土論者は、この『竹島雑誌』が鬱陵島を紹介する記録ではあるが、鬱陵島に行くためには必ず独島を経なければならないので、日本が独島の領有権を確立したという証拠資料としている5)。よって、この『竹島雑誌』のいかなる部分のいかなる内容が、日本が独島の領有権を確立したという証拠資料になるのか考察したい。先行研究では、この『竹島雑誌』を本格的に扱った研究は皆無である。実際に17世紀を前後して、鬱陵島の地理や環境などに関する資料はあまり多くない。『竹島

---

p.19). このような認識は、内藤正中・金柄烈(2007)「歴史的検証独島・竹島」岩波書店、pp.8-61. 内藤正中・朴炳渉(2007)『竹島=独島論争ー歴史から考えるー』新幹社、pp.53-79にもある。

3) 関連研究書として、川上健三(1966)『竹島の歴史地理的研究』古今書院、pp.139-193. 下条正男(2005)『'竹島'その歴史と領土問題』竹島・北方領土返還要求運動島根県民会議、pp.33-39、_____(2004)『竹島は日韓どちらのものか』文春親書377、pp.43-92などがある。一次資料として一次・二次渡日に関して詳細に記録した文献(權五曄ヨ編注(2010)『日本古文書の独島、控帳』チェックサラン、pp.68-229)がある。

4) 一次渡日の際は朝鮮側40人程度が鬱陵島に渡航したが、2人が武装した日本側に拉致された。慶尙北道獨島史料研究會編(2013)『竹島記事(1)』慶尚北道独島史料研究会研究報告書1、p.39. 大西俊輝、權静訳(2011)『独島概観』人文社、pp.421-442.

5) 日本が17世紀に独島領有権を確立したとする根拠として鬱陵島渡航を証拠としている。その理由としては、幕府の領土認識が欠如していたため鬱陵島は朝鮮に与えたが、独島の引き渡しはなかったという主張である。

雑誌』は、当時の鬱陵島の状況を知り得る情報を多分に有している。研究方法としては、『竹島雑誌』に記載されている鬱陵島と独島に関するすべての情報を網羅・解釈し、当時の日本に存在した独島と鬱陵島に対する領土認識と産物に対する認識について考証したい。

　本研究では、竹島雑誌の筆者が独島と鬱陵島を踏査して作成したものではなく、本書の参考文献である『多気甚麼雑誌』、『竹島圖説』と『伯耆民談』、「長兵衛竹島はなし」などの多くの資料を参考にして作成したので、参考文献の誤謬により「竹島雑誌」の記述も所々に正しくない内容がある。誤った部分に関しては、最近の研究に基づき脚注で補足説明する。実際に「竹島雑誌」には、独島に関する言及はないが、日本の領土論者らが17世紀に日本が独島の領土主権を確立したという証拠資料としているために、事実上、「竹島雑誌」の研究は独島研究の一環であるという点を強調しておく。

# 2. 『竹島雑誌』の執筆動機

## 2.1 竹島開拓の必要性について

　『竹島雑誌』[6]は1871年10月に松浦武四郎が東京に所在地を置く青山堂から出版した。[7]〈序文〉は明治四年(1871)辛未六月藤川忠献が

---

6) 本書では、竹島は「竹島」と読み、現在の「鬱陵島」を指す。日本の人々が言う現在の独島を指す「竹」ではない。本稿では、「竹島」と表記する。
7) 『竹島雑誌』

書き、清書した人物は関思であり、本を発行した東京書琳の代表は
雁金屋清吉であった。8)

　　源八郎取琉球、源九郎腹蝦夷、渠亡虜猶能爲之、而当斯開化之乗、
　我版図付諸不問所以德川氏之不振也。松浦武四郎有慨于此嘗航蝦夷圖
　其山川度其土宜著書以陳開拓之使巳而朝廷大開北海島竹四良功居多
　云。頃竹四良又著『竹島雑誌』所序于予夫蕞爾小島固非蝦夷之此予知易
　爲地也。
　　異日、国家有尓朝鮮此島必将有所用。豈得以蕞兩不問之乎。嗚呼在
　上之人果能讀此書施諸行事二源之事跡不足言也。予因慫慂刻之)9)

　以上の竹島雑誌の「序文」を通して、開拓の必要性は次のようにま
とめられる。

　第一、領土膨脹の側面から見ると、中世時代の源政権は北海道と
沖縄を服屬させて先住民を滅亡させた。ところが、近世の德川政権
は領土拡張に消極的であった。

　第二、松浦武四郎が北海道を測量し、地図を製作、本を刊行して開
拓を扇動することにより、北海道に開拓使を派遣することになった。

　第三、朝廷が北海道を開拓したが、松浦武四郎の功績が大
きかった。

---

8) 慶尙北道獨島史料研究会　編(2014)『獨島關係日本古文書(1)』慶尙北道獨島
　史料研究會研究報告書1、p.50.
9) 前揭書、慶尙北道獨島史料研究会編(2014)『獨島關係日本古文書(1)』、
　pp.49-50.

　　第四、松浦武四郎は竹島が小さな島であるが、国の役に立つという理由から『竹島雑誌』を著した。

第五、将来的に朝鮮と竹島を領有すれば、日本に益をもたらすであろう。

　　第六、誰かが竹島を開拓すれば、その功労は極めて大である。

　　第七、『竹島雑誌』の序文を書いた人物は、「明治四年(1871)辛未六月藤川忠献」であり、関思が清書を行った。

　　第八、『竹島雑誌』の著述目的は、日本の領土でもなく、隣国の領土である竹島の開拓を扇動するためであった。

## 2.2 『竹島雑誌』の執筆動機と内容の信頼度

　『竹島雑誌』の凡例は松浦竹四郎弘が明治3(1870)庚午年中秋閏3月、東京日比谷の馬角齋で作成した。[10]『竹島雑誌』の「凡例」に対する執筆動機と内容の信頼度について、次のように記述している。


　　一、地理の肝要なる事、不肖今贅するに及ばず、皆しる処にして、頃年其事に識者心を尽さる〉か故か、坐からにして龍動(ロンドン)の繁盛、巴里斯(パリス)の美麗人々のみなしらざる者なく、山海数万里を隔つ地の盛衰動乱も月を越すして知る。豈是太平の餘澤ならすや。然るに其知らるとしられざると竹島なるもの誰も是を説く人なし。またしる人も稀なり。さる癸丑の秋より籌海[11]の書数十編を見るに蝦夷(エゾ)・樺太(カバらリフト)・琉球・続而伊豆七島・無人嶋に及ぶ者あれとも、いまに竹島となるは策を見

---

10) 前掲書、慶尙北道獨島史料研究会編(2014)『獨島關係日本古文書(1)』、p.51.
11) 日本列島とその周辺。

す。依之此一巻を編輯して以て『竹島雑誌』と名を冠らしむるも
のなり。

一、其編証ありといへとも街説里譚を不用、惣而引用の書に拠而編
す。其書荒(証)に比すへきものは是余か杜撰にあらされは閲者ゆるし
玉え。

一、雖然、其引用る書のこと、漁夫猟人の話を以而記したるものの
みなれば、元杜撰はいふへきなしといへとも、元陶金家の書せし「北海
随筆」も、のち林氏が『三国通覧』を著す原書となりしも同日の淡なるへ
し。閲者敢而蔑視たまふことなかれ。[12]


以上から『竹島雑誌』の執筆動機と内容の信頼度についてまとめる
と、次の通りである。

第一、執筆動機は地理を把握してこそ国家が発展すると考えたの
で、鬱陵島の地理を本に執筆したのである。世界の近代化(太平聖
代)のおかげで、日本でも海外の情報を得ることができた。鬱陵島
の情報を知ることができるのも近代化のおかげである。

第二、日本列島の周辺に存在する他の島については情報を得るこ
ともでき、行き来することもあったが、唯一竹島に関する地理情報
はなかったので、『竹島雑誌』を執筆したのである。

第三、『竹島雑誌』は筆者の想像力によるものではなく、参考文献
を引用して執筆したものである。内容が粗雑であるのは、参考文献

---

12) 前掲書、慶尚北道獨島史料研究会編(2014)『獨島關係日本古文書(1)』、
pp.50-51.

の問題である。

　第四、参考文献が猟師や漁師の言葉を記録したものであり、著名な学者が執筆した書籍も、その粗雑な参考文献をもとに作成したので正確ではない。『竹島雑誌』がやや粗雑な仕上がりでも筆者の過失には当たらない。

　第五、『竹島雑誌』は、松浦竹四郎阿部弘が編集した。著述の際に参考として活用した文献は、『日本風土記』、『日本輿地路程図』、『現存六帖』、『懐中鈔』、『東涯随筆』、『草盧雑談』、『隨書』、『大清一統圖』、『北史』、『伯耆民談』、『竹島圖説』、『太平年表』、金森建索の筆記、宗対馬守義攻、長兵衛竹島話などである。13)

　第六、「竹島」対する知見は、当時の日本に存在していた様々な書籍を調べたもので、直接に渡航して知り得たものではなかった。


## 3. 竹島の名称と地理的位置、島の価値

　鬱陵島の名称と地理的位置に関して、韓国側では于山国が存在した新羅時代、また高麗時代には鬱陵島に人が住んでおり、また、距離的に鬱陵島から独島が見えたので、鬱陵島と独島の形成についても正確に把握していたのは疑いの余地がない。14)しかし、それを示

13) 前掲書、慶尚北道獨島史料研究会編(2014)『獨島關係日本古文書(1)』、pp.51-52.
14) 韓国側の史料は三國史記と三国遺事から「鬱陵島に于山国があり、新羅が

す記録はない。韓国側に存在する鬱陵島の詳細な情報に関する最も
古い記録は、捜討使たちが残した地図である。[15] 日本側には、大谷
家と村川家の漁師たちが鬱陵島に渡航した際に残した記録がある。
記録にはその内容が伝えられ、以下のように記録されている。

松浦竹四郎は『竹島雑誌』の「総説」に竹島の名称と地理的位置、島
の価値について、次のように記述している。

　　他計甚麼 ＜『日本風土記』＞、また竹島と書は此島大竹薮＜東岸大阪
　浦にあり＞あり、其竹極めて大なるは周囲二尺斗なるものあり＜『竹島
　図説』＞、依而号るや。また舳羅(國)＜『随書』＞などあり。

　　『東涯随筆』に此島をして舳羅島と云よしみえたれとも、余按するに
　舳羅島と云ものは筑紫の沖に有る島を指て云うか。九州辺にて瞽者ども
　もいとだみたる聲にて鰷若大臣の一代記と云るものを謠て市街を門附
　して歩行あり、其大小の事は兎も角も、彼大臣の頃、此島の事今の世
　にてさへ明かならざるにしれまじとぞ思ふ。また固に誌るすに『北史』
　巻(九)十四「倭(國)伝」" 遣文林郎・裏世清使(倭)国。度百済、行至竹
　島、南望耽羅島 "、云云。これにても別なることしるべし。
　　竹島は日本を離るること遠くして却て漢土に近く境内頗る広活なる

_____

　　于山国を征伐した」という鬱陵島に関する記録がほとんで、実際にその
　　時代における鬱陵島の地理や産物について記録した書籍はない。日本側
　　でも『竹島雑誌』のような場合、内容は17世紀大谷、村川の両家が鬱陵島
　　を往来した時に調査した産物について記録しているが、実際の執筆年度
　　は1870年度である。
15) 朝鮮の捜討使たちが残した地図と内容。崔長根(2014)〈〈獨島韓國固有領
　　土論〉〉ジェイエンシ、pp.11-159.

島なり。<『伯耆民談』>隠岐の国松島の西島<松島の一小属島なり、土俗
呼て次島と云>より海上道則凡四十里許北にあり。<『竹島図説』、此説疑
ふべけれども、他に拠るものんばきゆへにしるしおけり>極高三十七度五
十分より三十八度におよぶ。<「日本輿地路程図」、『大清一統圖』>16)

　　里俗の説に隠岐より戌亥間四十里斗にして、17)石見より亥子の方八
十里、長州より子丑に当りて凡九十里とおもはる。然れとも是は只凡
の言伝へなれは証とするにもあらず。

　　朝鮮元渡海に釜山浦の湊へ此間十八里、夜に至れは彼国にて灯す民家
の燈たしかにみゆるなりと、渡海せし船人とも苦談ス。<『伯耆民談』>
按するに是は誤りなるへし。18)
　　また、〝見高麗猶雲州望因州<「[日本輿地] 路程図)」>等出たり。
また古歌に
　　<『懐中鈔』>いにしへもかくやときゝし竹島の　ふしをへたてて今
そさやなる。
　　<『現存六帖』>竹しまや　よするさゝ波いくかへり　つれなき世々を
かけてこらん。
　　按するに此後の歌は近江湖忠の多気島を云しか。
　　其地形三角にして、周囲凡十六里許、産物最多き一奇島なり。<『竹
島図説』>山獄谷間ありて大竹・喬木茂盛し、緒島禽獣多く、魚鱉・介

---

16) 前掲書、慶尚北道獨島史料研究会　編(2014)『獨島關係日本古文書(1)』、
　　pp.52-53.
17) 鄭英美訳(2010)『竹島考上・下』慶尚北道・安龍福財団、p.125.
18) 權五曄、大西注(2009)『独島の原始記録元祿覚書』ジェイエンシ、p.59.「竹
　　島と朝鮮の間は30里、竹島と松島の間は50里」と認識していた。

類素より磯辺に充満して産物足れる島とかや。＜『伯耆民談』＞19)

　以上の内容から竹島の名称と地理的位置、島の価値について、次のような事実を知ることができる。

　第一、竹島という名称は、東側の大阪浦に竹林があり、大きなものは幹周が2尺にもなる。そこでこの島を「竹島」と命名した。

　第二、「舳羅島」という言葉があり、竹島を舳羅島と呼ぶ人がいるが、筑紫の沖の壱岐島、あるいは対馬のことであると思われる。現在の竹島ではない。

　第三、様々な書籍や伝え聞くところによると、日本から竹島までの距離についていろいろと言及しているが、どれも正確ではない。明らかなことは夜この島から、釜山浦の民家の灯が見えるというので、この島は日本よりは朝鮮からより近い。

　第四、「日本興地路程図」や『大清一統圖』によると、「竹島」20)は、北緯37度50分から38度にわたって位置している。

　第五、竹島は「隠岐より戌亥間四十里斗にして」とし、松島を隠岐国所属として言及している。

　第六、著述年度について「明治三庚牛のとし、中秋閏三月、於東

---

19) 前掲書、慶尚北道獨島史料研究会編(2014)『獨島關係日本古文書(1)』、 pp.52-54.
20) ここで言う「竹島」は、鬱陵島を示す。現在の独島に関する言及は全くない。それは大谷、村川の両家が独島を目標としていなかったことであり、この本の執筆動機も鬱陵島開拓を扇動するためである。当時の独島は開拓するほどの価値がある島ではなかったからである。

京日比谷馬角斎誌松浦竹四郎弘」とし、松浦竹四郎が『竹島図説』を
引用して、1870年頃に著したものである。[21]

　第七、竹島は、その地形は三角形であり、周囲は約16里くらい、
山と谷の間には竹と喬木が繁茂し、産物が非常に多い貴重な島であ
る。山には禽獣、海岸沿いには魚類と貝類が豊富である。

# 4. 日本人の鬱陵島渡海と渡航禁止令

## 4.1 大谷家と村川家の渡海免許取得の経緯

　大谷家と村川家の両家は鬱陵島に漂流したことがあり、鬱陵島が
無人島であること、産物が豊富であること、経済的価値があるとい
う事実を知り、幕府から渡海免許を取得して1620年代から1696年ま
での間、安龍福事件で渡航が禁止されるまでの約70年間鬱陵島に渡
海を続けた。安龍福事件により、朝日両国の間で鬱陵島と独島に関
する領有権紛争が起ったが、幕府は対馬藩[22]と鳥取藩に鬱陵島の所

---

21) 1870年、日本外務省では鬱陵島と独島を調査したが、文書記録の上では
鬱陵島と独島が朝鮮の所属になっているという事実を知ることとなり、
実際に朝鮮の公文書を調査した結果、鬱陵島は朝鮮の領土になっている
が、独島については所属が決っていないと報告した。この報告は事実と
異なる。世宗実録地理志、東国興地勝覧など「蔚珍縣正東沖に于山島と鬱
陵島の二島が存在し、この島は天候が清明なとき、お互いによく見える」
という事実を詳細に調査していなかったのである。
22) 対馬藩の調査では、鬱陵島を日本の領土だと主張して朝鮮人の渡海を禁
止することを朝鮮政府に要請したが、鳥取藩の調査では、鬱陵島と独島
が朝鮮の領土であることを確認したのである。

属を調査するよう命じ、その結果として鬱陵島と独島を朝鮮の領土として認め、免許を許可した鬱陵島への渡海を禁止させた。「竹島雑誌」でも大谷と村川の両家の渡海免許の取得経緯について、次のように記録している。

　また此島は竹斯國竹島＜『北史』倭傳＞とて、我國の島にきはまりたり＜『草盧雜談』＞ことにして伯州米子よなごの町人大谷、村川の兩氏代々名ある町人にして、子孫は今にも町年寄を勤む。此兩人竹島渡海免許を蒙る事は、當國前大守中村伯耆守忠一たゞかず＜『伯耆民談』＞慶長十四年に卒去あつて、嗣なきが故に跡を斷て爾來元和二年迄國主なくして御料となり、然るに依て御上〔城〕代年々武都より來番して當城に居きよし、伯州を鎭護す＜『伯耆民談』＞同年阿部四郎五郎在番あり。此時兩氏竹島渡海の事を希ふ。然るに翌＜『伯耆民談』＞

　元和三年(丁巳)松平新太郎光政卿當國を管領して入部あるにより、兩人また願ふ處に光政卿聽て武都に告て許し之され、爾來竹島え押渡(り)海漁をなす。其後毎歳渡海不二倦怠一うみおこたらず＜『伯耆民談』＞。元和四年に兩商を江府に召され免許の御朱印を賜ふ。但し直たゞちに兩商え賜はらず、一旦烈侯(新太郎光政君)へ渡し給ふて之を拜領す＜『伯耆民談』＞。此年より兩商は將軍家の拜謁を辱ふして、時服を拜受し竹島の名産鮑を奉貢す。後八九年を歷て兩商の内一名づゝを召して隔年の謁見に定めらる＜『竹島圖説』＞。

　是によつて此兩家不レ絶たえず渡海して漁事を致せしに、後七十四年を過て元祿五年(壬申)[23]に渡海する所に唐人群居して海獵をなす。兩

---

23) 事実と異なる点は、1692年に初めて朝鮮人に会ったという。

氏是を製〔制〕すといへども更に不二入聞一きゝいれざるのみならずし
て、危權〔險〕とするにより兩氏無念ながら歸帆す<『伯耆民談』>。24)


　以上の大谷と村川、両家の渡海免許取得の経緯に関する内容をま
とめると、次の通りである。

　第一、大谷と村川の両家は竹島を「竹斯國」、すなわち、日本の地
であると考えた。

　第二、大谷と村川、両家は伯州米子の住民として、代々名のある
一族の子孫であり、両家は現在まで町年寄職を務めている。

　第三、伯州は1609年大守であった中村伯耆守忠一たゞかずが死
に、相続できる子孫が存在せず1616年に幕府の領地となった。

　第四、毎年幕府から派遣された城代が城に滞在しながら伯州を支
配した。1616年、阿部四郎五郎が城代として赴任中に、両家が竹島
渡海免許を申請した。1617年には、松平新太郎光政が伯州の城代と
して赴任したが、その時、再び両家が免許を請願し、光政が即座に
江戸に報告して渡海許可を受けた。その後、毎年欠かさず竹島に渡
り漁撈を行った。25)

　第五、1618年、二人の商人を江戸に呼んで尋問した後、城代の新
太郎光政に朱印船を与えた。1618年から幕府の将軍に拝謁し、時服
を賜ったが、代わりに竹島の名産である鮑を献上した。

---

24) 前掲書、慶尚北道獨島史料研究会編(2014)『獨島關係日本古文書(1)』、
　　pp.54-55.
25) 事実と異なる点は、1620年以降に免許を受けたという研究がある。

　第六、1618年以降、8、9年が過ぎた後から74年間に渡って両家が隔年で漁業を行うことになった。[26]

　第七、1695年には竹島で朝鮮人が大規模に漁撈を行うところを目撃した。二人は朝鮮人の漁撈を妨げることができず、悔しい気持ちで帰国したということである。

## 4.2 鬱陵島での日本の漁夫と朝鮮人との遭遇

　安龍福一行は1692年に鬱陵島で日本人に遭遇した。[27]そして、翌年の1693年、再び日本人に会い、安龍福は日本人を叱りつけたが、むしろ武装した日本人たちに拉致されて日本に連行された。日本の役所では[28]武装して拉致した日本の猟師たちの待遇とは異なり、安龍福一行を手厚く待遇し、長崎と対馬を経て送還された。[29]「竹島雑誌」にも安龍福の1度目の渡日について、以下のように記録している。

　　竹島圖説に元禄五年春二月十九日例年の如く米子を出帆して隠岐の
　　國福浦に着し、同三月[30]二十四日福浦を出帆して同月二十六日朝五ツ

---

26) 渡海免許を受けて8、9年が経過した後に渡航をしたという事実は、先行研究で検討したことのない新しい事実である。
27) 慶尙北道獨島史料研究会編(2013)『竹島記事(1)』慶尙北道獨島史料研究會研究報告書1、pp.14-21.
28) 權五曄ヨ編注(2010)『日本古文書の独島、控帳』チェックサラン、pp.16-30.
29) 上同
30) 日本の漁夫が鬱陵島で初めて朝鮮人に会ったのは、1692年の記録が妥当である。ところが本書では、1695年と記録しているが、誤謬であると

時、竹島の内イカ島と云處に着す。昰時剏はじめて異邦の人魚獵するを見るを得たり。蓋是より先いまだ曾て見ざるなり。翌二十七日我舟を同島の濱田浦へ廻さんとする皈路において、又異船貳艘を見たり。但一艘は居船にて一艘は浮べて異邦人三十人斗是に乘れり。

　我舟を八九間隔て大坂浦(へ)廻る其人員に屬する者か、一人陸に遺り居たるが忽ち小舟に乘じて我の近傍に來る。因て之を向〔問〕ふに朝鮮の「カワテレカハラ」の人民と答ふ。但此人は象胥に似て能く我が國語に通ぜり。而蚫獵の故を詰なじるに彼答に曰。原もとより此島の蚫を獵するの意なし。然れども此島の以北に一島有て上好の蚫最多し。是故に吾儕朝鮮國王の命を奉じて、三年毎に一回彼島に渡れり。當年も亦那邊に渡り海帆の跡難風に逢ひ、不レ計此島に漂着すと云に後我輩曰、此竹島は昔時より日本人蚫獵を做なれ〔し〕來れる處なれば速に出帆すべしと云ば、彼が答に、難風に遇ひ舟皆損破する故に之を補造して後去るべしと説けども、其實は急に退べきの状態にあらず。我輩の上陸して曾て築造せる小屋を檢査するに、獵船八艘を失へり。由て是を那かの象胥に質せば皆浦々へ廻はせりと答ふ。加レ之我舟を居〔据す〕へんと強れども彼れは衆、我は寡、衆寡固より敵すべからず恐懼の情なき事能はず。故を以三月二十一〔七〕日晩七ツ時、竹島より出帆せり。但串鮑、笠、頭巾、味噌麹一丸を携へ皈れり。此は這回の渡の證と做す〔さ〕んが爲のみ。四月朔日石州濱田へ皈り雲州をへて、同月五日七ツ時に伯州米子に皈着せり。＜按ずるに此元和とすることの元祿にはあらざるや。依てここに入るなり＞[31]

考えられる。
31) 前掲書、慶尙北道獨島史料研究会編(2014)『獨島關係日本古文書(1)』、pp.55-56.

　以上のように、日本人が朝鮮人に遭遇した事実に関する内容をまとめると、次の通りである。

　第一、鬱陵島への渡航に関する内容は、『竹島図説』に基づいていることを明らかにしている。

　第二、「元禄五年春二月十九日例年の如く米子を出帆して隠岐の國福浦に着し、同三月二十四日福浦を出帆して同月二十六日朝五ツ時、竹島の内イカ島と云處に着す。」とし、米子の人が3月末に鬱陵島に渡航するが、隠岐の島の福浦で5日[32]間待機し、2泊2日がかかるということである。

　第三、元禄5年(1695)3月26日に鬱陵島に到着し、以前出会ったことのない異邦人を初めて見掛けたが、漁獵をしていたということである。

　第四、二隻の船を発見したが、一隻に30人余りが乗っていたという。それでは、60人の朝鮮人が鬱陵島に渡航したということであろう。

　第五、日本人は濱田浦に停泊したが、朝鮮人は大阪浦に停泊し、「カワテンカハラ」という人は日本語の達者な通事であった。

　第六、「島の以北に一島有て上好の蚫最多し。是故に吾儕朝鮮國王の命を奉じて、三年毎に一回彼島に渡れり。當年も亦那邊に渡り海帆の跡難風に逢ひ、不レ計此島に漂着す」という内容を見ると、東國輿地勝覽の東覽圖に出てくる「于山島」と「鬱陵島」を連想させ

---

32) 内容から見て、5日か35日か明らかではない。誤りと見るのが妥当である。

る。朝鮮国の命令を受け、3午に一度鬱陵島に行って帰るところ、「亍山島」に漂流したという主張である。日本人と争いになることを懸念して虚偽の証言をしたと解釈される。ただし、東海に二島の領土認識を持っていたことは知ることができる。

第七、「此竹島は昔時より日本人蚫獵を做なれ〔し〕來れる處なれば速に出帆すべしと云ば、彼が答に、難風に遇ひ舟皆損破する故に之を補造して後去るべしと説けども、其實は急に退べきの状態にあらず。」という部分から、朝鮮人が日本人との紛争を懸念して嘘をついていることが分かる。

第八、日本人たちが製作・停泊させておいた八隻の船を朝鮮人が勝手に浦に移した。また、朝鮮人の数がより多かったと述べている。

第九、日本人たちは朝鮮人に会って、3月26日の朝5時に竹島に到着したが、怖くて3月21日の夜7時には出航した。

第十、朝鮮人との遭遇を知らせるために、その証拠として「串鮑、笠、頭巾、味噌麹一塊」を持って帰ってきた。

第十一、経路と所要時間について、「四月朔日石州濱田へ皈り雲州をへて、同月五日七ツ時に伯州米子に皈着せり。」としている。

第十二、＜按ずるに此元和とすることの元祿にはあらざるや。依てここに入るなり＞とし、『竹島図説』の誤りを指摘している。

安龍福は1度目の渡日以降、対馬藩主が鬱陵島の領有権を主張し続けているという事実を知って、2度目の渡日を決行するが、「朝鬱

兩島監税將」という肩書きを詐称し、官服を着て自ら鬱陵島-独島を経由して日本に渡航した。『竹島雑誌』は安龍福の2度目の渡日については、次のように記録している。

　翌酉(元祿六年)の年渡海するに、唐人數多渡りて家居を設けて漁獵を恣す。于レ時兩氏計策をなして唐人兩人連歸りて米子に参着し、同年四月二十七日未の下刻灘町大谷九郎右衞門宅に入、斯て兩人島の趣、兩人の唐人召連歸帆の事を大守へ訴るに、遂に武都の沙汰に留るとかや<『伯耆民談』>。

　竹島圖説。翌元祿六癸酉の年春二月下旬、再び米子を出帆して夏四月十七日未刻竹島に着せり。然るに昨年の如く朝鮮人等專ら漁獵をして我を妨げ、動もすれば不軌の語言を放つて和平ならず。止む事を得ず其中の長者一名と火伴ナカマ兩三輩を延ひて我船に入れ、同月十八日竹島より出帆して同二十八日米子へ飯れり。其由を國侯松平伯耆守へ訴ふ。國侯亦之を御勘定奉行松平美濃守殿へ達せる。33)

　上記の安龍福の2度目の渡日に関する内容をまとめると、次の通りである。
　第一、上記の内容は、『伯耆民談』と『竹島圖説』から引用したものである。
　第二、1696年「春二月下旬、再び米子を出帆して夏四月十七日未

---

33) 前掲書、慶尚北道獨島史料研究会編(2014)『獨島關係日本古文書(1)』、pp.56-57.

刻竹島に着せり。」とし．1695年に続き、1696年にも渡航したが、多くの朝鮮人が家屋を作って勝手に漁獵をしていた。

第三、「朝鮮人等專ら漁獵をして我を妨げ、動もすれば不軌の語言を放つて和平ならず」。日本人たちは、「止む事を得ず其中の長者一名と火伴ナカマ兩三輩[34]を延ひて我船に入れ」、米子に帰ってきた。

第四、帰港の経路と泊まったところについて、「同月十八日竹島より出帆して同二十八日米子へ皈れり。」、「同年四月二十七日未の下刻灘町大谷九郎右衞門宅に入、」とし、朝鮮人の二人は大谷九郎右衞門宅に滞在していたのである。

第五、「其由を國侯松平伯耆守へ訴ふ。國侯亦之を御勘定奉行松平美濃守殿へ達せる。」、「斯て兩人島の趣、兩人の唐人召連歸帆の事を大守へ訴るに、遂に武都の沙汰に留るとかや」とし、幕府と朝鮮政府の間で竹島一件が起ったのである。

第六、『伯耆民談』と『竹島圖説』の内容が必ずしも一致せず、正確差においても多少の違いがある。両方を比較しながら共通点と相違点を確認することにより、内容の正否を判断するのに参考になる。

## 4.3 鬱陵島渡航禁止令

安龍福は日本の役所に鬱陵島と独島が朝鮮の領土であることを主張し、最終的に幕府は鬱陵島と独島が朝鮮の領土であることを認め

---

34) 『竹島圖説』の「長者一名と火伴ナカマ兩三輩」は誤りである。

て日本人の渡航を禁止した。『竹島雑誌』には鬱陵島渡航禁止令に関
して、次のように記録している。

　因て台命を下して那の一夥の人員を江都に召れ審に諸件を正され給
ひ、時に日本人は朝鮮人との渡海は時候を異にせるにはあらずやと尋
ねられしかば、右の一夥の答に、我等は毎歳春三月の比ころ渡島し、
七月上旬飯帆の節獵舟獵具等を小屋に納め置、翌年渡島の節まで毫も
差違なかりしに、去年元祿五年より小屋を發あばき肆ほしいままに器
械を奪ひ、倨然として居住するの模様に見れば、全く此年朝鮮人創め
て竹島を捜索したるに疑なしといへり。尚且之に依て魚獵難レ爲之由
屢愁訴に及べりと云々。

　同年大谷、村川連來る彼二人の唐人等米子より國府城下に到。時に加
納郷左衞門、尾關忠兵衞兩士領主の下知げじに應じて召連鳥取に入る。
＜『伯耆民談』＞。

　扨此後は渡海やめりと。然るによつて三年を過て元祿九(丙子)年正月
二十八日＜『伯耆民談』＞　憲廟の御時なるが、朝鮮より竹島は朝鮮の島
のよしを申上ければ、竹島を朝鮮えあたえ給ふとかや＜『草蘆雑誌』＞。
かくて御月番＜正月二十八日＞。御老中戸田山城守殿奉書を下され候よ
しなり＜『竹島圖説』＞。

　先年松平新太郎因伯兩州領知之節相窺之伯州米子町人村川新兵衞大
谷甚吉至レ今入二竹島一にて爲二漁獵一向後入島之義制禁可二申付一
旨被二仰出一可レ存二其趣一　恐惶謹言

　　元祿九年子正月二十八日

　　　土屋相模守

戸田山城守

阿部豊後守

大久保加賀守

松平伯耆守殿

　元禄九年因幡國與と朝鮮國與と之間竹嶋與と唱となへ候嶋有レ之、
此島兩國入合いりあひ之如く相成居不レ宜よろしからず候に付、朝鮮
之人此邊え參候事を被レ禁候段從公儀被二仰出一、其段朝鮮國禮曹參
判江家老使者前々年より再度差渡候處、論談及二入組一候も今年正月
二十八日義眞國え御暇被二成下一候節、右竹島江日本人相渡候儀無益
との事に候間被二差留一候段、領主被二仰渡一候由義眞□〔江〕被二
渡海一候ニ付、義眞歸國之上同年十月朝鮮之譯官使對話仕候刻とき、
右被二仰出一之次第傳達爰に致り論談相濟ル35)

　幕府の日本の漁夫に対する鬱陵島渡航禁止令に関する内容を整理
すると、次の通りである。

　第一、「去年元祿五年より」とし、1696年に「因て台命を下して那
の一夥の人員を江都に召れ審に諸件を正され給ひ」としており、そ
の人々とは大谷家と村川家の鬱陵島渡航人である。

　第二、「因て台命を下して那の一夥の人員を江都に召れ審に諸件
を正され給ひ、時に日本人は朝鮮人との渡海は時候を異にせるには
あらずや」とし、朝鮮人と日本人の両者が異なる時期に鬱陵島に渡

---

35) 前掲書、慶尙北道獨島史料硏究会編(2014)『獨島關係日本古文書(1)』、
　　pp.57-58.

航したのではないかということを確認しようとした。

第三、「右の一夥の答に、我等は每歳春三月の比ころ渡島し、七月上旬飯帆の節獵舟獵具等を小屋に納め置、翌年渡島の節まで毫も差違なかりしに、」としていることから、朝鮮人は来なかったということである。

第四、「去年元祿五年(1695)[36]より小屋を發あばき肆ほしいままに器械を奪ひ、倨然として居住するの模樣に見れば、全く此年朝鮮人創めて竹島を搜索したるに疑なしといへり。」と陳述した。

第五、「尚且之に依て魚獵難レ爲之由屢愁訴に及べりと云々。」とし、朝鮮人たちのために操業を行うことができなくなったのである。

第六、『伯耆民談』によると、「同年大谷、村川連來る彼二人の唐人等米子より國府城下に到。時に加納鄕左衞門、尾關忠兵衞兩士領主の下知げじに應じて召連鳥取に入る。」ということである。

第七、『草蘆雜誌』によると、「然るによつて三年を過て元祿九(丙子)年[37]朝鮮より竹島は朝鮮の島のよしを申上ければ、竹島を朝鮮えあたえ給ふとかや」としている。

第八、『竹島圖説』によると、「先年松平新太郎因伯兩州領知之節相窺之伯州米子町人村川新兵衞大谷甚吉至レ今入二竹島一にて爲二

---

36) 1692年に初めて遭遇し、1693年に両国漁民が衝突し、日本側が朝鮮人を拉致した。また、1696年には朝鮮人が自ら日本に渡航した。したがって本書の年度は誤りであると判断される。
37) 渡航禁止令は1696年であるが、事実の誤りである。

漁獵一向後入島之義制禁可二申付一旨被一仰出一可レ存二其趣一」
とし、その月の正月28日に戸田山城守が封書を下賜したという。

　第九、「元祿九年因幡國與と朝鮮國與と之間竹嶋與と唱となへ候嶋
有レ之、此島兩國入合いりあひ之如く相成居不レ宜よろしからず候
に付、朝鮮之人此邊え參候事を被レ禁候段從公儀被二仰出一、」38) と
している。

　第十、「今年正月二十八日義眞國え御暇被二成下一候節、右竹島
江日本人相渡候儀無益との事に候間被二差留一候段、領主被二仰渡
一候由義眞□〔江〕被二渡海一候ニ付、義眞歸國之上同年十月朝鮮
之譯官使對話仕候刻とき、右被二仰出一之次第傳達爰に致り論談相
濟ル」ということである。

## 4.4 鬱陵島への渡航嘆願と鬱陵島調査

　幕府が鬱陵島渡航を禁止して以来、両家の漁民が鬱陵島再渡航の
嘆願書を出したという先行研究は存在しない。「竹島雑誌」には、大
谷、村川の両家が幕府から渡航禁止令が下された後、直接に江戸を
訪れて再渡航のための嘆願をし、また、幕府の方は1724年に鬱陵島
を調査したと記録している。39)　鬱陵島への渡航嘆願と鬱陵島を調
査したことについて、次のように記録している。

---

38) 安龍福の陳述とは反対である。どちらが真実であるか論証が必要である。
39) 1726年対馬藩で《〈竹島記事(2)〉》を著した。慶尚北道獨島史料研究会編
　　(2013)『竹島記事(2)』慶尚北道獨島史料研究會研究報告書2、p.256.

此餘種〃御書附けも有候得とも未得、只此二通宗対馬守義功より出御家譜中に見れは挙之。扨其後三年を過て十一年(元祿)丑(マ〃)の秋、米子の市人村川市兵衞江戸に出て愁訴に及べり＜『竹島圖説』＞。其後は如何なりしやらん。何事も聞得す、二十七年を過て、按ずるに、官に此村川、大谷兩人が書しと云もの有と。恐らくは其願書に添しものかとおもはる。また之を得ることをえず。

享保九甲辰年、江府より因州家へ台問有て、但し米子は荒尾但馬の食邑なれは同氏え令して之を正さしめられしとかや。然るに其時彼家より此兩商の呈する處の書を謄寫して、大夫池田豊後より官え呈せしとかや。40)

上記の鬱陵島再渡航のための嘆願と幕府が鬱陵島を調査した内容に関してまとめると、次の通りである。

第一、「此餘種〃御書附けも有候得とも未得、只此二通宗対馬守義功より出御家譜中に見れは挙之。」

第二、「扨其後三年を過て十一年(元祿)丑(マ〃)の秋、米子の市人村川市兵衞江戸に出て愁訴に及べり」

第三、「 二十七年を過て、按ずるに、官に此村川、大谷兩人が書しと云もの有と。恐らくは其願書に添しものかとおもはる。」

40) 前掲書、慶尙北道獨島史料研究会編(2014)『獨島關係日本古文書(1)』、pp.58-58.

第四、「また之を得ることをえず。」としており、請願は受け入れられなかったのである。

第五、「享保九甲辰年、江府より因州家へ台問有て、但し米子は荒尾但馬の食邑なれは同氏え令して之を正さしめられしとかや。」

第六、「然るに其時彼家より此両商の呈する處の書を謄寫して、大夫池田豊後より官え呈せしとかや。」

第七、以上の内容は、『竹島圖説』から引用したことが分かる。

# 5. 鬱陵島の風土と産物

## 5.1 鬱陵島の風土

日本の大谷家と村川家の漁師が70年もの間、鬱陵島に渡航を続けた。ところが、彼らが鬱陵島に渡航して具体的に何をしたという先行研究は存在しない。大まかに漁業と伐採のために渡航したというのが一般的な見解である。したがって、先行研究では、鬱陵島の風物と産物に関する研究も存在しなかった。「竹島雑誌」には、鬱陵島の風物と産物について、以下のように記述している。

　　偖其島、伯州會見郡濱野日三柳村より隠岐の後島え三十五六里あり。
　　此遠見の考を以て朝鮮の山を見れば凡四十里とおもはる。(金森建策筆記)
　　　[金森] 建策考に、朝鮮の山と [総] て云は鬱陵島なるかとしるされたり。

此筆記、按ずるにはやり漁夫長兵衞より聞てしるされしものか。漁夫長兵衞石州濱田の産もそて後備前に到り岡山なる小原町と云にて死す。

其地東西凡三り半。四里には不レ滿みたざるよし。南北凡六七り有るとかや聞り。周圍十六里といへり。其廻りに九ヶ所の岩岬有。また其餘小き岬には擧て數えがたし。また鴎の樣に岩島、暗礁多し(大サ圖に委し)。暗礁無數。奇岩怪石しるし難し。

因て船をよするに到て其場處よろしからず。只隱岐の國福浦隱岐都府中より西に當一ツの港なり。一ノ宮の南也。)より船を出して戌亥の方に向て遣り(凡四十リといへり。また六拾りとも云。)「大坂浦」と云に着る(當しまの南東隅にして一ツの岬の間に有。凡此岬と岬との間平地なる濱一里半も有べく此處に船をよする。此濱に流れ四すじ。其内一ツの流れは源少し遠きよしにて水勢急也。川上に瀑布有て年魚を産するとかや。また海岸岩石に鮑多く、海鼠滿面に有。螺、其餘東海夫人(シユリカヒ)等幷に海草擧てしるしがたし。以下其品の有ることはしるさざれども此島周圍皆如レ此と聞り。また山皆松幷雜木にして陰森、竹多く其事は先にもしるしたればここに略しぬ。一本に此前に一ツの島有りて此濱に船をよするに向ふ風を避て甚以便なりと云り。然れども皆無谷の處なればしるすに據なし。)扨是よりして

南の一大岬(此岬大岩組にして浪荒れるよし。)を廻り内に入(此處濱形二十一斗。東西に二ツの岩岬有。此處未申に向ふ。)

是を

「濱田浦」と云(按ずるに此邊石州と對峙するが故に、濱田邊より漁者多く此處をさして乘來りしにて此名有るやと思はる。此濱砂濱にして小石まざり流れ二ツ有。其川口〔源〕は山中の瀑布より出で東方の大河二流を合て、大小三岐にわかれ其二すじは此處に來り、一すじは東

濱に落るよし。此川また年魚(あゆ)を生ずること最も多しと。)。また西なる一ツの岬を廻りて(大岩組上也。)澗内まうちに入。何れも大岩崖にして壁立處々に※(「山／屈」、第4水準2-8-46)有(此岩燕の内石燕多しと。)。また

　瀑布有(岩崖に懸り高凡三十丈。) 少しの岩岬を廻り(此邊り皆絶壁なり。)西へ出、竹の浦といへるに到る(此處濱形未向。砂濱平地十五丁斗なり。其中程に一すじの流れ有。此處に船を繋ぐに ［＃「繋ぐに」は底本では「繁ぐに」］ よろしと。然れども南風劇き地にして甚難所なりと船澗と云にもあらざるよし。此邊り山中尤巨竹多し。依て號るやと思わるなり。)。また西の方一ツの大岩岬有(此處西の端なり。岬燕尾に分れて海中に突出す。何れも大岩組上なるよし。)此處を廻り少し北の面に廻りて(此邊都て岩壁也。)

　大岩磯に出る(澗形をなしたり。其澗内峨々たる岩壁にして其高十丈餘有。一説に此上に貳百疊も敷るる岩屋有といへり。海内實に無双のものならん。中に石燕多きよし。石州雲州邊にて此島を穴島といへり。また少しに)岩岬を廻りて(岩の組上なり。)砂濱に出る(此處また濱形六七十有。戌の方に向ふ。前に少しの)嶋有り。

　(此島岩斗にして凡廻り三丁斗なり。また此濱に小流れ有。然し此流西の方にては大［第］一とす。)。また一ツの岬(小きよし。) を廻り海中に一ツの島有(樹木なし。周凡五六丁と聞り。)また并て一ツ有よし(此島西浦一の大島とす。凡十五六丁も周り有らん哉に聞。周り皆岩にして其邊り暗礁多し。)つゞきて大岩岬(此岩高凡百間といへり。海中に突出するよし。)

　廻りて

　「北國浦」といへるに出る(濱形亥の方に向ふ。左右大岩岬。其間凡十

五丁斗。砂濱なり。是に三ツの流れ有。何れも川源は嶋中の山にして
瀑布有るよし。是より來ると聞り。其瀑布の邊り實に風景目ざましき
勝景なる有と。)。

小島一ツまた有(北國浦の向ふなり。此瀬戸を)越てまた

大岩岬(絶壁なし)　廻りて北の方に

「柳の浦」といへるに出る(左右に大岩岬其の間一ツの澗となる。澗内
砂濱十丁斗。平地にして川□有。此邊に芦荻多きよし也。此岬にみれ
ば朝せん地よく見え、朝鮮人も此処をさして乘來るとかや、すこし山
に入るや人家跡あり、これ朝せん人の跡ありと)。

また此處に(柳の浦の向ふなり。)一ツの島有(廻り二十丁斗皆岩磯な
り、島中また第一の島なりと)

また

大岬を行く。(大岩組にして海中に突出す。北のはし也。)東へ廻り
少しの濱有(平地にして谷川一つ。凡此間六七丁といへり。荻芦多し。
左右大岩岬也。)また前に

「三本柱」といへる島有(此岩高百丈もあり、周りも同じくありと、ま
た其二ツは上に松あり、一説此島みなはなれたりとも又根一ツなりと
もいふ、神ありとて朝鮮人等至て尊信するよしなり)

また一ツの岩島(此岬と島との間三十間斗といへり。島は岩にして樹
木なし。越て)。砂濱に出る(小流れ有。幷て)大岩壁に瀑布三ツ有(何れ
も高五十間といへり。何れも海中に落るよし。)また幷て岩岬三ツ有。
此處(何れも小さきよし。)を廻りて(此邊「東浦」なり。)

小石濱(凡貳十丁有。)に出る。此邊り岩島暗礁多し(濱形卯辰に向ふなり。
小流れ此處に五ツ有。また前に)嶋有(高五十間。周十五六間と云り。其上に
松の木有て廻り暗礁多きよし也。)。また少し隔てゝ

海中に島有(此周貳十丁。上に樹木多きよし。周皆岩壁にして船よせ
がたしと。并て南の方)小岩岬を廻り(少しの濱に出るなり。)此邊り陸
の方平山にして樹木多く、竹また多しと聞り。また一ツの岩岬を廻り
(此處辰に向なり。)澗有(此澗奥行貳丁斗と云。一説二十丁といへり。
此濱巳の方に向ふよし。川一つ有よし。前にまた)島有(高サ二十間周
りに暗礁多し。其周り凡一町半といへり。上に松の木有。弘按ずる
に、高(さ)よりは何れも周りが間少なるは如何なることやらん。其二
十間、五十間は凡のつもりにしてよもさまではあるまじきものをや。
然れども余は聞ままをしるし置り。)。また一ツの岩岬を廻りて彼大坂
浦に出るなり。＜長兵衛竹島はなし＞[41]


以上の鬱陵島の風土に関する内容をまとめると、次の通りである。

第一、「長兵衛竹島はなし」に基づいて鬱陵島の地形について記述
している。「漁夫長兵衛石州濱田の産にして後備前に到り岡山なる
小原町と云にて死す」。

第二、鬱陵島の距離は「偖其島、伯州會見郡濱野日三柳村より隠
岐の後島え三十五六里あり。此遠見の考を以て朝鮮の山を見れば凡
四十里とおもはる」。

第三、鬱陵島周囲を周り、「大阪浦ー濱田浦ー竹の浦ー元島ー大
島ー北国浦ー柳の浦ー島中また第一の島ー三本柱ー東浦ー大阪浦」
について詳細な説明をしている。

---

41) 前掲書、慶尙北道獨島史料研究会編(2014)『獨島關係日本古文書(1)』、
　　pp.59-61.

第四、「柳の浦」は「此岬にみれば朝せん地よく見え、朝鮮人も此処をさして乗來るとかや、すこし山に入るや人家跡あり、これ朝せん人の跡ありと」とし、朝鮮との関係について言及している。

第五、「三本柱といへる島有(此岩高百丈もあり、周りも同じくありと、また其二ツは上に松あり、一説此島みなはなれたりとも又根一ツなりともいふ、神ありとて朝鮮人等至て尊信するよしなり」とし、鬱陵島に朝鮮人の文化が存在していることについて言及している。

## 5.2 鬱陵島の産物

鬱陵島は竹島といわれるほど竹が多い。そして、一抱え余りもする松の木が多く、その松を日本に持ち帰り、お寺などの建築物を建てたという話もある。また、山参を採取して、日本に搬出したという。しかし、鬱陵島の産物について具体的な研究はない。「竹島雑誌」には、鬱陵島の産物について下記のように記述している。

　惣而此島中峻嶺多く樹木繁茂、又瀑布處々有。東に當る處には一ツの奇泉有るよし。其水清く味甘美也。一日に漸一升許り涌出す＜『伯耆民談』＞
　『竹島圖説』、此島に甘露の瀧有。異るまた井泉ある事を沙汰す。然れども未だ其實を糺さず。
　實に是無比の奇島なり。亦鮑極めて大く是を串鮑にして産物とす。凡日本普く賞翫す。所謂鮑を得ること多きが故に、岸沚の竹を燒て海中に沈置、朝に浮うかべるレ之に枝葉に附つく鮑恰も生はえたる木子

［茸］の如くなるとかや＜『伯耆民談』＞。

此島に生ずる猫都すべて尾短く曲なりと云。依て常にも曲尾なるをば世人號して竹島猫とは稱するなり。多くは是虎生のものと云り＜『伯耆民談』＞。

鼠　告天子　白頭翁　金翅鳥　白頬鳥　鴎

※（「顱のへん＋鳥」）※（「滋のつくり＋鳥」）　綉眼　燕　鶯　角鷹　穴鳥

竹島談話、一種の燕ありて惣て岩窟に棲む。朝六ツ比に岩窟を飛出して、其日の暮るる時また皈り來り其岩窟に棲むよし。人夜中に其穴を求めて之を獲ること有といへり。其色灰にして宛も燕の如し。腹もまた白し。漁人ども名(づ)けて是を穴鳥と云り。竹の浦の西なる岩窟其餘處々に多しと聞り。)[42]


以上の鬱陵島の産物に関する内容をまとめると、次の通りである。

第一、木が繁茂し、山が高くてけわしい。20以上の滝があり、東に甘味のする不思議な泉が一つある。

第二、鬱陵島は竹を海岸沿いに浸しておけば、キノコが生えているように見えるほどの鰒が多く採れ、尾曲がりの竹島猫が生息している。

第三、「鼠、告天子ヒバリ、白頭翁ヒヨドリ、金翅鳥ヒワ、白頬鳥シジウカラ、鴎、※（「顱のへん＋鳥」）※（「滋のつくり＋鳥」、綉眼、燕、鶯、角鷹、穴鳥」などが生息する。

第四、穴鳥は漁師が命名した名前で、暗い洞窟に住んでおり、眠るために夜入ってくる。夜に漁師が洞窟に入り捕まえる。「竹の浦」の西側の岩窟とその周辺に多い。

---

42) 前掲書、慶尚北道獨島史料研究会編(2014)『獨島關係日本古文書(1)』、p.62.

特に鬱陵島の産物の中でも「海驢」に関しては、さらに具体的に言及している。その内容は、次のとおりである。

竹島談話、此魚肥前、平戸、五島邊の海に「マレブイ」と云ふもの此魚の類ならん。其大さ小犬の如し。面は鐵魚(ナマヅ)の如く極めて多脂なり。色白く質は蝋にして似て、朝鮮人是を獵せば釜中に入れ水を加えて煮る時は、油氣沸騰して上面に浮ぶ。之を取り更に水を加えて煮る時は復た始の如し。また幾度も盡る時なし。是を以て若し漁人煮せば大に油代を得るの利ある故好て獵せんとす。此魚風波無時礁上に眠り醒ざる事あり。其時其風下より廻りて括槍にて刺す也。[43]

以上の鬱陵島の産物の中で、特に「海驢」に関する内容をまとめると、次の通りである。

第一、海驢は、主に朝鮮人が釜に水を注ぎ、沸かしたお湯に浮いた油を濾すような方法で取る。油を得るために捕まえ続ける。当時、鬱陵島に朝鮮人がいたことを示唆している。

第二、捕らえ方は、風と波のない日、海驢が海辺で眠っている時に、風が吹く反対方向から槍で刺して捕まえる。

第三、「朝鮮人是を獵せば釜中に入れ」というところを見ると、当時、大谷と村川の両家が渡航を続けた17世紀に鬱陵島に朝鮮人がいたことを示唆している。[44]

---

43) 前掲書、慶尙北道獨島史料研究会編(2014)『獨島關係日本古文書(1)』、pp. 62-63.
44) 三韓時代、78カ国の一つとして于山国が存在したという研究から見て、鬱陵島

また、鬱陵島の植物や鉱物についても次のように記述している。


人蔘　結香　笑靨花（ハゼザクラ）　栴檀木
　　竹島談話、朱檀 黒檀　共にあるなり。實の形象梔子に似たり。
黄柏　タイタラ(赤楊のことし。樺木に似たり)　山茶　栂　　[概]
大竹　枸骨(内地のものと異なる)（ヒイラギ）　桐　檍（モチノキ）　胡頽子（グミ）
蒜(葉玉簪花のことし)　大蒜　小蒜　款冬　茗荷（メウガ）
土當飯 [帰]　百合　牛房　苺（イチゴ）　虎杖（イタドリ）

等なり。また土砂にては　辰砂　岩緑青ろくしやう等に類するもの有
り、別て人蔘、蚫、鱸の三品を最も多しといへり。米子よりまた渡海
の人此三品をいつも多く携え歸りて、其餘を持歸りしことはなかりし
といへり。＜『金森建策筆記』＞　如此元我の版図たること疑ふへくもあ
らず、天度其中正を得て支那の順天附なる東京とおなしかるへし。其
海岸には船舶を容るの地多く、山に樹木多く、別て末を生し、竹は本
那薩州大河平を除くの外地に比する処なく、又島中　大蒜　野蒜を産す
ること、是を産するの地にして七金を生せさる事更に未だ聞ことを得
ず、いわんや辰砂・緑青を産するに於てをや。山に人参多しと。然る
ときは其の地の薬品も蒙る時は又少々からず、海に鮑あり、鱸あり
と。又雑魚の多き事必せり。45)


は朝鮮人の文化が存在した土地である。ガンボンウォン2013)〈鬱陵島古墳に関
する考察〉、〈〈東アジアの海と島をめぐる葛藤と闘争の歴史-独島を中心
に-〉〉知性人、pp.123-160.
45) 前掲書、慶尙北道獨島史料研究会編(2014)『獨島關係日本古文書(1)』、
pp.63-64.

　以上の鬱陵島の植物や鉱物に関する記述を整理すると、次の通りである。

　第一、日本人が最も好んだ鬱陵島の産物は「高麗人蔘、蚫、鱸」であった。

　第二、米子の漁師たちが唯一持ち帰った物は「高麗人蔘、蚫、鱸」だけであり、その他の植物は日本にもあるもので、あまり珍しい物でもなかった。

　第三、鑛物としては辰砂と緑青があった。

　第四、「此元我の版図たること疑ふへくもあらず」としており、鬱陵島が元々日本の領域であると考えていた。

　第五、「其海岸には船舶を容るの地多く」としており、鬱陵島を海の都と言っても申し分ないほど多くの船が行き来する島であるという認識を持っていた。しかし、これは正しい認識ではなかった。

　第六、山には松と竹が非常に多く生え、「辰砂・緑青」などの鉱物もあり、高麗人参もたくさん採れた。

　第七、地には薬用植物、海には魚が多いのは当然で、鰒と海鱸がいた。

　以上のような内容の『竹島雑誌』を執筆した著者の目的は、「筆を東京日比谷なる馬角齋に拈しこと」「竹島雑誌大尾」と書いた執筆後記にある、「朝な夕な心を隠岐の浪風に、いかにと志のふ多気しまのこと」「如の地をして今に開物者是を荒嶋に比し置こと深慨のあまり。」[46]としているように、豊かな鬱陵島を開拓しなければならな

---

46) 前掲書、慶尙北道獨島史料硏究会編(2014)『獨島關係日本古文書(1)』p.64.

いということである。

　最後に「官准松浦弘」が下記のように『竹島雑誌』の後記を書いて、「東京書琳鴈金屋信吉」が「明治四年(1871)辛未年冬十月開雕」して発行した。


　常磐なる松浦の宇之色えぬ多気志褸[47]のあるしは、おのれはやうよりの心志りにて、いにし安政のはしめみちのくの蝦夷の千島の嶋口なる箱館のまけに、先もたつもにおもむむきしより、このかたことさらににになむ友となむ、むつひかわしたわける此ぬしよ、蝦夷かすむなる島のさきゝ、道のくまゝいたらぬかたなく、たつ年きはめて登し比、あまたの文巻をあらはし、その名天の下にとゝろむ、およそいひといふことしるしとしる、あふみ蝦夷ならぬは、なのわけれはその人たに、壊疸の松浦延叙のたけしろ、とたへしよわいつしかと、蝦夷人のことなんなりにたる、かくて此にてぬしの名におふ『竹島雑誌』てふ一巻のものせしのみるに、これもまたはるけき海中（ワタナカ）の離れ小嶋にては、さらむら此よにしれる人のもまのなふける地、いかにしてかうこまやかにはしるし出しのける、こをおもへはてまて、ぬしのたつ年きはめられしは、蝦夷の境のみにはあらて、大かた世の人のそしらぬところとし、いへはあながちにさるのりのため、ねんごろにふみにしるし、かうあらはし、いかて氷に世のため人のためもなしなんものをとはやらとの、源ゝ遠ゝ思ひはらのたわきらしさるをひたふるに、蝦夷のことしり人とのみいひおもはんは、猶ぬしをしらぬ成へし、そもゝこのぬしをいつくのひとそとたつぬるに、神風の伊勢国、梓弓壱志の郡、

---

47) 竹四郎の号。

瓢像の雲津の里なむ、その本土<sup>ウブスナ</sup>なわけるかくいふは、駿河国静岡の陰
士、櫨屋のあるし三田葆光、東京の僑居にしるす。[48]

　以上の「東京書林雁金屋信吉」が書いた後記の内容をまとめると、
次の通りである。
　第一、この本の後記は発行人である東京書林の社長の雁金屋信吉
が書いたもので、この本の著者である松浦竹四郎の幼なじみであっ
た。
　第二、竹四郎は安政(1855〜1860)の初期、みちのくの蝦夷の千島
の嶋口である箱館に赴任したが、それ以前に多くの著書を残した。
　第三、竹四郎は箱館を離れる前に、多くの著書を残したので、そ
の名が世に知られていた。
　第四、松浦は蝦夷についても詳細な著書を残したが、竹島につい
ても「竹島雑誌」という詳細な著書を残した。
　第五、蝦夷に関心を持つ者ならばほぼ松浦を知っているが、松浦
が竹島をはじめ、日本が拡張する必要性のある領土について関心を
持っていたという事実は、あまり知られていない。
　第六、このように貴重な鬱陵島を荒地と捉え、開拓しようとする
者が現れないことを嘆いたということである。

---

48) 前掲書、慶尚北道獨島史料研究会編(2014)『獨島關係日本古文書(1)』、
　　pp.64-65.

# 6. おわりに

　本研究では、「19世紀中期、『竹島雑誌』に見る日本人の鬱陵島、独島認識」というテーマで、独島領有権と関連して考察した。研究の要点をまとめると、次の通りである。

　第一、『竹島雑誌』では、産物が豊富なので、朝鮮と鬱陵島は日本の領土として拡張する必要のある地域とし、竹島開拓の必要性を強調している。また、竹島の情報の信頼性に関しても、本人の想像力によって記録したものではなく、以前の竹島関連書籍や関連資料、そして見聞録を参考したので、内容的にはかなり信頼できると述べている。

　第二、竹島の名称について、日本では「竹島」「磯竹島」とし、韓国では「鬱陵島」としており、日本と朝鮮から鬱陵島までの距離についても、現在的な観点から見れば正確な距離認識ではないが、日本よりは朝鮮から近いという認識を持っていた。

　第三、日本人の鬱陵島渡海免許は、大谷、村川の両家が太守に申請して、太守が幕府に報告、幕府から太守に渡海免許が下賜された。しかし、鬱陵島で朝鮮人に遭遇したことにより領有権紛争が起こり、最終的には幕府が日本の漁夫の鬱陵島渡海を禁止させたとしている。渡海禁止令が下された3年後、直接に江戸を訪れて鬱陵島渡航のための嘆願を出したが、幕府はこれに対して許可しなかったという事実も記録している。また、1724年に幕府が鬱陵島を調査す

るために、大谷、村川の両家に調査報告書を作成して官庁に提出させた事実にも言及している。

　第四、大谷、村川の両家が鬱陵島に渡航した目的を知ることのできる鬱陵島の風土と産物に関して非常に詳細に記録している。今までの先行研究では、日本人の両家が鬱陵島に渡海した事実について言及しているものの、その目的に関して具体的に明らかにしたものはなかった。『竹島雑誌』によって鬱陵島の産物に関する内容が確認され、渡海目的についてもより詳細に推論することができるようになったのである。

　第五、『竹島雑誌』に記録された内容は、全く的外れな内容ではないが、非常に正確な内容であると断定することもできない。ただし、当時の日本人の鬱陵島に関する認識を知ることができる良い史料であることは明らかである。

　最後に、『竹島雑誌』は鬱陵島に関する記録であり、独島に関する言及は全くない。それにもかかわらず、今日の日本が独島領有権と関連させて言及する理由は、鬱陵島に渡航する過程で独島を経由したというただ一点のみにおいて、独島が日本の領土である証拠になると主張している。

## 〈参考文献〉

ガンボンウォン2013)〈鬱陵島古墳に関する考察〉、〈〈東アジアの海と島をめ
　　ぐる葛藤と闘争の歴史-独島を中心に-〉〉知性人、pp.123-160.

慶尙北道獨島史料研究会編(2014)『獨島關係日本古文書(1)』慶尙北道獨島史料
　　研究會研究報告書1、pp.49-77.

＿＿＿＿＿＿＿＿＿＿＿＿＿(2013)『竹島記事(1)』慶尙北道獨島史料研究會研
　　究報告書1、p.39.

＿＿＿＿＿＿＿＿＿＿＿＿＿(2013)『竹島記事(2)』慶尙北道獨島史料研究會研
　　究報告書2、p.256.

權五曄、大西注(2009)『独島の原始記録元祿覚書』ジェイエンシ、p.59.

權五曄編注(2010)『日本古文書の獨島、控帳』チェックサラン、pp.68-229.

竹内猛、宋彙栄、金秀姫訳(2013)『固有領土論の歴史的検討』ソンイン、p.19

宋彙栄編(2013)『日本學者が見る獨島の歴史的淵源』知性人、pp.161-205.

大西俊輝、權静訳(2011)『独島概観』人文社、pp.421-442.

鄭英美訳(2010)『竹島考上・下』慶尙北道・安龍福財團、p.125.

崔長根(2014)〈〈獨島韓國固有領土論〉〉ジェイエンシ、pp.11-159.

川上健三(1966)『竹島の歴史地理的研究』古今書院、pp.139-193.

下条正男(2005)『'竹島'：その歴史と領土問題』竹島・北方領土返還要求運動島
　　根県民会議、pp.33-39.

＿＿＿＿＿(2004)『竹島は日韓どちらのものか』文春親書377、pp.43-92.

内藤正中・金柄烈(2007)『歴史的検証独島・竹島』岩波書店、pp.8-61.

内藤正中・朴炳渉(2007)『竹島＝独島論争ー歴史から考えるー』新幹社、pp.53-79.

○ 「竹島問題」(日本外務省)、http://www.mofa.go.jp/mofaj/area/takeshima/
　　(閲覧日；2012.1.30).

# 제5장
# 『죽도판도소속고(완)』로
# 보는 일본지식인의
# 울릉도와 독도 인식

# 1. 들어가면서

일본정부는 17세기에 독도에 대해 영토주권을 확립하였다고 한다.[1] 본 『죽도판도소속고(竹島版圖所屬考)』[2]의 내용으로는 「지금 우리나라의 전기(記傳) 및 조선·중국의 군서(軍書)에 의거하여 그 요지를 서술하여 보았다」[3]라고 하는 것으로 한중국 역사서에서 울릉도, 독도에 관한 기록을 토대로 울릉도와 독도의 소속에 관해서 조사한 것임을 알 수 있다. 또한 「만일 상세히 알고자 한다면 앞서 들은 바 『죽도고증(竹島考證)』 3권이 있으니 이를 참고하라.」[4]라고 하는 것으로 볼 때

---

1) 「竹島問題」(일본외무성), http://www.mofa.go.jp/mofaj/area/takeshima/ (검색일 ; 2016.1.3).
2) 경상북도 편(2014)『독도관계일본고문서(1)』경상북도 독도사료연구회 연구보고서1, pp.81-97. 본서에서 말하는 「다케시마(竹島)」는 오늘날의 한국 영토인 울릉도를 가리킨다. 일본의 에도시대에는 대체적으로 울릉도를 '다케시마'라고 했고, 독도에 대해서는 '마쓰시마(松島)'라고 했다.
3) 전게서, 경상북도 편(2014)『독도관계일본고문서(1)』, p.92.
4) 상동.

『죽도고증』 3권의 내용을 요약한 것임을 알 수 있다. 특히 내용 중에 일본인들이 임진왜란 이후, 울릉도를 자신의 영토라고 생각했다고 하는 기록이 나온다. 이러한 내용들을 바탕으로 17세기에 일본영토로 확립되었다고 주장하는 것이다. 그런데 독도에 대해서는 17세기에 일본영토로서 확립했다고 하는 기록은 어디에도 없다. 영토주권을 확립하려면 국가성립 단계부터 영토가 되어온 고유영토이든가, 아니면 '무주지 선점'이라든가, 매입을 했다든가, 전쟁 후 강화조약으로 취득했다든가 하는 영토취득의 요건을 갖추어야한다. 『죽도판도소속고』는 「메이지 14년 8월 20일 조사 기타자와 마사나리(北澤正誠)」5)가 조사하여 작성한 것이다. 즉 기타자와 마사나리라는 일개인이 개인적인 의견을 적은 것이다. 본서에서는 대한제국정부가 발령한 「칙령41호」로 울도군을 설치하여 「울릉전도, 죽도, 석도(독도)」를 관할했다고 하는 중요한 영유권 사료들을 누락하고 있다.6) 따라서 기타자와 마사나리가 아무리 울릉도와 독도가 일본영토라고 주장한다고 하더라도 본 저서는 일본영토로서의 근거가 되지 못한다. 단지 『죽도판도소속고(완)』는 이 책을 기록했던 당시 일본인들의 울릉도, 독도에 대한 인식에 관해서 알 수 있는 자료에 불과하다. 이러한 문제제기에 입각하여 본서의

---

5) 전게서, p.85. "의종 13년은 우리나라 니조(二条) 천황 시대 헤지(平治) 1년 (1159)으로 신미년(1881)인 금년으로부터 722년 전이다"라는 기술로 볼 때도, 「죽도판도소속고」는 1881년에 저술되었다는 사실을 알 수 있다.
6) 송병기(2004)『독도영유권자료선』한림대학교, pp.1-278. 송병기(1999)『울릉도와 독도』단국대학교출판부, pp.1-267. 신용하(2011)『독도영유권에 대한 일본의 주장비판』서울대학교출판부 pp.1-351. 최장근(2014)『한국영토 독도의 고유영토론』제이앤씨, pp.1-394.

집필목적은 19세기에 살았던 일본인들의 올릉도, 독도에 내한 인식을 검토해보려고 하는 것이다.

연구방법으로서는 선행연구에서 『죽도판도소속고(완)』의 내용을 전적으로 분석한 연구가 없었기 때문에 울릉도, 독도에 관한 일본인들의 지견, 시대별로 본 영유권 인식 등 모든 내용을 철저히 분석하여 입체적으로 조명한 것이다.

## 2. 사료로 보는 울릉도의 조선영토론

### 2.1 일본의 사료로 보는 조선영토론

『죽도판도소속고』(완)에서 일본인들의 울릉도에 대한 인식에 관해서 기술하고 있다. 먼저, 일본이 언제부터 울릉도의 존재에 대해 알게 되었고, 그 출처는 어디이며, 저술 당시의 일본인들이 울릉도에 대한 명칭과 소속에 관해 어떻게 인지하고 있었는지 일본의 고문헌에 기록된 내용을 토대로 다음과 같이 기술하고 있다.

"다케시마(竹島)는 이소다케시마(磯竹島) 또는 마쓰시마(松島)라고도 한다. 조선 명칭으로 울릉도(鬱陵島) 또는 우릉도(芋陵島)라고 하는 섬이 이 섬이다. 단 그 땅이 우리나라와 조선 사이에 있으므로 옛날에 두 나라 사이에 분의(紛議)가 있었으나, 겐로쿠 9년(元禄,1696)에 이르러 경계가 명확히 판정났으므로 다시 다른 말이 나오지 않았다. 이제 우리나라 역사서 및 조선과 중국에 전해오는 기록에 의거하여 그 원류를 밝혀내고 그 연혁을 상세히 하여 이를 다음에서 논증하려고 한다. 『대일본사』고려전에 의하면, 이치조(一条) 천황 때의 간코 1년(寛弘1, 1004) 조에는, "고려의 번도(蕃徒) 우릉도 사람이 이나바(因幡)로 표류해 와서, 물자와 식량을 주어, 본국으로 돌려보냈다."는 명확한 문장이 있다. 그리고 주(注)에서는 그 저본(底本)을 들고 있는데, 『권기(權記)』및 『본조여초(本朝麗草)』7)라 하였다."8)

위의 일본측의 기록에 나타난 울릉도, 독도의 인식에 관해 알 수 있는 사항을 정리하면 다음과 같다.

첫째, 일본에서는 조선의 우릉도, 울릉도라는 명칭이 섬은 일본에서 이소다케시마, 다케시마라고 불렀다.

둘째, 이 책이 저술된 1881년 시점에서 1696년 조일 양국 간의 울릉도 영유권분쟁에 의해 울릉도의 소속이 조선영토로 판정난 것은 명확한 사실이라는 것이다.

셋째, 일본, 조선, 중국의 기록을 총 막라하여 일본인들이 처음으로 울릉도를 알게된 계기에 관해 살펴보면, 『일본사』에 "1004년 울릉도사람이 이나바번에 표류했는데, 물자와 식량을 주어 고려국으로 돌려보냈다"라고 하는 것으로 볼 때 1004년경에 울릉도가 고려국 소속으로서 울릉도에 고려인이 살고 있었다는 인식이었다.

넷째, 고려국 우릉도사람의 기록은 『권기』및 『본조여초』에 의한 것

---

7) 헤이안시대 궁중관료들의 한문시집, 상하 2권으로 되어있음. 전게서, 경상북도 편(2014)『독도관계일본고문서(1)』, p.81. 번역본에는 『본조여초(本朝鹿草)』라고 되어 있는데, 『본조여초(本朝麗草)』가 옳다.
8) 전게서, 경상북도 편(2014)『독도관계일본고문서(1)』, p.81.

이라고 했다.

다음으로는 1879년 일본 해군성 수로국이 편찬한 『수로잡지(水路雜誌)』 제16호를 인용하여 울릉도의 지형에 관해 기술하고 있는데, 당시 일본인들의 인식은 다음과 같다.

"메이지 12년(明治12, 1879) 4월에 간행된 해군성 수로국 『수로잡지(水路雜誌)』 제16호에서 말하길, 마쓰시마는 "바다 가운데에 있는 하나의 고도(孤島)로서 우리나라 오키노쿠니(隠の国) 오키노시마(沖島)에서 북동쪽 1/2·134리(里), 나가토(長門国) 쓰노시마(角島)에서 북쪽 1/2·185리, 부산포에서 북서쪽 3/4·북쪽 165리의 지점에 위치해 있고, 섬 전체가 암석으로 이루어진 듯 보이며, 그러나 나무가 울창하고, 섬 주위로 절벽이 많고, 단지 남동쪽에 조금 평탄한 곳이 있으며, 「우리 군이 이곳에 도착해서 토인()이 오두막을 지어 놓고 어선을 만드는 것을 보았다」 다른 해안은 작은 배라 하더라도 접근하지 못 할 듯 보인다. 동쪽에 작은 섬 하나가 있고, 또 많은 기암괴석이 섬을 둘러싸고 있다. 우리 배가 항해하면서 이 섬 정상의 고도를 재었는데 1,391척(尺)으로 나왔다."[9]

위의 내용은 울릉도의 지리적 위치, 울릉도의 지형, 울릉도의 고도에 관한 것인데, 그 내용을 정리하면 다음과 같다.

첫째, 에도시대 호키번, 이나바번 사람들은 울릉도를 '죽도'라고 불렀는데, 1879년 시점의 일본정부(해군수로부)에서는 울릉도를 '송도'라

---

고 불렀다.

둘째, 일본과 조선에서의 울릉도까지의 거리에 대해 "일본의 오키노쿠니 오키노시마에서 북동쪽 1/2·134리, 나가토국 쓰노시마에서 북쪽 1/2·185리, 부산포에서 북서쪽 3/4·북쪽 165리의 지점에 위치해 있고,"라고 인식했다.

셋째, 1879년경에 일본군함이 울릉도를 방문하였을 때 울릉도에 거주하고 있는 도민을 만났다. 그리고 섬 전체는 암석이고 나무가 울창하며 주위가 절벽이다. 평탄한 곳은 남동쪽뿐이고, 유일하게 이곳만이 배를 정박할 수 있다. 울릉도 둘레에는 동쪽에 작은 섬[10]이 하나 있고, 그 이외는 모두 기암괴석이다. 울릉도 정상의 높이는 1,391척이다.

요컨대 1879년에는 대한제국 조정에서 개척민을 파견하기 이전이었는데, 일본의 군함이 울릉도에 도달하여 울릉도 거주민을 만났다고 하는 것으로 개척민이 파견되기 이전에 거주민이 있었다는 것이다. 그리고 이상의 내용은 당시의 인식에 불과한 것으로 오늘날과 같이 사실에 입각한 정확한 정보는 아니었다.

## 2.2 조선 사료로 보는 조선영토론

조선의 고문헌인 『공임집(公任集)』, 『동국통감(東國通鑑)』의 기록을 인용하여 울릉도, 독도에 관해 다음과 같이 기술하고 있다.

---

10) '죽도'를 말한다.

"또 『공임집(公任集)』을 인용하여, "신라의 우루마 섬(芋流麻島) 사람이 왔다. 우르마 섬은 즉 우릉도(芋陵島)이다", 라는 열여덟 글자가 있다. 그리고 '우릉(芋陵)'이란 두 자는 『동국통감(東國通鑑)』에 의거한 것이라 하였다. 그러니 당시에 있어 고려인은 이 섬을 우릉도(芋陵島)라 하고 우리나라 사람은 이 섬을 우르마 섬(芋流麻島)이라 한 것 같고, 이는 후세에 세간에서 말하는 다케시마, 마쓰시마라는 섬으로서 당시 그 섬 사람들이 표류해 왔기에 이들을 본국으로 돌려보냈다면(그 섬은) 즉 우리나라 영역 밖의 섬이었다는 것을 알 수 있다.

그런데 마쓰우라 다케시로(松浦武四郎)가 『죽도잡지(竹島雜誌)』에서 『북사(北史)』의 「왜국전(倭國傳)」을 인용하여, "수나라가 문임랑(文林郎)과 배세청(裵世淸)을 사자로 보내었는데, 백제로 건너가 다케시마에 이르렀고, 탐라도(耽羅島)를 보며"라는 문장을 인용하였으나, 이(다케시마)는 같은 이름의 다른 섬으로서 이소다케시마에 대한 증명으로서는 부족하다.

왜냐하면 이소다케시마는 우리나라 오키(隱岐)의 서해, 조선 강원도의 동해에 있고, 『북사』에서 말하는 "백제로 건너가 다케시마에 이르렀고, 탐라도를 보며"의 다케시마는 전라도에 있기 때문인데, 무엇을 근거로 그리 단언한 것인지. 사실 백제는 즉 지금의 충청, 전라의 2도(道)로 조선국의 서남쪽에 있고, 탐라도는 즉 지금의 제주도이기 때문이다. 그런즉 같은 이름의 다른 섬이라는 말이 정확하다."[11]

조선의 기록인 『공임집』, 『동국통감』을 토대로 기술한 일본인들의 울릉도, 독도내용을 정리하면 다음과 같다.

---

11) 전게서, 경상북도 편(2014) 『독도관계일본고문서(1)』, pp.82-83.

첫째, 「신라의 우루마 섬 사람이 왔다」라는 문장에서 신라시대에도 울릉도는 신라의 땅이었다. 고려시대에도 고려의 땅으로서 고려인들은 우릉도라 했고 일본인들 우르마 섬라고 했다. 우릉의 명칭은 『동국통감』에 기록되어 있다.

둘째, 이 책이 저술될 시점에서는 울릉도는 '다케시마' 혹은 '마쓰시마'로 불리는 경향이 있지만, 역사적 기록으로 보면 신라시대와 고려시대는 조선측의 영역으로서, 일본측의 영역이 아니었다는 것이다.

셋째, 마쓰우라 다케시로가 『북사』를 인용하여 저술한 『죽도잡지』에서는 「"백제로 건너가 다케시마에 이르렀고, 탐라도를 보며"의 다케시마는 전라도에 있다.」 「같은 이름의 다른 섬이라는 말이 정확하다」라고 하여 『죽도잡지』의 잘못을 비판하고 있다.

요컨대, 『죽도판도소속고(완)』는 한중일 3국의 역사서를 인용하여 기록한 것이고, 『죽도잡지』는 울릉도 도항자의 경험을 토대로 전해지는 내용을 기록한 것이다. 그래서 『죽도잡지』의 잘못을 지적하여 바로잡기도 했다. 『죽도잡지』에서는 도항자들의 경험을 토대로 울릉도를 일본영토라고 단정하는 경향이 있는데 비해 『죽도판도소속고(완)』는 사료에 근거하여 시대별로 조선의 영토인적도 있었고, 일본의 영토인적도 있었다고 객관적으로 보려는 경향이 보인다. 그러나 정확하지 않은 자료를 토대로 일본영토론을 주장하는 것에는 모순점이 많다.

그리고, 조선의 역사 『동국통감』, 『고려사』, 일본역사서인 「기죽도각서(磯竹島覚書)」에서는 『동국여지승람』을 인용하여 울릉도를 조선

영토로서 기술하고 있다.[12]

　"이제 한 발 더 나아가 조선 역대 황조의 역사에 의거하여 그 증거를
들어보면, 『동국통감(東國通鑑)』에서 말하길, 「신라 지증왕 13년 6월,
우산국이 항복하여 신라에 조공을 바치다. (우산)국은 명주의 정동해
중에 있고, 이름은 울릉(鬱陵)」이라 하였는데, 이는 우리 게타이(継体)
천황 6년(512) 임진년의 일로써, 지금으로부터 1,370년 전이다. 이
1,370년 전에 이 섬이 신라에 속하였다는 첫 번째 증거이다.

　또 『고려사』에 의하면, 「태조 13년 울릉도인 백길과 토두를 보내 방
물을 바쳤다」고 한다. 고려 태조 13년이란 우리나라 다이고(醍醐) 천황
장옥(長奧) 1년(930) 경인년으로써 지금으로부터 952년 전이다. 이 952
년 전에 이 섬이 고려의 왕씨에 속하였다는 두 번째 증거이다.

　더 찾으면, 「의종(毅宗) 13년에 왕이 울릉도가 땅이 넓고 토지가 비
옥하여 백성이 살 만하다는 말을 듣고 명주도 감창(溟洲道 監倉) 김유
립(金柔立)을 보내어 가서 보게 하였는데 유립이 돌아와서 아뢰기를 섬
중에 촌락터 일곱 곳이 있고, 시호(柴胡)・고본(藁本)・석남초(石南草)
가 많이 난다. 여기에 동쪽 고을 백성들을 옮겨다가 채웠다. 그 후 자주
풍파로 인하여 배가 엎어지고, 사람이 많이 상하니 그만 거기서 살던
백성들을 돌아오게 하였다.」라고 한다. 그렇다면 당시 그 백성을 되돌
아오게 하였으니 그 땅을 비워 놓은 것과 같다. 의종 13년은 우리나라
니조(二条) 천황 시대 헤지(平治) 1년(1159)으로 신미년(1881)인 금년
으로부터 722년 전이다. 이 722년 전에는 이 섬이 조선에 속하였다는
세 번째 증거이다.

---

12) 다케우치 다케시, 송휘영・김수희 역(2013)『고유영토론의 역사적 검토』
　　선인, pp.15-35.

또「기죽도각서(磯竹島覚書)」에 의하면, 『여지승람(輿地勝覧)』을 인용하여 말하길, 「본조 태종 때에, 방랑하는 백성이 그 섬으로 도망한 자가 매우 많다는 말을 듣고, 다시 안무사(按撫使)를 보내 돌아오게 하고 그 땅을 비워두었다. 사자의 말이, 토지가 비옥하고 대나무의 크기가 다릿목 같으며, 쥐는 크기가 고양이 같다」라 하였다.

그러면 전 왕조 왕씨의 공도제는 시행되지 않았고, 해안가 백성 중 때때로 이주한 자가 있었을 것이다. 조선 태종 때는 고고마쓰(後小松帝) 황제 오에(応永) 시대에 포함되므로 대략 480년 전이다. 이 480년 전에 그 섬이 조선에 속하였다는 네 번째 증거이다.

그 후 세종 20년에 이르러, 「(울진) 현 사람 만호(萬戶) 남호(南顥)를 보내어서 수백 사람을 데리고 가서 도망해 가 있는 백성들을 수색하여 김환(金丸) 등 70여 명을 잡아가지고 돌아오니 그곳 땅이 그만 비었다」고 한다. 그러면 이 후 조선인이 버리고 거두지 않아 사람이 살지 않는 빈 섬이 된 것이다. 세종 20년은 우리나라 고바나조노(後花園) 황제의 에쿄(永享) 4년(1432) 임자년으로 금년으로부터 450년 전이다. 이 450년 전에는 이 섬이 조선에 속하였다는 다섯 번째 증거이다(『여지승람』에 의한다).

그 후 성종 2년에 이르러, "따로 삼봉도가 있다고 알리는 자가 있어, 박종원(朴宗元)을 보내어 가서 찾아보게 하였는데, 풍랑으로 인하여 배를 대지 못하고 돌아왔다. 같이 갔던 배 두 척이 울릉도에 정박하였다가, 큰 대나무와 큰 복어를 가지고 돌아와서 아뢰기를, 「섬 중에 사는 사람이 없습니다.」라고 하였다고 하는데, 이는 당시 조선인이 다케시마와는 별도의 섬 하나가 있다는 말을 믿고 사람을 보내 바다를 조사하였는데 찾지 못하고, 허무하게 다케시마의 전복만 주어 가지고 돌아온 적이 있다는 것이다. 성종 2년이란 우리나라 고쓰시미카도(後土御門)

천황 엔도쿠(延德) 1년 기유년(1489)으로, 금년으로부터 411년 전이다. 이 411년 전에는 (다케시마가) 빈 섬이 되었지만 여전히 조선에 속하였다는 여섯번째 증거이다.

이 여섯 가지 증거가 의거한 시대는, 우리나라 게타이(継体) 천황 6년 임진년(512)부터 고쓰지미카도(後土御門) 천황 엔토쿠(延德) 1년 기유년(1489)까지인데 그 사이의 1,080년간은 이 섬이 조선의 판도였다는 것이 명료하다(『여지승람』에 의한다)."13)

이상으로 조선측 사료와 일본측 사료 중에 조선측 사료를 인용하여 기술한 내용을 인용하여 역사적 측면에서 볼 때 울릉도가 조선영토인 증거를 들고 있다.

첫째, 울릉도가 조선 영토인 첫 번째 증거는 서기 512년에 명주(울진현-필자주)의 정동 바다에 있는 울릉도에 우산국이라는 국가가 신라에 항복하고 조공을 바침으로써 신라의 소속이 되었다.

둘째, 울릉도가 조선영토인 두 번째의 증거는 930년 울릉도 사람이 고려에 방물을 바쳤기 때문에 고려국의 영토였다.

셋째, 울릉도가 조선의 영토라는 세 번째의 증거는 1159년 (의종13년) 고려시대에는 왕의 명령으로 동쪽고을 백성들을 이주시켰는데, 풍파로 인한 인명피해가 많아 쇄환정책으로 울릉도를 비웠다.

넷째, 울릉도가 조선영토인 네 번째의 증거는 해안가 백성들이 자주 이주하여 고려시대의 공도제14)는 제대로 시행되지 않아서 태종 때에

---

13) 전게서, 경상북도 편(2014) 『독도관계일본고문서(1)』, pp.82-86.
14) 이 책의 저술연도가 1881년이므로 「공도제」라는 명칭은 1881년에도 사용

안무사를 파견하여 쇄환하였다는 것이다.

다섯째, 울릉도가 조선영토인 다섯 번째 증거는 1432년 수토사 수백 명이 들어가 거주민을 모두 소환하여 울릉도를 완전히 비웠다. 「이후 조선인이 버리고 거두지 않아 사람이 살지 않는 빈 섬」이었다는 것이다.

여섯째, 울릉도가 조선영토인 여섯 번째 증거는 1489년 조선조정이 울릉도 이외에 별도의 섬 삼봉도가 있다는 소문을 듣고 수토사로 하여금 찾게 하였는데, 풍랑이 심하여 찾지 못하고 완전히 비워져 있는 울릉도에 들러 큰 대나무와 전복만 따서 허무하게 돌아왔다는 것이다. 여기서 「풍랑으로 인하여 배를 대지 못하고 돌아왔다.」[15]라는 이야기는 삼봉도를 발견했으나, 접안을 못하였다는 것으로 해석이 된다. 여기서 삼봉도는 독도이다. 그런데 찾지 못하고 돌아왔다고 해석하고 있는 것은 오류라고 본다.

일곱째, 『여지승람』에 의하면, 512년부터 1489년까지 즉 1,080년간은 울릉도가 조선의 영토임에 명료하다는 것이다.

여덟번째로, 「의종 13년은 우리나라 니조 천황 시대 헤지 1년(1159)으로 신미년(1881)인 금년으로부터 722년 전이다.」라는 기록으로 본서는 1881년에 저술되었다.

아홉번째로, 1881년 시점에서 일본인(저자를 포함)는 울릉도가 「토지가 비옥하고 대나무의 크기가 다릿목 같으며, 쥐는 크기가 고양

---

되었음을 알 수 있다.
15) 울릉도는 풍랑 때문에 접안을 못할 곳이 아니다. 풍랑 때문에 접안을 할 수 없는 곳은 독도뿐이다.

이 같다」라는 사실로 울릉도가 비옥한 토지라고 인식하게 되었다.

요컨대 울릉도의 소속에 대해 '조선 역대 황조의 역사에 의거하여' 고증해보면 울릉도는 역사적으로 조선의 영역임에 분명하다는 것이다. 따라서 울릉도는 역사적으로 조선의 영토라는 것이다. 그러나 독도에 관한 기술이 없다. 왜냐하면 이 책을 저술할 시점에서는 섬의 지리적 위치로 볼 때는 일본과 무관한 섬이고, 가치상으로 볼 때는 관심의 대상이 아니었기 때문이다.

## 3. 사료로 보는 울릉도의 일본영토론

### 3.1 일본인의 울릉도의 일본영토론

위에서 살펴본바와 같이 고서를 통해 역사적으로 고증하면, 일본어부가 울릉도를 도해하기 이전에는 울릉도가 조선영토라고 고증되었지만. 실질적으로는 1617년 이후의 울릉도는 일본어부들이 70여 년간 도해했기 때문에 울릉도에 관심을 갖고 있는 일본인들의 대부분은 울릉도가 일본영토라는 인식을 갖고 있었다. 그 내용은 『조선통교대기(朝鮮通交大記)』, 『선린통서(善隣通書)』, 『죽도고(竹島考)』, 『죽도도설(竹島圖説)』에 기록되어 있다는 것이다. 그 내용은 다음과 같다.

"그런데 위와 같은 말은 후대에 들어 조선국사(책)가 우리나라에 들어옴에 따라(이 책들을) 근래에 조금 들여다보았기 때문에 할 수 있는

말이며, 당시에는 지금과 같이 명료하게 알지 못하였기 때문에, 게쿄19
년(,1614) 갑인년 때 소 요시카다(宗義質)가 사자를 조선에 보내 다케시
마는 우리(일본) 판도에 속한 것이라는 말을 하게 하였다. 조선 동래
부사 윤수겸이 말하길, '다케시마는 일본 땅이 아니다. 즉 조선 고서에
나오는 울릉도'라 하였는데, 그러면서 책을 소씨에게 보내 그 섬이 조선
의 땅임을 논증하였다.

더 나아가, 후에 부사 박경업이 다시 책을 보내 더욱 더 논증하였다.
그런데 우연히 오사카 진(陣)이 발생하여 넋을 놓고 있었을 때, 소씨가
이것 (책)을 에도에 보냈다. 도구카와(德川)씨 역시 이 일에 대해 몰랐
다. 겐나 3년(元和, 1617) 마쓰다이라 신타로 미쓰마사(松平新太郎光政)
가 하쿠슈(伯州)를 배령 받았으므로 요나고 상인 오야 진키치(大谷甚
吉) · 무라카와 이치베(村川市兵衛)가 다케시마 도해 건을 청원하여 면
허한다는 주인(朱印)을 막부로부터 받았다. 이후 매년 두 상인이 다케
시마에 도해하여 해상 이권를 장악한 것이 70여년이므로 우리나라의
재야 모두 (다케시마가) 우리 판도라고 간주하여, 다시 의심하는 자가
없었다(이상은 『조선통교대기(朝鮮通交大記)』, 『선린통서(善隣通書)』,
『죽도고(竹島考)』, 『죽도도설(竹島圖説)』에 의한다)"16)

일본이 조선측의 고서를 토대로 보면 울릉도가 조선의 영토임에 분
명하지만, 실제 울릉도의 상황은 일본인들이 도해하여 해상권을 장악
하여 일본영토가 되었다는 주장을 정리하면 다음과 같다.

첫째로, 조선의 고서를 보면 조선영토라는 것이 명료하지만. 당시의
현실상은 달랐다. 예를 들면, 1614년 대마도의 소 요시카다가 사자를

---

16) 전게서, 경상북도 편(2014) 『독도관계일본고문서(1)』, pp.86-87.

조선에 보내 다케시마가 일본판도라고 주장했고, 조선의 동래 부사는 '다케시마는 일본 땅이 아니다. 즉 조선 고서에 나오는 울릉도'라 하여 조선의 고서를 보내어 조선 땅임을 확인시켰다는 것이다.

둘째로, 훗날 부사 박경업이 다시 조선고서를 대마도에 보내어 논란을 벌이다가 우연히 오사카 진이 발생하여 넋을 놓고 있었을 때, 소씨가 이 책을 에도에 보냈는데, 도구카와막부도 울릉도가 일본영토이라는 사실을 잘 몰랐다.

셋째로, 1617년 마쓰다이라 신타로 미쓰마사가 하쿠슈를 배령 받았을 시대에 요나고 상인 오야 진키치·무라카와 이치베가 다케시마 도해 건을 청원하였고, 막부는 이를 '면허한다'는 주인()을 마쓰다이라 신타로에게 주었다.

넷째로, 1617년 이후 매년 두 상인이 70여 년간 다케시마에 도해하여 해상 이권을 장악하였다는 사실 때문에 일본의 재야 모두가 다케시마가 일본 판도라고 전적으로 믿었다.

요컨대, 조선의 역사서만 보면 울릉도를 조선의 영토라고 할 수 있지만, 일본의 두 가문의 어부가 막부의 주인장을 받아 울릉도에 도해하여 울릉도의 해상권을 장악하였기 때문에 일본영토가 되었다는 것이다. 도해면허는 해외로의 도해를 인정한 것이지, 영토주권과는 무관하다. 울릉도의 영토주권은 여전히 조선에 있었다. 그렇기 때문에 양국중앙정부간의 울릉도 쟁계담판에서 막부가 울릉도를 조선영토로 인정했던 것이다.[17]

---

17) 전게서, 경상북도 편(2014) 『독도관계일본고문서(1)』, pp.87-88.

## 3.2 명나라 사람의 울릉도 일본영토론

본서에서는 일본사람뿐만 아니라, 명나라 사람 세 사람이 기록한 내용을 토대로 「다케시마」가 일본영토임을 주장하고 있다. 그 내용은 다음과 같다.

"이 때에는, 단지 우리나라 사람만이(다케시마를) 우리 판도라고 생각한 것이 아니라, 명나라 사람 역시 우리나라 판도로 간주하였는데, 무슨 근거인지는 몰라도 이렇게 말한다. 명나라 모원의(茅元儀)의『(武備志)』「일본고(日本考)」「도명(島名)」에서, '사쓰마(薩摩)의 다네가시마(種子島), 히젠(肥前)의 히라토지마(平戸島), 아키(安芸)의 미야지마(宮島)' 등과 같이 호키(伯耆)에 다케시마를 부속시키고 번역을 다케시마(他界什麻)라 하였다. 이 당시 명나라 사람 역시 (다케시마를) 우리 판도라고 인정한 하나의 증거이다.

또 명나라의 장황(章潢)이 지은『도서편(圖書編)』「일본국도(日本國圖)」에는, 산인(山陰) 호키의 서쪽에 섬 하나를 그려져 있고 다케시마(竹島)라는 두 자가 쓰여져 있다. 이 책의 일본국 서문에는, "이 왼쪽은 빗츄(備中), 오른쪽은 역시 이나바(因幡), 오른쪽의 서쪽은 호키(伯耆)"라고 되어 있다.

그리고 그 밑에 주를 붙였는데, "바닷가가 모두 백사장이어서, 배를 댈 만한 곳이 없다. 그 곳의 진(陣)을 아카잣키(阿家雜記)와 와코케(倭子介), 다노구치(他奴賀知)라 한다. 그 북쪽에 있는 것을 다케시마라 하는데 바닷길 30리"라고 되어 있으니, 이는 당시 명나라 사람 역시 다케시마를 우리 판도라고 인정한 두 번째 증거이다.

또, 명나라 왕명학(王鳴鶴)의『등단필구(登壇必究)』에서는「일본국도

(日本國圖)」를 들고 있는데, (이 지도의) 이와미(岩見), 다지마(但島)의 바다에 다케시마가 있으니, 이는 명나라 사람이 다케시마를 우리 판도라고 인정한 세 번째 증거이다.

생각건대, 모원의, 장황, 왕명학 세 사람의 저서 모두 분로쿠의 정한역(:임진왜란) 후 편찬된 것이므로 당시의 현황에 의거하여 모두 다케시마를 우리나라의 판도 안에 넣은 것일 것이다."[18]

임진왜란 이후에 기록된 명나라의 모원의, 장황, 왕명학 세 사람의 저서를 토대로 울릉도가 조선영토라고 주장하는 위의 내용을 정리하면 다음과 같다.

첫째, 일본사람뿐만 아니라, 그 근거에 대해서는 알지 못하지만, 명나라 사람들도 일본영토라고 인정했다고 기술하고 있다.

둘째, 명나라 사람 모원의가 『무비지』「일본고」「도명」을 저술하여 "호키에 다케시마를 부속시키고 다케시마라 칭했다는 것이다.

셋째, 명나라 장황이 지은 『도서편』「일본국도」에 "산인 호키의 서쪽에 섬 하나를 그려져 있고 '다케시마'(竹島)라는 두 자가 쓰여져있다. .... 그 밑에 주에....그 북쪽에 있는 것을 다케시마라 하는데 바닷길 30리"라고 기록하고 있다는 것이다.

넷째, 명나라 왕명학은『등단필구』에서「일본국도」에서 "다지마()의 바다에 다케시마가 있다"고 하고 있다는 것이다.

다섯째, 모원의, 장황, 왕명학 세 사람의 저서는 모두 임진왜란 후

---

18) 동상.

편찬된 것이므로 이들은 당시 청국은 당시의 현황을 반영하여 모두 다 케시마를 일본판도 안에 넣었다는 것이다.

요컨대, 이상은 임진왜란 이후에 일본이 울릉도를 침략하여 일본인들이 점령하고 있었다는 현황을 중국 명나라에서 인식하고 있는 것으로 보아, 임진왜란 이후의 울릉도 상황은 지봉유설에「왜놈들의 이소 다케시마를 점거했다」라는 기록도 있는 것으로 보아 우리가 알고 있는 것 이상으로 일본인들이 울릉도에서 자신의 영토처럼 노략질을 하고 있었다는 것을 알 수 있다. 물론 일본지도에 그려진 울릉도 즉「다케시마」의 위치는 정확하지 않지만, 영토인식차원에서 본다면 일본영토로 인식하였다는 것이다.

### 3.3 조선인의 울릉도 일본영토 인정설

또 필자는 조선인도『지봉유설(芝峯類説)』을 기록하면서 울릉도를 일본영토로 말하고 있다고 주장한다. 그 내용을 인용하면 다음과 같다.

"이 일에 대해서는 당시 단지 명나라 사람만이 그런 말을 한 것이 아니라, 조선인 역시 이와 같은 말을 하는 사람이 있었다.「기죽도각서」 에는 조선인이 쓴『지봉유설(芝峯類説)』이 인용되어 있는데 (여기에서) 말하길, "울릉도는 일명 무릉(武陵), 우릉(羽陵)이라고도 한다. 동해안에 있고 울진현과 마주보고 있다.「중략」대나무의 크기가 외나무다리만하고, 쥐는 크기가 고양이만하며, 임진왜란을 지낸 뒤에 가본 사람이 있었는데, 그곳도 역시 왜병이 불 지르고 약탈하는 일을 당하여 다시는

시는 사람이 없었다고 한다. 근래에 '왜뉴들이 이소다케시마(磯竹島)를 점거하였다'는 말을 들었다. 어떤 이는 이소다케시마(磯竹島)라 하는데 즉 울릉도이다."라 하였다. 임진의 변(變)이란 분로쿠 1년(文禄, 1592) 임진년의 도요토미 히데요시(豊臣秀吉)의 정한(征韓) 전쟁을 말한다. 이 책은 그 나라 사람이 겐나(元和)와 간에(寛永)의 때(1615~1645)에 저술한 것이다. 그래서 '왜노점거(倭奴占居)'라는 네 자가 있는 것인데 임진의 변 이후 우리나라 사람이 무기의 위력을 앞세워 그 섬을 점거했으니 그들 역시 별 수 없이 그 점거를 묵인한 점이 있는 것 같다.

이 때문에 겐나 2년(1616), 간에 13년(1636), 간분 6년(寛文, 1666)[19] 의 3회에 걸쳐, 우리 나라 국민이 다케시마에 가서 어렵을 하다가 조선국에 표류하였으나, 조선은 그 다케시마에서 어렵한 것을 문제 삼지 않고 먹을 것을 주어 쓰시마로 호송하였던 것이다.[20] 당시 우리가 다케시마에 대한 이권을 가지고 있었던 점[21]이 이와 같다(『죽도기사(竹島紀事)』에 의함)."[22]

필자가 조선측의 기록인 『지봉유설』을 인용하여 울릉도가 일본영토라고 주장하는 위의 내용을 정리하면 다음과 같다.

첫째, 임진왜란 이후에 조선인이 울릉도에 가서 비워있는 섬에 일본인이 있는 것을 확인했따는 것이다.

---

19) 권오엽 편주(2010) 『일본고문서의 독도, 拱帳(히카에쵸)』 책사랑, pp.13-14.
20) 경상북도독도사료연구회 편(2010) 『죽도고(竹島考) 上下』 경상북도, pp.169-204.
21) 이러한 논리를 지금도 계승하여 영유권을 주장하고 있다. 특히 「下条正男 (2005) 『'竹島':その歴史と領土問題』竹島・北方領土返還要求運動島根県民 会議, 下条正男(2004) 『竹島は日韓どちらのものか』文春親書377, 田村清三 郎(1965) 『島根縣 竹島의 新研究』 島根県総務部総務課」 등이 대표적이다.
22) 전게서, 경상북도 편(2014) 『독도관계일본고문서(1)』, p.89.

둘째, 울릉도는 임진왜란 때에 왜병이 불 지르고 약탈하여 조선인이 살 수 없었고, 다., 시는 사는 사람이 없었다고 한다. 1615-1645년[23] 경에 저술된 지봉유설에 의하면 '왜놈들이 이소다케시마를 점거하였다'라는 것이라는 것이다.

셋째, 저자는 임진왜란 이후 일본 사람이 무기의 위력으로 울릉도를 점거했고, 조선인들도 하는 수 없이 섬의 점거를 묵인했다는 것이다.

넷째, 일본이 울릉도점거에 대한 조선이 묵인한 증거는 1616년, 1636년, 1666년 3회에 걸쳐, 일본인이 다케시마에서 어렵을 하다가 조선국에 표류했는데, 조선은 다케시마에서 어렵한 것을 문제 삼지 않고 먹을 것을 주어 쓰시마로 호송했다는 것이다.

요컨대, 조선 조정에서는 조선에 표류해온 일본인들이 울릉도에서 어로한 것이라고 단정하지 않았기 때문에 우호적인 측면에서 표류민을 송환해주었던 것이다. 이를 근거로 조선조정이 일본인의 울릉도 어로를 묵인했기 때문에 울릉도가 일본영토이라는 주장은 옳지 않다.

---

23) 「이 책은 그 나라 사람이 겐나(元和)와 간에(寬永)의 때(1615~1645)에 저술한 것이다.」에 의한 것이다.

# 4. 막부의 울릉도 조선영토 인정과 민간인의 울릉도 도항 중지

## 4.1 오야, 무라카와 두 가문의 울릉도 도항과 도해금지

다음으로는 일본인 두 가문의 울릉도 도항[24]과 도해금지에 관한 기록이 있다. 그 내용은 다음과 같다.


"그런데 겐로쿠 5년(1695) 무라카와 이치베에(村川市兵衛)가 다케시마에 도항했는데 조선인이 도해하여 방해함으로써 이익을 얻지 못하였고, 이듬해(1696)[25]에 오야 규에몬(大谷九右衛門)이 다케시마에 갔는데 다시 조선인이 도해하여 일본인의 어렵을 방해해서 화가 나서 그중 두 사람을 잡아 돗토리번으로 데리고 왔다는 것이다.[26]

막부의 명령을 알리고 이들을 본국으로 돌려보냈다. 이로부터 매년 조선인이 와서 우리 백성의 어렵을 방해하였다. 그래서 이 일을 막부에 호소하였다. 막부가 소씨(宗氏)에게 명하여 서한을 조선예조참판에게 보내게 하여 그 나라 국민이 다케시마에 오는 것을 금하게 하였다.[27] 조선이 답서를 보내 말하길, 다케시마는 한국이름(韓名)으로 울릉도로

---

24) 대체로 1620년대부터 막부로부터 도해면허를 취득하여 울릉도에 도해하기 시작했다. 内藤正中・朴炳涉(2007) 『竹島=独島論争ー歴史から考えるー』 新幹社, pp.53-71.

25) 1696년에 도일한 사람은 제2차의 안용복 일행들이다. 권오엽・大西俊輝 (2009) 『獨島의 原初記錄 元祿覺書』(제이앤씨, pp.11-292)에 상세한 기록이 있다.

26) 조선인과의 처음 조우는 1692년이고, 조선인을 두 번째로 만난 것은 1693년이다. 이것에 대한 오류로 밝혀졌다.

27) 경상북도 편(2013) 『竹島紀事2』 경상북도 독도사료연구회 연구보고서2, p.255.

써 옛날부터 조선의 판도였다고 하여, 6년(1696)년 9월부터 12년(1699)
1월에 이르기까지의 7년[28]에 걸쳐 수 십차례 서한이 왔다갔다하다가,
결국 조선의 판도로 결정 나서, 오랫동안 우리 국민의 도해[29]를 금하게
되었다(『죽도기사』 「기죽도각서」에 의함)."[30]

일본의 두 가문이 공도상태로 관리하고 있던 울릉도에 도항하게 되
었는데, 막부가 일본인의 도항을 금지하고 울릉도를 조선영토임을 인
정하게 된 경위에 관해서 내용을 정리하면 다음과 같다.

첫째, 1695년에 이르러, 요나고(米子)의 상인인 무라카와 이치베에
가 다케시마에 갔는데 조선인이 이 섬으로 도해함으로 인해 이익을 얻
지 못하였고, 6년(1696)에는 오야 규에몬의 배가 다케시마에 갔는데
다시 조선인 때문에 어렵을 방해받아 화가 나서 그 중 두 사람을 잡아
돗토리로 보냈다.

둘째, 막부는 납치해온 조선인을 대마도롤 송환하면서 다시는 조선
인의 울릉도 도항을 금지할 것을 요구했다.

셋째, 조선인이 그후 매년 일본인의 어로를 방해하였기 때문에 두가
문의 어부들이 호소함으로써 막부는 조선인의 울릉도 도해금지를 조
선조정에 요청했다.

넷째, 막부의 조선인의 울릉도 도해금지 요청을 받고 일본이 영유권

---

28) 경상북도 편(2013)『竹島紀事1』경상북도 독도사료연구회 연구보고서1,
  p.11. "죽도일건은 1693년에 시작하여 1699년에 끝났으며, 그간 7년이
  경과되었다."라고 되어있다.
29) 권오엽 편주(2010)『일본고문서의 독도, 拱帳(히카에쵸)』책사랑, pp.177-181.
30) 전게서, 경상북도 편(2014)『독도관계일본고문서(1)』, p.90.

을 주장하는 '다케시마'는 조선의 울릉도라고 주장함으로써 막부가 조선영토로 인정했다는 것이다.

다섯째, 담판기간은 「1696년 9월부터 1699년 1월[31]까지 7년에 걸쳐 수 십차례 서한이 왕복했다」는 것이다.

요컨대, 이상의 내용의 특징으로 처음 조선인을 만난 것은 무라카와이고, 두 번제 조우한 것은 오야가문이었다는 것, 그리고 당초는 대마도의 일방적인 견해로 막부가 울릉도를 일본영토라고 주장하다가 조선영토임을 인정했다는 것, 막부와 조선조정간에 담판이 시작된 이후, 조선에서 제시한 사료를 토대로 울릉도를 조선영토로 인정했다는 것이다. 그러나 연도에 대한 오류를 지적할 수 있다.

## 4.2 하치에몬(八右衛門) 사건과 울릉도

도해금지령이 내려졌는 상황에 은밀히 울릉도에 도항하여 발각되어 처형당한 하치에몬 사건[32]에 관해서 다음과 같이 기록하고 있다.

"겐로쿠 12년(1696)에 다케시마에 대한 것이 결정나고 139년 후, 세키슈 하마다(浜田) 사람으로 하치에몬(八右衛門)이라는 자가 있었는데, (그가) 다케시마로 항해하였다가 엄벌에 처해졌다. 하치에몬은 하마다의 회선(廻船) 업자인 아이즈야(会津屋) 모(某)라는 사람의 아들이다.

---

31) 이는 오류이다. 막부가 일본인들의 울릉도 도해금지령을 내린 것은 1696년이고, 대마도에 의해 조선영토임이 인정하는 문건이 전달되었다. 1699년은 막부가 조선에 보낸 확인서이다.

32) 内藤正中・金柄烈(2007) 『史的検証 竹島・独島』 岩波書店, pp.62-67.

에도에 가서 하마다 번저(藩邸)의 가로(家老)인 오카다 다노모(岡田賴母), 마쓰이 즈쇼(松井図書) 등을 설득하여 그들의 묵인 하에 어업을 한다는 명분으로 몰래 외국과 무역하였다. 이 일이 즉시 막부 관료에게 발각나서 엄벌에 처해졌는데, 연루된 자만 수십명이며, 다노모 즈쇼 등은 할복으로써 막부에 사죄했다.(「덴포 8년 죽도도해일건(天保八年竹島渡海一件記)」에 의함)."[33]

위의 사료에서 하치에몬 사건에 관한 내용을 정리하면 다음과 같다.

첫째, 1835년 세키슈 하마다사람 하치에몬이 다케시마로 항해하였다가 엄벌에 처해졌다.

둘째, 하치에몬은 하마다의 회선 업자인 아이즈야 모씨의 아들이다.

셋째, 하치에몬은 에도에 가서 하마다 번저의 가로인 오카다 다노모, 마쓰이 즈쇼 등을 설득하여 그들의 묵인 하에 어업을 한다는 명분으로 몰래 외국과 무역하였다.

넷째, 외국과의 밀무역은 즉시 막부 관료에게 발각되어 엄벌에 처해졌다. 연루된 자는 수십명이었고, 다노모 즈쇼 등은 할복하여 막부에 사죄했다.

요컨대, 이상으로 보는 것과 같이 외국(울릉도)과의 밀무역으로 처벌된 것이다. 그런데 일본영토론자들은 송도(독도)에 갈 목적으로 갔다고 울릉도에 표류했다는 내용을 인용하여 이 사건은 울릉도에 가서 문제가 된 것으로 송도(독도)는 일본고유영토라는 주장을 한다. 이것

---

33) 전게서, 경상북도 편(2014) 『독도관계일본고문서(1)』, p.90.

은 영유권사건이 아니라. 하치에몬 밀무역사건으로서 독도의 영유권과는 전혀 상관없는 내용이다. 하치에몬 사건으로 볼 때, 1835년경에는 울릉도에서 밀무역이 있었음을 말해준다. 그 내용에 관해서는 정확히 알 수 없지만, 울릉도가 밀무역 장소임을 알 수 있다.

## 4.3 메이지(明治) 시대의 울릉도 개척 청원서

메이지 시대에 들어와서 일본의 민간인들이 '마쓰시마 개척의 건'이라고 하는 울릉도 개척을 청원하는 일이 있었다. 이 사실에 관해 다음과 같이 기록하고 있다.

"이후 40여 년이 지나 메이지(明治) 10년에 이르러, 시마네현(島根県) 사족(士族)으로 도다 다카요시(戸田敬義)라는 자가 있었는데, (그가) 다케시마 도해 청원서를 도쿄부(東京府)에 제출하였다.

6월에 도쿄부청(東京府庁)으로부터 들어줄 수 없다는 지령이 있어, 그 일은 결국 중지되었다. 이 일이 있고 나서는 다시 다케시마에 대해 말하는 사람이 없었다(『죽도서류잡산(竹島書類雑算)』에 의한다).

그 이전에 무쓰(陸奥)사람 무토 헤이가쿠(武藤平学)와 시모후사(下総) 사람 사이토 시치로베(斎藤七郎兵衛) 등이 러시아령 블라디보스토크를 왕래하며 다케시마 외 별도로 마쓰시마라는 섬이 있다고 주장하여, 무역 사무관 세와키 히사토(瀬脇寿人)를 통해 도해 건을 청원하였다. 이에 있어 다케시마와 마쓰시마가 일도이명(一島二名)이라거나 두 섬의 다른 이름이라거나 하는 말이 분분하여 결론이 나지 않았다. 때문에 마쓰시마 조사(巡島)에 대한 논의가 있었다. 그런데 그 일이 중지

되어 결국 행해지지 않았다(마쓰시마 관계 서류, 블라디보스토크 공문에 의한다).[34]

위의 사료에서 메이지시대에 민간인이 제출한 울릉도 개척에 관한 내용을 정리하면 다음과 같다.

첫째, 메이지시대에 들어와서 울릉도 개척을 가장 먼저 시도한 사람은 러시아령 블라디보스토크를 왕래하고있던 무쓰사람 무토 헤이가쿠와 시모후사 사람 사이토 시치로베 등이다.

둘째, 부토 헤이가쿠 등은 다케시마(울릉도) 외 별도로 마쓰시마(독도)라는 섬이 있다고 주장하였다. 여기서 이들은 울릉도를 보고 마쓰시마(독도)라고 하여 지금의 독도가 아닌 사람이 사는 섬인 것으로 착각을 했다.

셋째, 1878년 시마네현 사족 도다 다카요시가 무역 사무관 세와키 히사토를 통해 다케시마 도해 청원서를 도쿄부에 제출하였으나, 6월에 도쿄부청가 도해청원을 허가할 수 없다는 지령으로 개척이 이루어지지 않았다.

넷째, 다케시마와 마쓰시마가 일도이명 혹은 두 섬으로서 각각 다른 이름이라는 말이 분분하여 마쓰시마를 조사하려는 논의도 있었으나 도쿄도의 청원서 기각으로 조사가 이루어지지 않았다.

요컨대, 이들은 송도와 죽도가 그려진 지도를 가지고 실제의 한국령 울릉도(마쓰시마)를 보고, 울릉도가 아닌 주인이 없는 마쓰사마(지도

---

34) 전게서, 경상북도 편(2014)『독도관계일본고문서(1)』, pp.90-91.

상이 독도 명칭)라고 주장했던 것이다. 그러나 도쿄부가 출원한 섬 마
쓰시마가 조선영토 울릉도임을 확인하고 청원서를 기각했던 것이다.
또한 독도에 관해서도 아무런 언급이 없는 것으로 보아 독도는 당시
무인도였기 때문에 개척의 대상이 아니었음을 알 수 있다.

## 5. 야마기함의 울릉도 조사와 조선영토 울릉도 확인

일본재야에서 제출한 울릉도가 아닌 또 다른 섬, '마쓰시마' 개척원
이 접수되어, 일본군함이 '마쓰시마'의 실제를 조사하는 과정에서 일본
군함이 울릉도와 독도를 조사하였는데,[35] 그 내용은 다음과 같다.

"또 해군수로국의 『수로잡지』에 의하면, 메이지 11년(1878) 6월 해군
소좌 마쓰무라 야스타네(松村安種)의 아마기(天城) 함이 조선해로 회항
할 때, 승무원이었던 해군 대위 야마나시 나오키요(山澄直清)와 해군
소위보 고바야시 슌조(小林春三), 동 후쿠치 구니카네(福地邦鼎) 등이
마쓰시마로 갔는데, 요시다 중위가 정오에 본함(本艦)이 있는 곳을 실
측하여 북위 37도 48분임을 확인하였고, 또 오전 7시 58분에 태양의
고도를 측정하여 본함이 있는 곳이 동경 130도 32분임을 확인하였고,
이로부터 항로를 남동쪽으로 바꾸어 측정의(測程儀)를 써서 측정하여
달리기를 20리(里), 마쓰시마를 떠나 2리만큼의 곳에 도착하여, 마쓰시
마의 중심부를 정남쪽으로 보았다고 되어 있다. 이는 우리 군함의 마쓰

35) 나이토 세이추(2005) 『獨島와 竹島』 제이앤씨, pp.170-172.

시마 측량의 처음이다.

그 후 메이지 13년(1880) 아마기 함이 다시 마쓰시마로 항해하게 되어, 해군 소위 미우라 시게사토(三浦繁重鄕) 등이 직접 그 섬에 가서 측량하게 되어 섬 동족 해안에 임시로 정박할 수 있는 땅을 발견하였고, 또 마쓰시마가 옛날 한인(조선인)이 울릉도라고 칭하던 것으로 그 외 다케시마라고 칭하는 것이 있으나 별 볼일 없는 작은 섬에 불과하다는 것을 알게 되어 관련 사정이 더욱 명료해 졌다36)는 내용을 여기에서 볼 수 있다. 이로써 지금의 마쓰시마는 즉 겐로쿠 12년(1696)에 다케시마라고 불렸던 것으로 옛날부터 우리나라 판도 외의 섬이었음을 알 수 있다. 이것이 다케시마에 대한 고금 연혁의 대략이다."37)

이상의 2번에 걸친 「마쓰시마」 조사로 알 수 있었던 사항은 다음과 같다.

첫째, 울릉도 즉 1878년, 1880년 2번에 걸친 '마쓰시마' 조사에 관한 내용은 해군수로국의 『수로잡지』에 의한 것이다.

둘째, 1878년 6월 울릉도 조사에 임했던 아마기 함의 탑승자는 함장으로 해군 소좌 마쓰무라 야스타네, 승무원으로 해군 대위 야마나시 나오키요와 해군 소위보 고바야시 슌조, 동 후쿠치 구니카네, 조사자 요시다 중위이다.

셋째, 아마기함은 울릉도와 독도가 있는 바다를 "조선해"라고 했다.

---

36) 川上健三(1966), 『竹島の歴史地理的研究』 古今書院, pp.9-49. 가와카미는 도명이 혼란을 겪게 된 과정에 관해서 설명하고 있다. 그 이유는 독도에 대해 에도시대에 '마쓰시마'라고 했었는데, 1905년 편입 당시에는 '다케시마'라는 이름으로 편입했기 때문에 이러한 오류에 대해 정당성을 주장하기 위해서이다.

37) 전게서, 경상북도 편(2014) 『독도관계일본고문서(1)』, pp.91-92.

넷째, 실측한 마쓰시마(울릉도)의 위치는 북위 37도 48분, 동경 130
도 32분[38]을 확인하였다.

다섯째, 야마기함이 마쓰시마를 처음 측정한 것은 "마쓰시마(울릉
도)로부터 항로를 남동쪽으로 바꾸어 측정의를 써서 측정하여 달리기
를 20리, 마쓰시마를 떠나 2리만큼의 곳에 도착하여, 마쓰시마의 중심
부를 정남쪽으로 보았다"는 것이다.

여섯째, 1880년 아마기 함이 다시 마쓰시마에 항해하여 해군 소위
미우라 시게사토(三浦繁重郷) 등이 직접 그 섬을 측량했다. 울릉도 동
족 해안에 임시로 정박할 수 있는 땅을 발견했고, 또 마쓰시마가 옛날
한인(조선인)이 울릉도라고 칭했던 곳임을 확인했다.

일곱째, 조선의 울릉도라는 것을 확인했을 때 "그 외 다케시마(지금
의 독도)"라고 칭하는 것도 확인했는데, "별 볼일 없는 작은 섬에 불과
하다"는 것을 확인했다. 이렇게 하여 그 사정을 명확히 확인함으로써
'마쓰시마'가 울릉도임을 확인했다는 것이다.

여덟째, '마쓰시마 개척 건'의 마쓰시마는 "1696년에 조선영토로 인
정한 '다케시마'라고 불렸던 것으로 옛날부터 우리나라(일본) 판도 외
의 섬이었음을 알 수 있었다"는 것이다.

아홉째, "이로써 지금의 마쓰시마는 즉 겐로쿠 12년(1696)에 다케시

---

38) 측정방법은 「오전 7시 58분에 태양의 고도를 측정」한 결과 치이다. 현재
   독도의 경위도는 「동경 131도 북위 37도(동도: 북위 37° 14′ 26.8″ 동경
   131° 52′ 10.4″ 서도: 북위 37° 14′ 30.6″ 동경 131° 51′ 54.6″)」 울릉도의 경위도
   「북위 37° 30′ 동경 130° 52′」(「독도」. https://ko.wikipedia.org/wiki/%
   EB%8F%85%EB%8F%84(검색 일 : 2016년 1월 6일)

마라고 불렸던 것으로 옛날부터 우리나라 판도 외의 섬이었음을 알 수 있다. 이것이 다케시마에 대한 고금 연혁의 대략이다."라는 사실로 보아, 본서에서 다루어온 '다케시마" 즉 울릉도는 일본의 영토가 아니라 조선의 영토라는 것이다.

요컨대, 부토 헤이가쿠와 도다 다카요시 등이 '다케시마 개척을 요구하는 청원서가 있어서 일본군함 야마기함이 2차례에 걸쳐 조사를 했다. 첫 번째 조사에서는 '마쓰시마'의 위치를 조사했고, 두 번째 조사에서는 울릉도와 독도의 존재에 대해서도 확인했다. 직접 '마쓰시마'에 접근하여 조사를 하였는데, 그 섬은 1696년 막부와 조선조정간의 영유권 분쟁으로 조선영토로 인정된 다케시마 즉 조선의 영토인 울릉도라는 사실을 확인했다. 또한 지금의 독도는 조선해에 있는 보잘 것 없는 섬으로서 개척의 대상이 될 수 없는 섬으로 간주되었던 것이다.

## 6. 맺으면서

본 연구는 울릉도, 독도관련의 한중일 3국의 사료를 인용하여 작성된 『죽도판도소속고(완)』을 분석하여 일본인들의 울릉도, 독도에 관한 인식을 고찰하였다. 그 내용을 정리하면 다음 4가지로 정리된다.

첫째로, 울릉도와 독도와 관련되는 일본측과 조선측의 사료를 활용하여 고대시대부터 조선시대 중기 일본의 두 가문이 70여 년간 울릉도에 도항하여 어로를 하기까지 울릉도가 조선영토였다는 결론을 내리고 있다.

둘째로, 오야, 무라카와 두 가문이 막부로부터 도해면허를 취득하여 1620년대부터 울릉도에 도항하기 시작하여 70여 년간 도항을 했기 때문에 역사적으로 울릉도를 조선이 관리했다는 기록은 있지만, 17세기에는 실제로 일본이 해상권을 장악하여 일본영토가 되었다는 것이다.

셋째로, 일본의 두 가문이 70여 년간 울릉도를 왕래하면서 울릉도를 일본영토라고 인식하고 있었는데, 1692년에 처음으로 조선인이 울릉도에 들어와 일본인들의 조업을 방해했다. 그래서 두 가문은 증거로서 두 명의 조선인을 납치하여 그 사실을 막부에 보고하여 조선인의 도항을 중지시켜줄 것을 요청했다. 막부는 대마도를 통해서 조선에 대해 조선인의 울릉도 도항을 금지할 것을 요청했으나, 조선이 울릉도가 조선의 영토라고 주장하여 7년간 담판을 했는데, 결국은 조선영토로 인정하고 일본인의 도항을 중단시켰다는 것이다.

넷째로, 메이지시대에 들어와서 일본의 민간인들이 '마쓰시마 개척의 건'을 도쿄도와 일본정부에 제출하였기 때문에 일본군함 야마기호가 울릉도와 독도를 조사했다. 그 결과 울릉도는 조선의 영토이고, 독도는 보잘것없는 섬이라는 것을 확인했다. 일본인들이 개척을 청원한 '마쓰시마'가 조선의 울릉도라는 사실을 확인하고 개척의 건을 각하했다는 것이다.

마지막으로 『죽도판도소속고(완)』는 내용상으로는 울릉도에 관한 기록이다. 독도에 관해서는 메이지시대에 군함 야마기호가 조사를 했는데, 보잘 것 없는 섬으로 간주하여 개척의 가치가 없다는 이유가 관심의 대상의 섬이 되지 못했다. 따라서 독도는 러일전쟁 이전까지 일본에서는 독도에서 강치잡이를 한 나카이 요사부(中井養三郎)로처럼 조선의 영토로 간주하고 있었다. 그런데 러일전쟁 중에 군사적 요충지라는 전술적 가치의 발견으로 독도에 대해 은밀한 방법으로 편입조치를 단행했던 것이다. 이것은 합법적인 영토취득조치가 아니고, 전쟁 중에 타국의 영토를 은밀한 방법으로 도취한 행위에 불과하다.

## 〈참고문헌〉

경상북도 편(2014) 『독도관계일본고문서(1)』경상북도 독도사료연구회 연구
　　　보고서1, pp.81-97.

_____(2013) 『竹島紀事1』경상북도 독도사료연구회 연구보고서1, p.11.

_____(2013) 『竹島紀事2』경상북도 독도사료연구회 연구보고서2, p.255.

경상북도독도사료연구회 편(2010) 『竹島考(죽도고) 上下』경상북도, pp.169-204.

권오엽 편주(2010) 『일본고문서의 독도, 拱帳(히카에쵸)』책사랑, pp.13-14.

_____·大西俊輝(2009) 『獨島의 原初記錄 元祿覺書』제이앤씨, pp.11-292.

나이토 세이추(2005) 『獨島와 竹島』제이앤씨, pp.170-172.

다케우치 다케시, 송휘영·김수희 역(2013) 『고유영토론의 역사적 검토』
　　　선인, pp.15-35.

송병기(2004) 『독도영유권자료선』한림대학교, pp.1-278.

_____(1999) 『울릉도와 독도』단국대학교 출판부, pp.1-267.

신용하(2011) 『독도영유권에 대한 일본의 주장비판』서울대학교출판부 pp.1-351.

최장근(2014) 『한국영토 독도의 고유영토론』제이앤씨, pp.1-394.

川上健三(1966), 『竹島の歴史地理的研究』古今書院, pp.9-49.

下条正男(2005) 『'竹島':その歴史と領土問題』竹島·北方領土返還要求運動
　　　島根県民会議, p.171.

_____(2004) 『竹島は日韓どちらのものか』文春親書377, p.188.

田村清三郎(1965) 『島根縣 竹島의 新研究』島根県総務部総務課, pp.1-160.

内藤正中·金柄烈(2007) 『史的検証 竹島·独島』岩波書店, pp.62-67.

内藤正中·朴炳渉(2007) 『竹島=独島論争ー歴史から考えるー』新幹社, pp.53-71.

○「竹島問題」(일본외무성), http://www.mofa.go.jp/mofaj/area/takeshima/
　　　(검색일 : 2016.1.3.)

# 第5章

## 『竹島版圖所屬考(完)』に見られる日本の知識人の鬱陵島と独島の認識

# 1. はじめに

　日本政府は、17世紀に独島について領土主権を確立した主張す
る。[1]『竹島版圖所屬考』[2]の内容によると、「今ヤ我国史及ヒ韓漢ノ
記伝ニ就キ其源流ヲ究メ其沿革ヲ詳ニシテ之ヲ左ニ論出セントス。
」[3]としており、韓国と中国の歴史書に存在する鬱陵島と独島に関す
る記録をもとに、鬱陵島と独島の所属に関して調査したものである
ことが分かる。また、「若シ其詳ナルヲシルヲ要セハ前ニ呈スル処
ノ竹島考証三巻アリ之ニ就テ見ルヘシ。」[4]としているところから見

1) 「竹島問題」(日本外務省), http://www.mofa.go.jp/mofaj/area/takeshima/
   (閲覧日; 2016.1.3).
2) 慶尙北道獨島史料研究會編(2014) 『獨島關係日本古文書(1)』慶尙北道獨島
   史料研究會研究報告書1、pp.81-97. 本書でいう「竹島」は、今日の韓国領
   土である鬱陵島を指す。日本の江戸時代には、おおむね鬱陵島を「竹島」
   といい、独島に対しては「松島」と言った。
3) 前掲書、慶尙北道獨島史料研究會編(2014)『獨島關係日本古文書(1)』、p.92.

て、『竹島考證』三巻の内容を要約していることが分かる。特に内容
の中に日本人が壬辰倭乱以後、鬱陵島を自国の領土として考えてい
たという記録が存在する。これらの内容に基づいて、17世紀に日本
の領土として確立されたと主張するのである。ところが、独島に関
しては17世紀に日本の領土として確立したという記録がどこにもな
い。領土主権を確立するためには、国家成立の段階から領土であっ
た固有の領土であるか、若しくは「無主地先占」であるか、買い取っ
たのか、戦争後の講和条約によって取得したなどという領土取得の
要件を満たさなければならない。『竹島版圖所屬考』は「明治十四年
八月二十日取調　北沢正誠」[5]が調査して作成したものである。すな
わち、北沢正誠という一個人が個人的な意見を書いたものである。
本書には、大韓帝国政府が発令した〈勅令41号〉鬱島郡を設置して
〈鬱陵全島、竹島、石島(独島)〉を管轄したという重要な領有権史料
が欠落している。[6]したがって北沢正誠がいくら鬱陵島と独島が日
本の領土であると主張しても、本書は日本の領土としての根拠には
ならない。ただ単純に、『竹島版圖所屬考(完)』は、この本を記録し

---

4) 同上。
5) 同上。「毅宗十三年ハ我ニ条帝ノ平治元年ニシテ本年辛巳ヲ距ル事七百二
   十二年ナリ。」という記述から見ると、『竹島版圖所屬考(完)』は1881年に
   執筆されたことが分かる。
6) 宋炳基(2004)『獨島領有權資料選』翰林大學校、pp.1-278. 宋炳基1999『鬱
   陵島와 獨島』檀國大學校出版部、pp.1-267. 慎鏞廈(2011)『獨島領有權に対
   する日本の主張批判』ソウル大學敎出版部、pp.1-351. 崔長根(2014)『韓國
   領土獨島の固有領土論』ジェイエンシ、pp.1-394.

た当時の日本人の鬱陵島、独島に対する認識について知ることができる史料に過ぎない。このような問題提起を踏まえて、本書の執筆目的は、19世紀に生きた日本人の鬱陵島、独島に関する認識を検討しようとするものである。

　先行研究には『竹島版圖所屬考(完)』の内容を完全に分析した研究が存在しないので、本研究では鬱陵島、独島に関する日本人の知見、時代別に見た領有権の認識など、全ての内容を徹底的に分析して立体的に照明を当てた。


## 2. 史料に見る鬱陵島の朝鮮領土論

### 2.1 日本の史料に見る朝鮮領土論

　『竹島版圖所屬考』(完)は日本人の鬱陵島に対する認識について記述している。まず、日本がいつから鬱陵島の存在について気づいており、その出処はどこであるのか、また著述当時の日本人が鬱陵島の名称と所属について如何様に認知していたのか、日本の古文献に記録された内容を基に、次のように記述している。


　　竹島一名ハ磯竹島又松島ト称ス。韓名ハ鬱陵島又芋陵島ト称スル者此ナリ。但其地本邦朝鮮ノ間ニ在ルヲ以テ古来粉議両国ノ間ニ生セシモ、元禄九年ニ至リ境界判然復タ異議ナシ。今ヤ我国史及ヒ韓漢ノ記伝ニ就キ其源流ヲ究メ其沿革ヲ詳ニシテ之ヲ左ニ論出セントス。『大日

本史』高麗傳ニ拠ルニ、一條ニ、"高麗蕃徒芋陵島人漂至因幡、給資糧、
回歸本國"、の明文アリ。而シテ注ニ其引用スル所ノ書ヲ挙ケ、『権記』
及『本朝鹿草［藻］』7)トナシ。8)

　上記の日本側の記録に現れている鬱陵島、独島の認識について知
ることができるところをまとめると、次の通りである。

　第一、日本では朝鮮の芋陵島、鬱陵島という名称の島は、日本で
は磯竹島、竹島と呼ばれた。

　第二、この本が書かれた1881年の時点では、1696年の朝日両国間
の鬱陵島の領有権紛争によって、鬱陵島の所属が朝鮮の領土として
判定されていた明確な事実が存在するということである。

　第三、日本、朝鮮、中国の全ての記録に基づいて、日本人が初め
て鬱陵島を知ることになったきっかけについて調べてみると、『日
本史』に「高麗蕃徒芋陵島人漂至因幡、給資糧、回歸本國」という部
分があり、1004年頃、鬱陵島が高麗の所属で鬱陵島に高麗人が住ん
でいたという認識があった。

　第四、高麗国芋陵島人の記録は『権記』と『本朝鹿草』によるとした。

　次は1879年に日本海軍省の水路局が編纂した『水路雑誌』第16号を
引用して鬱陵島の地形について記述しているが、当時の日本人の認

---

7) 平安時代の宮中官僚たちの漢文詩集、上下2巻からなる。前掲書、慶尙北
　道獨島史料硏究會編(2014)『獨島關係日本古文書(1)』、p.81. 飜譯本には『本
　朝鹿草』となっているが、『本朝麗草』が正しい。
8) 前掲書、慶尙北道獨島史料硏究會編(2014)『獨島關係日本古文書(1)』、p.81.

識は次の通りである。


　　明治十二年四月刊行ノ海軍水路局『{水}路雑誌』第十六号ニ曰ク、松
　島ハ洋中ノ一孤島ニシテ我隠岐国沖島ヨリ北東二分一東一百三十四
　里、長門国角島ヨリ北二分一東一百八十五里、釜山浦ヨリ北西四分三
　北一百六十五里ノ処ニ在リ、全島岩石ヨリ成ルモノ、如ク、而シ樹木
　鬱然、周囲ハ絶壁多ク、唯南東面ニ少シク平垣ナル処アリ、〈我輩ノ
　此ニ到ルヤ、土人ノ小舎ヲ構ヘ漁舟ヲ造ルヲ見タリ〉　他ノ浜岸ハ小舟
　ト雖モ近ツク可ラセルガ如シ。東方ニ一小嶼アリ、且奇石怪岩島ヲ環
　ラシテ星羅セリ。我艦航走中此島頂ノ高度ヲ測リテ二千三百九十一尺
　ヲ得タリ。9)


　　上記の内容は、鬱陵島の地理的位置、鬱陵島の地形、鬱陵島の高度
に関するもので、その内容をまとめると、次の通りである。
　　第一、江戸時代伯耆藩、因幡藩の人々は鬱陵島を「竹島」と呼んだ
が、1879年時点の日本政府(海軍水路部)は、鬱陵島を「松島」と呼んだ。
　　第二、日本と朝鮮から鬱陵島までの距離について「我隠岐国沖島
ヨリ北東二分一東一百三十四里、長門国角島ヨリ北二分一東一百八
十五里、釜山浦ヨリ北西四分三北一百六十五里ノ処ニ在リ、」と認
識していた。
　　第三、1879年頃、日本の軍艦が鬱陵島を訪問したとき、鬱陵島に
居住している島民に出会った。島全体は岩石で覆われており、木が

---

9) 前掲書、慶尙北道獨島史料研究會編(2014)『獨島關係日本古文書(1)』、pp.81-82.

鬱蒼とし、周囲が崖で囲まれている。平坦なところは南東だけで、唯一ここだけが船を停泊させることができる。鬱陵島の周りには、東に小さな島[10]が一つあり、それ以外はすべて奇巖怪石である。鬱陵島の頂上の高さは1,391である。

　つまり、1879年は大韓帝国の朝廷が開拓民を派遣する以前であるが、日本の軍艦が鬱陵島に到達した際、鬱陵島の居住民に出会うことができたのは、開拓民が派遣される以前から既に居住民がいたということである。そして、以上の内容は、当時の単純な認識に過ぎず、今日のような事実に基づいた正確な情報ではなかった。

## 2.2 朝鮮の史料に見る朝鮮領土論

　朝鮮の古文献である『公任集』、『東國通鑑』の記録を引用して鬱陵島、独島について、次のように記述している。

　　又『公任集』ヲ引テ、"新羅芋流麻島之人到、芋流麻島、即芋陵島也"、ノ十八字アリ、而芋陵ノ二字『東國通鑑』ニ拠ル者トス。然レハ当時ニアリテ高麗人ノヲ芋陵島ト称シ我那人ハ之ヲ芋流麻島ト称スルモ均シク、此後世所謂竹島・松島なる者ニシテ当時其島人ノ漂到ヲ以テ之ヲ本国ニ回帰スレハ即我版図外ノ地タルヤ知ルヘシ。
　　然ルニ松浦武四郎ノ『竹島雑誌』ニ『北史』「倭［國］傳」ヲ引テ、"隋遣文林郎・裵世淸使、国度百濟、行至竹島、望耽羅[国]"云々ノ文ヲ引タ

---

10) '竹島'のことである。

ル七是同名異島ニシテ磯竹島ノ証トナスニ足タス。

　何トナレハ磯竹島ハ我隠岐ノ西海、朝鮮江原道ノ東海ニアリ、『北史』ニ所謂ノ"度百濟、行至竹島、望耽羅島"ノ竹島ハ全羅道ニ在リ、何ヲ以テ如斯断言スルヤ。蓋シ百濟ノ地即今忠淸・全羅ノ二道ニシテ朝鮮国ノ西南ニアリ、耽羅島ハ即今濟州道ナレハナリ。然シハ同名異島ノ説瞭然タリ。11)


　朝鮮の記録である『公任集』、『東國通鑑』に基づいて日本人が記述した鬱陵島、独島に対する内容をまとめると、次の通りである。

　第一、「新羅芋流麻島之人到」という文章から、新羅時代にも鬱陵島は新羅の地であった。高麗時代にも高麗の地として高麗人は芋陵島といい、日本人は芋流麻島と呼んだ。芋陵島の名称は『東國通鑑』に記録されている。

　第二、この本が書かれた時点では、鬱陵島は「竹島」や「松島」と呼ばれる傾向があるが、歴史的記録をみると、新羅時代と高麗時代には朝鮮側の領域であり、日本側の領域ではなかったということである。

　第三、松浦武四郎が『北史』を引用して著した『竹島雜誌』では、「度百濟、行至竹島、望耽羅島"ノ竹島ハ全羅道ニ在リ、」「同名異島ノ説瞭然タリ。」とし、『竹島雜誌』の誤りを批判している。

　つまり、『竹島版圖所屬考(完)』は韓中日の3カ国の歴史書を引用して記録したものであり、『竹島雜誌』は鬱陵島渡航者の経験をもと

---

11) 前掲書、慶尙北道獨島史料硏究會編(2014)『獨島關係日本古文書(1)』、pp.82-83.

に伝わる内容を記録したものである。よって『竹島雜誌』の誤りを指摘して正すこともあった。『竹島雜誌』では、渡航者の経験をもとに鬱陵島が日本の領土であると断定する傾向が強いのに比べて、『竹島版圖所屬考(完)』は史料に基づき、時代によっては朝鮮の領土と見なし、若しくは日本の領土と見なす時期もあったというように客観的に見ようとする傾向が見られる。しかし、不正確な資料をもとに、日本領土論を主張することには矛盾点が多い。

そして、朝鮮の歴史である『東國通鑑』、『高麗史』、日本の歴史書である『磯竹島覚書』では、『東國輿地勝覽』を引用して鬱陵島を朝鮮の領土として記述している。[12]

今や更ニ一歩ヲ進メ朝鮮歴朝ノ史ニ拠リ其証左ヲ挙シニ、『東國通鑑』ニ日ク、"新羅智證王ノ十三年六月、于山國降新羅納土貢、国在溟州正東海中、名鬱陵" 云々、是我継体帝ノ六年壬辰ノ事ニシテ、今年ヲ距ル千三百七十年タリ。此九百五十二年前此島新羅ニ属スルノ一証ナリ。

又『高麗史』ニヨレハ、"太祖十三年鬱陵島人、使白吉・土豆、献方物"トアリ。高麗太祖十三年ハ我醍醐帝ノ長奧元年庚寅ニシテ今年ヲ距ル九百五十二年ナリ。此九百五十二年前此島高麗王氏ニ属スルノ二証ナリ。

尋テ、"毅宗十三年王聞鬱陵土広土肥、可以民、遣溟州監倉金柔立往視、柔立回奏云、島中有村落基趾七所、多生柴胡、藁本、石南草、於

---

12) 竹内猛、宋彙栄、金秀姫訳(2013)『固有領土論の歴史的検討』ソンイン、pp.15-35.

是、移東郡民以実之、後屢為風濤所蕩覆舟，因環其民"云々、然レハ当時其民ヲ移シ其地ヲ空フセシ者ノ如シ。毅宗十三年ハ我二条帝ノ平治元年ニシテ本年辛巳ヲ距ル事七百二十二年ナリ。此七百二十二年前此島高麗ニ属スル三証ナリ。〈『高麗史』ニ拠ル〉

又「磯竹島覚書」ニ拠レハ、『輿地勝覽』ヲ引キ曰ク、"本朝太宗時、聞流民逃其島者甚多、再遣按撫使、刷出空其地、使言土地沃饒、竹大如杜、鼠大如猫"云々ト。

然レハ前朝王氏空島ノ制行レス、辺海ノ民往々移住スル者アリシナルヘシ。朝鮮太宗ノ時ハ後小松帝応永年間ニ中タレハ大略四百八十年前タリ。此四百八十年前此島朝鮮ニ属スル四証ナリ。

其後世宗二十年ニ至リ、"遣縣人萬戸南顥、卒数百人、往捜逋民、尽俘金丸等七十余人而還、其地遂空〈"、トアリ。然レハ此後朝鮮人捨テ収メス無人ノ空島タリシナリ。世宗二十年ハ我後花園帝ノ永享四年壬子ニシテ本年ヲ距ル四百五十年タリ。此四百五十年前此島朝鮮ニ属スル五証ナリ。〈『輿地勝覽』ニ拠ル〉

其後成宗ノ二年ニ及シテ、"有告別有三峰島者、乃遣朴宗元往覓之、因風濤不得泊而還、同行(二)船、泊鬱陵島、只取大竹蝮魚曲、啓云島中無民矣"、是当時韓人竹島ノ外別ニ一島アルノ説ヲ信シ人ヲ遣シ海中ヲ捜索シ得ス、空シク竹島ノ蝮ヲ拾ヒ還ル事アリシナリ。此四百一八年前空島ナルモ猶朝鮮ニ属セシ六証ナリ。此六証ニ拠ル時ハ、我継体帝ノ六年壬辰ヨリ後土御門帝ノ延徳元年己酉迄中間一千八十年間ハ此島朝鮮ノ版図タリシ事明瞭ナリ。〈『輿地勝覽』ニ拠ル〉[13]

---

13) 前掲書、慶尙北道獨島史料研究會編(2014)『獨島關係日本古文書(1)』、pp.82-86.

　以上、朝鮮側の史料と日本側の史料の中で、朝鮮側の史料から引用して記述した内容を再び引用し、歴史的な観点から見たときに鬱陵島が朝鮮の領土である証拠を挙げている。

　第一、鬱陵島が朝鮮の領土である一つ目の証拠は、西暦512年に溟州(蔚珍県‐筆者注)の正東の海の鬱陵島にある于山国という国が新羅に朝貢を納めることにより降伏の意を表し、新羅の所属となった。

　第二、鬱陵島が朝鮮の領土である第二の証拠は、930年に鬱陵島の民が高麗に貢物を捧げたので、高麗国の領土であったというもの。

　第三、鬱陵島が朝鮮の領土である第三の証拠は、1159年(毅宗13年)高麗時代に、王の命令で東の村の民を移住させたところ、波風による人命被害が多く、刷還政策により鬱陵島を空にした。

　第四、鬱陵島が朝鮮の領土である第四の証拠は、海岸沿いの民が度々島に移住し、高麗時代の空島制[14]が正しく施行されないので、太宗の時に按撫使を派遣して刷還させたということである。

　第五、鬱陵島が朝鮮の領土である第五の証拠は、1432年に捜討使数百人が島に入り、住民をすべてを召還して鬱陵島を完全に空けさせた。「此後朝鮮人捨テ収メス無人ノ空島」であったということである。

　第六、鬱陵島が朝鮮の領土である第六の証拠は、1489年、朝鮮朝廷が鬱陵島以外に三峰島という島の噂を聞いて捜討使を派遣したが、風浪が激しくて見つからず、完全に空になっていた鬱陵島に立

---

14) この本の執筆年度が1881年なので、「空島制」という名称は、1881年にも使用されたことが分かる。

ち寄り、大きい竹と鰒のみを採取し、虚しく戻ってきたということ
である。ここで「因風濤不得泊而還」というのは、三峰島を発見した
が、接岸することができなかったと解釈される。ところが、見つから
ずに帰ってきたと解釈している。[15]ここで云う三峰島は独島のこと
であり、見つからず帰ってきたと解釈しているのは、誤りである。

　第七、『輿地勝覽』によると、512年から1489年まで、すなわち
1080年間は鬱陵島が朝鮮の領土であったことは明瞭である。

　第八、「毅宗十三年ハ我ニ条帝ノ平治元年ニシテ本年辛巳ヲ距ル事
七百二十二年ナリ。」という記録から、本書は1881年に著された。

　第九、1881年の時点で、日本人(著者を含む)は、鬱陵島が「土地沃
饒、竹大如杜、鼠大如猫」という事実から、鬱陵島が肥沃な土地と
認識するようになった。

　要するに、鬱陵島の所属について朝鮮の歴代王朝の歴史に基づい
て考証してみると、鬱陵島は歴史的に朝鮮の領域であることは明ら
かであり、よって鬱陵島は歴史的に見て朝鮮の領土だということで
ある。しかし、独島に関する記述はない。なぜなら、この本を執筆
する時点においては、島の地理的な位置から見て、日本とは無関係
な島であり、価値的な観点から見ても、関心の対象とはなりえな
かったからである。

---

15) 鬱陵島は風浪のために接岸ができない島ではない。風浪のために接岸を
　　行うことができない島は独島だけである。

# 3. 史料に見る鬱陵島の日本領土論

## 3.1 日本人の鬱陵島日本領土論

　上に示したように、古書を通じて歴史的に考証すると、日本の漁夫が鬱陵島に渡海する以前には、鬱陵島が朝鮮の領土として考証されていたが、1617年以降の鬱陵島は、日本の漁夫が70年間渡海していたので、鬱陵島に関心を持っている日本人のほとんどは、実質的に鬱陵島が日本の領土であるという認識を持っていた。その内容は、『朝鮮通交大記』、『善隣通書』、『竹島考』、『竹島圖説』に記録されており、その内容は、次のとおりである。

　　然ニ以上説ク所ハ後来朝鮮国史ノ我那ニ入テヨリ近来僅ニ圭窺フ所ニシテ当時ニアリ如斯其明瞭ナラス故ニ、慶長十九年甲寅ノ歳宗義質ヨリ使者ヲ朝鮮ニ遣リ竹島ハ我版図中ノ者タルノ旨ヲ述ヘシム。朝鮮東萊府使伊守謙以為ラク、'竹島ハ日本ノ地ニ非ズ、即朝鮮古史ノ鬱陵島ナリト。於是書ヲ宗氏ニ贈リ其朝鮮ノ地タルヲ論ス。

　　尋テ、後ノ府使朴慶業又書ヲ贈テ更ニ之ヲ弁明ス。然ルニ偶大阪ノ役アルニ合シ時事悾惚宗氏之ヲ江戸ニ呈セス。徳川氏又此事ヲ知ラス。元和三年松平新太郎光政ノ伯州ヲ領スルニ及ヒ米子ノ商大谷甚吉・村川市兵衛竹島渡海シ海上ノ利権ヲ握ル者七十余年我国朝鮮以テ我版図トナシ復タ疑フ者ナカリキ。〈以上『朝鮮通交大記)』、『善隣通書』、『竹島考』、『竹島圖説』ニ拠ル〉16)

---

16) 前掲書、慶尙北道獨島史料研究會編(2014)『獨島關係日本古文書(1)』、pp.86-87.

　　日本が朝鮮側の古書に基づいて考察すれば、鬱陵島が朝鮮の領土であることは明白であるが、実際の鬱陵島の状況は、日本人が渡海して海上権を握っていたこともあり、日本の領土になったという主張である。それをまとめると、次の通りである。

　　第一、朝鮮の古書を見ると、朝鮮の領土ということが明瞭であるが、当時の現実は違った。例えば、1614年対馬の宗義質が使者を朝鮮に送って、竹島は日本の版圖であると主張したが、朝鮮の東萊府使は「竹島ハ日本ノ地ニ非ズ、即朝鮮古史ノ鬱陵島ナリ」とし、朝鮮の古書を送って朝鮮の地であることを確認させたということである。

　　第二、後に、府使朴慶業が再び朝鮮の古書を対馬に送って、議論をしている最中、偶然「大阪ノ役」が起った。その時、宗氏がこの本を江戸に送ったが、徳川幕府は鬱陵島が日本の領土であるという事実を確認できなかった。

　　第三、1617年、松平新太郎光政が伯州に赴任した時、米子の商人大谷甚吉・村川市兵衛が竹島渡海件を請願し、幕府はこれを許可する朱印を松平新太郎に与えた。

　　第四、1617年以降、毎年二人の商人が70年もの間、竹島に渡海して海上利権を掌握していたという事実のために、日本の一般市民は竹島が日本の版図であると完全に信じていた。

　　要するに、朝鮮の歴史書だけを見れば、鬱陵島は朝鮮の領土であると言えるが、日本の大谷、村川両家の漁師が幕府の朱印を受け、鬱陵島に渡海して鬱陵島の制海権を掌握したので、日本の領土に

なったということである。渡海免許は海外への渡海を認めたもの
で、領土主権とは無関係である。鬱陵島の領土主権は依然として朝
鮮にあった。そのため、両国の中央政府間の竹島一件の談判で幕府
が鬱陵島を朝鮮の領土として認めたのである。[17]

## 3.2 明国人の鬱陵島日本領土論

　本書では、日本人だけでなく、三人の明国人が記録した内容に基
づいて、「竹島」が日本の領土であることを主張している。その内容
は、次のとおりである。


　此ノ時ニ当テヤ、独リ我国人以テ我版図トナスノミナラス、明国人
又以テ我国ノ版図トナス、何ヲ以テカ之ヲ言フ。明ノ茅元儀ノ『武備志』
「日本考」「島名」ノ部ニ、'薩摩ノ種ケ島・肥前ノ平戸島、安芸ノ宮島'等
ト同ク伯耆ニ竹島ヲ附属シ其訳ヲ他界什麻トス。此当時明国人又我版
図タルヲ認メシ一証ナリ。

　又明ノ章潢カ著セル『圖書編』ニ、日本[国]図中山陰伯{耆}ノ西ニ一島
ヲ置キ竹島ノ二字ヲ下セリ。同書日本国序ノ文ニ、"左之西為備中、右
又為因幡、右之西為伯耆"、トアリ。

　而シテ其下ニ注文アリ。"沿海倶白砂、無奥可泊、其鎮為阿家雑記、
為倭子介、為他奴賀知、其北為竹島、県海三十里"、トアリ、此当時明
国人又竹島ヲ以テ我版図ト認ルニ証ナリ。

---

又明ノ王鳴鶴ガ『登壇必究』ニ「日本國圖」ヲ挙ケ石見・但島ノ海中ニ
竹島アリ、是明国人ノ竹島ヲ以テ我版図ト認メシ三証ナリ。

案スルニ、茅元儀・章潢・王鳴鶴三氏ノ著書文録[禄]征韓ノ役ヨリ後
其書ヲ編セシ者ナレハ当時ノ現況ニ就テ倶ニ竹島ヲ以テ我国ノ版図中
ニ加ヘシナルヘシ。18)

壬辰倭乱以後に記録された明の茅元儀・章潢・王鳴鶴の三氏の著
書に基づいて、鬱陵島が日本の領土であると主張する上記の内容を
まとめると、次の通りである。

第一、日本人だけでなく、その根拠については分からないが、明
国人も日本の領土として認めていたと記述している。

第二、明国人の茅元儀が『武備志』「日本考」「島名」を著して、伯耆
に竹島を附属させ、他界什麻と称したのである。

第三、明国人の章潢が著した『圖書編』の「日本国図」に「陰伯[耆]ノ
西ニ一島ヲ置キ竹島ノ二字ヲ下セリ。....而シテ其下ニ注文アリ。
....其北為竹島、県海三十里」と記録されている。

第四、明国人の王鳴鶴は『登壇必究』の「日本國圖」で「但島ノ海中
ニ竹島アリ」している。

第五、茅元儀・章潢・王鳴鶴三氏の著書は全て壬辰倭亂以後に編
纂されたもので、これらは青国が当時の状況を反映して、すべて竹
島を日本版図に編入したのである。

---

18) 同上。

　つまり、以上は壬辰倭乱の後に日本が鬱陵島を侵略して日本人が
占領していた状況を、中国の明国が認識していたということである。壬辰倭乱以後の鬱陵島の状況は、芝峰類説に「倭が磯竹島を占拠した」という記録もあることから見て、我々が把握している以上に、日本人が自分の領土のように鬱陵島を略奪していたことが分かる。もちろん日本地図に描かれた鬱陵島、すなわち「竹島」の位置は正確ではないが、領土認識のレベルで見れば、日本の領土として認識していたということである。

### 3.3 朝鮮人による鬱陵島の日本領土認定説

　筆者は朝鮮人も『芝峯類説』を記録しながら、鬱陵島を日本の領土として述べていると主張している。その内容を引用すると、次の通りである。

　此事ヤ唯当事明国人如斯ノ説アル而已ナラス、朝鮮人又此説ヲナス者アリ。「磯竹島覚書」ニ朝鮮人ノ所著ノ『芝峯類説』ヲ引キ曰ク、"鬱陵島一名武陵、一名羽陵、在東海中、与蔚珍県相対〈中略〉笑如社、鼠大如猫、壬辰変後、人有往見者、又倭焚掠、無復人煙、近聞倭奴占拠磯竹島、或謂磯竹島、即鬱陵島也"。壬辰ノ變トハ文禄元年壬辰豊臣秀吉氏征韓ノ師ヲ指ス。此書ハ彼那人元和・寛永ノ際ニ著セシ者ナリ。而シテ倭奴占拠ノ四字アルハ壬辰ノ後我国人干戈ノ余威ニ乗シテ其島ニ占拠セシヲ彼又不得已其占拠ヲ黙許セル者アルガ如シ。
　此故元和二年・寛永十三年・寛文六年[19]ノ三回、我国民竹島ニ至リ

漁獵シテ遂ニ朝鮮国ニ漂流セシモ、朝鮮其竹島ニ漁獵セシヲ咎メス糧ヲ給シテ対馬ニ護送セリ。20)当事我竹島ニ利権アルヤ21)此ノ如シ。〈『竹島紀事』ニ拠ル〉"22)

筆者が朝鮮側の記録である『芝峯類説』を引用して、鬱陵島が日本の領土であると主張する上記の内容をまとめると、次の通りである。

第一、壬辰倭乱の後、朝鮮人が鬱陵島に行って空にしてあるはずの島に、日本人がいることを確認したということである。

第二、鬱陵島は壬辰倭乱の際、倭兵が焼き討ち、略奪などを行ったせいで、朝鮮人が住むことができなくなり、再び人が住むことはなかったという。1615-1645年23)頃に書かれた『芝峯類説』によると、「近聞倭奴占拠磯竹島」ということである。

第三、著者は、壬辰倭乱以後、日本人が武器の威力で鬱陵島を占拠し、朝鮮人も仕方なく、島の占拠を黙認したということである。

第四、日本の鬱陵島占拠に対して朝鮮が黙認した証拠は1616年、1636年、1666年3回に渡って、日本人が竹島で漁獵した後、朝鮮国

---

19) 權五曄編注(2010)『日本古文書の獨島、控帳』チェックサラン、pp.13-14.
20) 慶尙北道獨島史料研究會編(2010)『竹島考 上下』慶尙北道、pp.169-204.
21) このような論理を今も継承して領有権を主張している。特に〈下条正男(2005)『'竹島':その歴史と領土問題』竹島・北方領土返還要求運動島根県民会議, 下条正男(2004)『竹島は日韓どちらのものか』文春親書377, 田村清三郎(1965)『島根縣 竹島의 新研究』島根県総務部総務課〉などが代表的である。
22) 前掲書、慶尙北道獨島史料研究會編(2014)『獨島關係日本古文書(1)』、p.89.
23) 「此書ハ彼那人元和・寛永ノ際ニ著セシ者ナリ。」による。

に漂流したが、朝鮮は竹島で漁獵をしたことを問題視せずに食べ物を与えて対馬に護送したのである。

　要するに、朝鮮朝廷では、朝鮮に漂流してきた日本人が鬱陵島で漁撈していたと判断した訳ではなかったので、友好的な側面から漂流民を送還したのである。よって、朝鮮朝廷が日本人の鬱陵島漁撈を黙認したという事実を根拠として、鬱陵島が日本の領土であるという主張は正しくない。


## 4. 幕府の朝鮮領土である鬱陵島という認識と民間人の鬱陵島への渡航中止

### 4.1 大谷、村川両家の鬱陵島への渡航と渡海禁止

　次は日本の大谷、村川両家の鬱陵島渡航[24]と渡海禁止に関する記録である。その内容は、次のとおりである。


　　然ルニ元禄五年ニ至リ、米子ノ商村川市兵衛竹島ニ至リ朝鮮人ノ此ニ来ルニ逢ヒ其利ヲ得ス、六年[25]大谷九右衛門ガ船竹島ニ至リ再ヒ朝

---

24) 概ね1620年代以降、幕府から渡海免許を取得して鬱陵島に渡海し始めた。内藤正中・朴炳渉(2007)『竹島＝独島論争ー歴史から考えるー』新幹社, pp.53-71.
25) 1696年に渡日したのは、2回目の安龍福一行である。グォンオヨプ・大西俊輝(2009)『獨島の原初記録　元祿覺書』(ジェイエンシ、pp.11-292)に詳細な記録がる。

鮮人ノ為メ二漁猟ヲ妨ケラレ怒リテ其二人ヲ捕ヘ之ヲ鳥取二送ル。[26]

幕府命ヲ伝テ之ヲ本国二回ラシム。此ヨリ連年朝鮮人来リ我民ノ漁猟ヲ妨ク。於是之ヲ幕府二訴フ。幕府宗氏二命シ書ヲ朝鮮禮曹參判二贈リ其人民ノ竹島二来ルヲ禁セシム。[27]朝鮮答書シテ曰ク、竹島ハ鬱陵島ニシテ古来朝鮮ノ版図タルヲ述ヘ、六年ノ九月ヨリ十二年ノ正月二至ル七年[28]間二連リ往復数十回、遂二朝鮮ノ版図タルニ決シ長ク我人民ノ渡海[29]ヲ禁セリ。〈『竹島紀事』『磯竹島覚書』二拠ル〉[30]


日本の両家が住民を置かない状態で管理されていた鬱陵島に渡航したのであるが、幕府が日本人の渡航を禁止して鬱陵島が朝鮮の領土であることを認めるようになった経緯についてその内容をまとめると、次の通りである。

第一、1695年に至って、米子の商人である村川市兵衛が竹島に渡ったが、朝鮮人がこの島に渡海したことによって利益を得られなかった。また、6年(1696)には大谷九右衛門の船が竹島に渡ったが、再び朝鮮人に漁獵を妨害され、怒りの余りその内の二人を捕ま

---

26) 朝鮮人との最初の遭遇は1692年であり、朝鮮人に二回目に遭遇したは1693年である。これに対する誤りであることが明らかにされた。

27) 慶尙北道獨島史料研究會編(2013)『竹島記事(2)』慶尙北道獨島史料研究會研究報告書2、p.255.

28) 慶尙北道獨島史料研究會編(2013)『竹島記事(1)』慶尙北道獨島史料研究會研究報告書1、p.11.「竹島の一件は1693年に始まって、1699年に終わっており、これまで7年が経過した。」とされている。

29) 權五曄編注(2010)『日本古文書の獨島、控帳』チェックサラン、pp.177-181.

30) 前掲書、慶尙北道獨島史料研究會編(2014)『獨島關係日本古文書(1)』、p.90.

えて鳥取に送った。

　第二、幕府は拉致してきた朝鮮人を対馬に送還しながら、朝鮮人の鬱陵島渡航を禁止することを要求した。

　第三、朝鮮人がその後、毎年日本人の漁撈を妨害したため、両家の漁夫が訴え、幕府は朝鮮人の鬱陵島への渡海禁止を朝鮮朝廷に要請した。

　第四、幕府から朝鮮人の鬱陵島への渡海禁止要求を受けて、日本が領有権を主張する「竹島」は朝鮮の鬱陵島であると韓国の朝廷が幕府に主張したことで、幕府が朝鮮の領土として認めたということである。

　第五、談判の期間は「六年ノ九月ヨリ十二年ノ正月[31]ニ至ル七年間ニ連リ往復数十回」であったとのことである。

　要するに、以上の内容の特徴として、初めて朝鮮人に会ったのは村川家で、二番目に遭遇したのは大谷家であったこと、そして、当初は対馬の一方的な見解により幕府は鬱陵島を日本の領土であると主張したが、ついに朝鮮の領土であることを認めたということ、幕府と朝鮮朝廷の間に交渉が始まって、朝鮮が提示した史料に基づいて、鬱陵島を朝鮮の領土として認めたということである。ただ、年度に対する誤りが存在するが、それを指摘しておく。

---

31) これは誤りである。幕府が日本人の鬱陵島渡海禁止令を下したのは1696年で、対馬によって朝鮮の領土であることを認める文書が伝えられた。1699年には幕府が朝鮮に送った確認書である。

## 4.2 八右衛門事件と鬱陵島

渡海禁止令が下された状況で、密かに鬱陵島に渡航し、それが発覚した後に処刑された八右衛門事件[32]に関して、次のように記録している。

　　元禄十二年竹島ノ事定リテ後百三十九年、石州濱田ノ人八右衛門ナル者アリ、竹島ニ航海シ厳刑ニ処セラル。八右衛門ハ問屋会津屋某ノ子ナリ。江戸ニ至リ濱田邸ノ家老岡田頼母・松井図書等ニ説キ其黙許ヲ得テ漁業ヲ名トシ密ニ外国ニ貿易セリ。此事忽チ幕使ノ為メニ発覚シ厳刑ニ処セラル、連累数十人、頼母図書等屠腹シテ罪ヲ幕府ニ謝セリ。〈「天保八年竹島渡海一件記」ニ拠ル〉[33]

上記の史料で八右衛門事件に関する内容をまとめると、次の通りである。

第一、1835年に、石州の濱田の人である八右衛門が竹島に航海して厳罰に処された。

第二、八右衛門は濱田の廻船業者である会津屋某氏の子である。

第三、八右衛門は江戸に行き、濱田邸の家老岡田頼母・松井図書等を説得し、彼らの黙認下で漁業をするという名分で密かに外国と貿易を行った。

---

32) 内藤正中・金柄烈(2007)『史的検証 竹島・独島』岩波書店, pp.62-67.
33) 前掲書、慶尙北道獨島史料研究會編(2014)『獨島關係日本古文書(1)』、p.90.

　第四、外国との密貿易はすぐに幕府の役人に発覚し、厳罰に処された。かかわった者が数十人であり、頼母図書などは切腹して幕府に謝罪した。

　要するに、以上から分かるように、外国(鬱陵島)との密貿易で処罰されたのである。ところが、日本の領土論者は松島(独島)に行くのが目的であって、鬱陵島には漂流しただけという内容を引用し、この事件は、鬱陵島に行ったのが問題であり、松島(独島)は日本固有の領土であるという主張をする。これは領有権事件ではなく、八右衛門密貿易事件として独島の領有権とは全く関係のない内容である。八右衛門事件を見ると、1835年頃に鬱陵島で密貿易が行われたことを物語っている。その内容に関しては、正確に知ることができないが、鬱陵島が密貿易の場所であったことがわかる。

### 4.3 明治時代の鬱陵島開拓請願書

　明治時代に入って、日本の民間人が「松島開拓の件」という鬱陵島開拓を請願することがあった。この事実について、以下のように記録している。

　　後四十余年ヲ経テ明治十年ニ至リ、島根県士族戸田敬義ナル者アリ、竹島渡海ノ願書ヲ東京府ニ呈ス。
　　六月府庁ヨリ難聞届旨指令アリ、其事遂ニ止ム。此ヨリ後復タ竹島ノ事ヲ言フ者ナシ。〈『竹島書類雑算』ニ拠ル〉

此ヨリ前陸奥ノ人武藤平学・下総ノ人斎藤七郎兵衛等露領浦湖斯徳
ニ往来シ竹島ノ外別ニ松島ナル者アリト唱ヒ、貿易事務官瀬脇寿人ニ
ヨリテ渡海ノ事ヲ請フ。於是乎竹島・松島一島二名又二島各別ナルノ
説アリ紛紜決セス。仍テ松島巡島ノ議起ル。然ルニ其事中止遂ニ行ハ
レス。〈松島関係書類、浦湖斯徳公信ニ拠ル〉34)

上記の史料から、明治時代に民間人が提出した鬱陵島開拓に関す
る内容をまとめると、次の通りである。

第一、明治時代に入って鬱陵島開拓を一番最初に試みた人は、ロ
シア領ウラジオストクを行き来していた陸奥の人である武藤平学と
下総の人である斎藤七郎兵衛などである。

第二、　武藤平学などは竹島(鬱陵島)以外にも別の松島(独島)とい
う島があると主張した。ここで彼らは鬱陵島を見て、松島(独島)と
し、現在の独島ではない、人が住んでいる島であると勘違いしたの
である。

第三、1878年、島根県の士族戸田敬義が貿易事務官である瀬脇寿
人を通じて竹島渡海請願書を東京府に提出したが、6月に東京府庁
が渡海請願を許可することができないという指令を下し、開拓が行
われなかった。

第四、竹島と松島が一島二名、または二島として、それぞれ異な
る名前という説があり、松島を調査しようとする議論もあったが、

---

34) 前掲書、慶尚北道獨島史料研究會編(2014)『獨島關係日本古文書(1)』、
　　 pp.90-91.

東京府の請願書棄却で調査が行われなかった。

　要するに、これら松島と竹島が描かれた地図を持ち、実際の韓国領の鬱陵島(松島)を見て、鬱陵島ではなく、所属のないまつさま(地図上の独島の名称)と主張していたのである。しかし、東京府が出願の対象であった松島が朝鮮の領土鬱陵島であることを確認して、請願書を却下した。また、独島に関しては何ら言及がなかったことから、独島が当時無人島だったので、開拓の対象ではなかったことが分かる。

## 5. 天城鑑の鬱陵島調査と朝鮮領土である 鬱陵島の確認

　日本の在野から提出された鬱陵島ではなく、それとは別の島である「松島」開拓願いが受け付けられ、日本が「松島」を実際に調査する過程で、軍艦が鬱陵島と独島を調査したが、[35] その内容は次のとおりである。

　　又海軍水路局ノ『水路雜誌』ニ拠レハ、明治十一年六月海軍少佐松村
　　安種天城鑑ヲ以テ朝鮮海ヘ回航ノ際、其乗員海軍大尉山澄直清・海軍
　　少尉小林春三・同福地邦鼎等ト松島ニ赴キ、吉田中尉ハ正午本鑑ノ所

---

35) 内藤正中(2005)『獨島と竹島』ジェイエンシ、pp.170-172.

在ヲ実測シ北緯三丨七度四十八分ヲ得、又午前七時五十八分ニ太陽高度ヲ測リテ本鑑所在ノ東経一百三十度三十二分ヲ得、是ヨリ計路ヲ南東ニ変シ水裎[程]儀ヲ以テ測テ航走スル二十里、松島ヲ去ル二里ノ処ニ達シ、松島ノ中部ヲ正南ニ望ヌ云々トアリ。是我軍鑑松島ヲ測量スルノ始メナリ。

其後明治十三年天城鑑ノ再ヒ松島ニ航スルニ及ヒ、海軍少尉三浦繁重郷等親シク其地ニ至リ実見測量スルニ及ヒ該島東岸ニ仮泊ノ地ヲ発見シ、又松島ハ古代韓人称スル処ノ鬱陵島ニシテ他ニ竹島ト称ナ[ス]ル者アルモ蕞爾タル小島ニ過キサルヲ知リ事情愈明了ナリ[36]由此観、之ハ今日ノ松島ハ即チ元禄十二年称スル処ノ竹島ニシテ古来我版図外ノ地タルヤ知ルヘシ。是竹島古今沿革ノ大略ナリ。[37]


以上の2度にわたる「松島」の調査でわかった事項は、次のとおりである。

第一、鬱陵島、つまり、1878年と1880年の2度にわたる「松島」調査に関する内容は、海軍水路局の『水路雑誌』によるものである。

第二、1878年6月に鬱陵島調査に臨んだ天城鑑の乗員は、艦長に海軍少佐松村安種、乗務員に海軍大尉山澄直清・海軍少尉小林春

---

36) 川上健三(1966),『竹島の歴史地理的研究』古今書院, pp.9-49. 川上は島名が混同された過程について説明している。その理由は、独島について、江戸時代には「松島」と称したが、1905年の編入当時は「竹島」という名前で編入されたので、このような誤りが生じたとし、その正当性を主張している。
37) 前掲書、慶尙北道獨島史料研究會編(2014)『獨島關係日本古文書(1)』、pp.91-92.

三・同福地邦鼎、吉田中尉などである。

　第三、天城鑑は鬱陵島と独島が位置している海を「朝鮮海」としている。

　第四、實測した松島(鬱陵島)の位置は北緯37度48分、東経130度32分[38]であることを確認した。

　第五、天城鑑が松島を初めて測定したのは、「是ヨリ計路ヲ南東ニ変シ水裎[程]儀ヲ以テ測テ航走スル二十里、松島ヲ去ル二里ノ処ニ達シ、松島ノ中部ヲ正南ニ望ヌ云々トアリ。」としている。

　第六、1880年、天城鑑が再び松島に航海して海軍少尉三浦繁重郷などが直接にその島を測量した。鬱陵島の東側の岸に一時的に停泊できる地を発見し、また松島が古代の韓人(朝鮮人)が鬱陵島と称していたところであることを確認した。

　第七、朝鮮の鬱陵島であることを確認した際に、「他ニ竹島(現在の独島)」と称することも確認したが、「蕞爾タル小島ニ過キサルヲ知リ」としていることを確認した。このようにして、その事情を明確に確認することにより、「松島」が鬱陵島であることを確認したということである。

　第八、「松島開拓件」の松島は「元禄十二年称スル処ノ竹島ニシテ

---

38) 測定方法は、「午前7時58分に太陽の高度を測定」した結果値である。現在独島の経緯度は「東経131度、北緯37度(東島：北緯37°14'26.8"、東経131°52'10.4"、西島：北緯37°14'30.6"、東経131°51'54.6")」鬱陵島の経緯度「北緯37°30'、東経130°52'」(「独島」。https://ko.wikipedia.org/wiki/%EB%8F%85%EB%8F%84(閲覧日：2016年1月6日)

古来我版図外ノ地タルヤ知ルヘシ」ということである。

第九、「之ハ今日ノ松島ハ即チ元禄十二年称スル処ノ竹島ニシテ古来我版図外ノ地タルヤ知ルヘシ。是竹島古今沿革ノ大略ナリ。」という事実から見て、本書で取り上げてきた「竹島」、すなわち鬱陵島は日本の領土ではなく、朝鮮の領土であるということである。

要するに、武藤平学と戸田敬義などから竹島開拓を要求する請願があり、日本の軍艦天城鑑が2回にわたって調査を行った。最初の調査では「松島」の位置を調査し、二回目の調査では鬱陵島と独島の存在についても確認した。直接「松島」に接近して調査を行ったが、その島は1696年に幕府と朝鮮朝廷との間の領有権紛争で朝鮮の領土として認められた竹島、すなわち朝鮮の領土である鬱陵島という事実を確認した。また、現在の独島は朝鮮海にある蕞爾たる小島で、開拓の対象にならない島とみなされていたのである。

## 6. おわりに

本研究では、鬱陵島、独島に関連する韓中日3国の史料を引用して作成された『竹島版圖所屬考(完)』を分析して、日本人の鬱陵島、独島に関する認識を考察した。その内容をまとめると、次の4つになる。

第一、鬱陵島と独島に関連する日本側と朝鮮側の史料を活用し

て、古代から朝鮮時代の中期、日本の大谷、村川両家が70年もの間
鬱陵島に渡航して漁撈を行う以前まで、鬱陵島が朝鮮の領土であっ
たという結論を出している。

　第二、歴史的に朝鮮が鬱陵島を管理したという記録はあるが、大
谷と村川、両家が幕府から渡海免許を取得して、1620年代から鬱陵
島に渡航し始め、70年間渡航し続けたために、17世紀には日本が実
際に海上権を掌握して、日本の領土になったということである。

　第三、日本の大谷、村川両家は70年間、鬱陵島を往来しながら鬱
陵島を日本の領土として認識していたが、1692年に初めて朝鮮人が
鬱陵島に入って日本人の操業を妨害した。それで両家は、その証拠
として二人の朝鮮人を拉致して、その事実を幕府に報告し、朝鮮人
の渡航を中止させるよう要請した。幕府は対馬を通じて朝鮮に朝鮮
人の鬱陵島渡航を禁止するよう要請したが、朝鮮は鬱陵島が朝鮮の
領土であると主張して、7年間談判を行った。幕府は最終的に朝鮮
の領土と認めて日本人の渡航を中止させたのである。

　第四、明治時代に入り、日本の民間人が「松島開拓の件」を東京府
と日本政府に提出したので、日本の天城軍鑑が鬱陵島と独島を調査
した。その結果、鬱陵島は朝鮮の領土であり、独島は蕞爾たる小島
であることを確認した。日本人が開拓を請願した「松島」が朝鮮の鬱
陵島という事実を確認し、開拓の件を却下したということである。

　最後に、『竹島版圖所屬考(完)』は、鬱陵島に関する内容の記録で
ある。独島に関しては、明治時代に軍艦天城鑑が調査を行ったが、

爾たる小島であるとみなされ、開拓の価値がないという理由で、島
は関心の対象にされなかった。したがって、独島は日露戦争以前ま
で日本では、独島でアシカ漁をした中井養三郎のように朝鮮の領土
として考えていた。ところが、日露戦争中、軍事的要衝地という戦
術的価値の発見により、独島について密かに編入措置を断行したの
である。これは合法的な領域取得措置ではなく、戦争中に他国の領
土を人知れず盗取した行為に過ぎない。

## 〈參考文獻〉

慶尙北道獨島史料研究會編(2014)『獨島關係日本古文書(1)』慶尙北道獨島史料研究會研究報告書1、pp.81-97.

慶尙北道獨島史料研究會編(2013)『竹島記事(1)』慶尙北道獨島史料研究會研究報告書1、p.11.

慶尙北道獨島史料研究會編(2013)『竹島記事(2)』慶尙北道獨島史料研究會研究報告書2、p.255.

慶尙北道獨島史料研究會編(2010)『竹島考 上下』慶尙北道、pp.169-204.

權五曄編注(2010)『日本古文書の獨島、控帳』チェックサラン、pp.13-14.

_____・大西俊輝(2009)『獨島の 原初記錄 元祿覺書』ジェイエンシ、pp.11-292.

内藤正中(2005)『獨島と竹島』ジェイエンシ、pp.170-172.

竹内猛、宋彙栄、キム・スヒ訳(2013)『固有領土論の歴史的検討』ソンイン、pp.15-35.

宋炳基(2004)『獨島領有權資料選』翰林大學校、pp.1-278.

_____(1999)『鬱陵島と獨島』檀國大學校出版部、pp.1-267.

愼鏞廈(2011)『獨島領有權に対する日本の主張批判』ソウル大學教出版部、pp.1-351.

崔長根(2014)『韓國領土獨島の固有領土論』ジェイエンシ、pp.1-394.

川上健三(1966)『竹島の歴史地理的研究』古今書院、pp.9-49.

下条正男(2005)『'竹島':その歴史と領土問題』竹島・北方領土返還要求運動島根県民会議、p.171.

_____(2004)『竹島は日韓どちらのものか』文春親書377、p.188.

田村清三郎(1965)『島根縣 竹島の 新研究』島根県総務部総務課, pp.1-160.

内藤正中・金柄烈(2007)『歴史的検証独島・竹島』岩波書店、pp.62-67.

内藤正中・朴炳渉(2007)『竹島=独島論争ー歴史から考えるー』新幹社、pp.53-71.

○「竹島問題」(日本外務省)、http://www.mofa.go.jp/mofaj/area/takeshima/
　　(閲覧日：2016.1.3.).

# 에필로그

에피로グ

# 에필로그

본서는 5장으로 구성되어 있는데, 18-9세기에 일본의 지식인이 울릉도에 관해 기록한 4권의 책자를 분석하여 울릉도와 독도에 대한 영유권과 지리적 인지에 관해 고찰한 것이다. 이들 연구는 제1장은 「전근대 마쓰마에 일본인의 독도에 관한 인식론」(대한일어일문학회, 『일어일문학』 67, p.319, 2015.08.31.), 제2장은 「『다케시마잡지』속의 울릉도와 독도 인식과 영유권문제」(『일본문화연구』 57집(동아시아일본학회, 2016년2월28일), 제3장은 「막부의 울릉도 도해 금지에 따른 민간의 대응과 독도 영유권 -『다케시마잡지』를 중심으로-」(한일군사문화학회, 『한일군사문화연구』 20, p.219, 2015.10.31.), 제4장은 「19세기 중엽, 『죽도잡지』로 보는 일본인의 울릉도, 독도 인식」(『일본문화학보』 68집(한국일본문화학회, 2016년2월 28일), 제5장은 「메이지시대 일본인의 울릉도, 독도의 인식-『죽도판도소속고(완)』를 분석하여-」(한일군사문화학회, 『한일군사문화연구』 21, 2016.4.30.예정)에 게재되었다.

제1장에서는 '호레키(宝暦) 년간(1751~1764)' 즉 1724년에 저술된 『죽도도설』로 보는 일본 지식인들의 울릉도와 독도에 관한 인식을 고찰

한 것이다.

첫째로, 죽도도설은 1724년 마쓰에번의 한 번사가 1696년에 울릉도, 독도가 조선영토로 인정되고 일본인의 도항이 금지된 사건과 70년간의 도해 당시의 상황에 관해 당사자였던 오야와 무라카와 가문으로부터 전해들은 이야기를 기록한 것으로 1724년『죽도도설』을 기록할 시점에 마쓰에번 사람들은 마쓰시마(독도)를 오키 섬의 소속으로 인식했다는 것이다. 그러한 인식은 70년간이라는 2세대를 걸쳐 도항한 다케시마(울릉도)를 일본영토로 인식하게 되었다. 그러나 사실상 막부는 울릉도와 더불어 마쓰시마(독도)에 대해서도 일본의 영토가 아님을 확인했던 것이다.

둘째로, 울릉도와 독도의 산물에 관해서, 독도에 관해서는 아무런 언급이 없었다. 그것은 독도에 관해 섬의 가치를 발견하지 못했기 때문에 영토 혹은 관심의 대상으로 생각하지 않았다는 것이다. 울릉도에서는 산삼, 전복, 도도가 일본인들이 선호하는 주요 산물이었다.

셋째로, 일본인들이 울릉도에 도항하게 된 것은 막부로부터 정식적으로 도해면허를 받았기 되었기 때문이었다. 도해면허를 받았다는 것은 울릉도의 독점권을 갖게 되었다는 생각을 했기 때문에 본국의 영토라고 생각하는 조선인들을 오히려 불법 조업자로 인식했던 것이다.

제2장과 제3장에서는 1854년에 저술된『다케시마잡지』로 보는 일본지식인들의 울릉도와 독도 인식을 고찰한 것이다.

첫째로,『다케시마잡지』는 오야, 무라카와 가문으로부터 들은 이야기를 기록한 문헌을 참고로 해서 울릉도의 풍물과 울릉도 개척의 필요성에 관해 기록한 것이다. 일본인들의 울릉도에 대한 인식은 70여 년 간 도항한 오야, 무라카와 가문이 전한 내용이 전부이다.

둘째로, 도해 일본인들은 울릉도에서 조선인들이 종종 도항했다는 인식을 갖고 있으면서도 막부에 보고할 때는 조선인은 이전까지 한 번 도 울릉도에 도항한 적이 없는 무인도라고 주장했다. 막부는 양국의 사료와 조사를 통해 역사적 권원에 의거하여 일본인들의 울릉도 도해 를 불법으로 인정하고 조선영토로 인정했다. 그런데 도해 일본인들은 왜 막부가 일본인들의 도해를 금지하고 조선영토로 인정하였는지 알 지 못하였기 때문에 막부가 양국의 선린을 위해 조선에 그냥 주었다고 생각하고 있었다.

셋째로, 「다케시마잡지」는 지금의 울릉도에 관한 기록이고, 독도에 관한 기술이 전혀 없다. 「다케시마잡지」를 일본의 울릉도 도해에 관한 기술이지만, 독도영유권 확립을 입증하는 증빙자료가 될 수 없다. 영 유권과 관련해서는 정부나 지방자치체가 주체가 되어 영토로서 관리 했다는 내용이 전혀 없기 때문 영유권을 결정하는 증거가 될 수 없다.

넷째로, 1692년 울릉도에서 한국과 일본의 어부들이 조우하게 되어 양국어부들 간에 영유권 분쟁이 조선조정과 막부간의 영토분쟁이 되 었고, 결국은 막부가 울릉도와 독도의 영유권 주장을 포기하였는데, 울릉도를 도항했던 어부들이 막부에 대해 도해금지를 철회해달라는 탄원서를 제출하였는데, 막부가 이를 수용하지 않았다.

다섯째로, 『다케시마잡지』를 저술하여 일본인들로 하여금 당시 울 릉도의 지리와 환경, 어채류와 조류, 식물과 광물에 관해 알도록 했다.

그 이유는 하야시 시헤이의『삼국통람』를 저술하여 주변 국가를 식민지로 개척해야한다고 주장한 것처럼, 울릉도도 무인도이기 때문에 타국이 점령하기 전에 일본이 먼저 점유할 것을 선동하기 위한 것이다.

제4장에서는 1881년에 저술된『죽도잡지』로 보는 일본지식인들의 울릉도와 독도 인식을 고찰한 것이다.

첫째,『죽도잡지』에서는 물산이 풍부하기 때문에 조선과 울릉도는 일본의 영토로 확장하는데 필요한 지역이라고 하여 죽도 개척의 필요성을 강조하고 있다.

둘째, 일본인의 울릉도 도해면허는 오야, 무라카와 두 가문이 태수에게 신청하여 태수가 막부에 올려 막부로부터 태수에게 도해면허가 내려왔다는 것과, 울릉도에서 조선인을 만나 영유권 분쟁이 되어 결국은 막부가 일본어부의 울릉도 도해를 금지시켰다고 하고 있다. 도해금지령이 있고 3년 후에 직접 막부에 찾아가서 울릉도 도항을 위한 탄원을 내었는데, 막부가 이에 대해 허가하지 않았다는 사실도 기록하고 있다. 또한 1724년에 막부가 울릉도를 조사하기 위해 오야, 무라카와 두 가문에서 조사보고서를 작성하여 관청에 제출하도록 했다는 사실에 대해서도 언급하고 있다.

셋째, 지금까지 오야, 무라카와 두 가문이 울릉도에 도항하게 된 목적에 관해서 구체적으로 밝혀진 바가 없었으나,『죽도잡지』에서 울릉도 산물에 관한 내용이 확인되면서 도해 목적에 관해 더 상세하게 추론할 수 있게 되었다.

제5장에서는『죽도판도소속고(완)』로 보는 일본 지식인들의 울릉

노, 독도의 인식을 고찰한 것이다.

첫째로, 울릉도와 독도와 관련되는 일본측과 조선측의 사료를 활용하여 고대시대부터 조선시대 중기 일본의 두 가문이 70여 년간 울릉도에 도항하여 어로를 하기까지 울릉도가 조선영토였다는 결론을 내리고 있다.

둘째로, 오야, 무라카와 두 가문이 막부로부터 도해면허를 취득하여 1620년대부터 울릉도에 도항하기 시작하여 70여 년간 도항을 했기 때문에 역사적으로 울릉도를 조선이 관리했다는 기록은 있지만, 17세기에는 실제로 일본이 해상권을 장악하여 일본영토가 되었다는 것이다. 그래서 일본의 두 가문이 울릉도를 일본영토라고 인식하게 되었는데, 1692년에 처음으로 조선인이 울릉도에 들어와 일본인들의 조업을 방해했기 때문에 그 사실을 막부에 보고하여 조선인의 도항을 중지시켜 줄 것을 요청했다. 그러나 막부는 대마도를 통해서 조선과 7년간 담판하여 결국은 조선영토로 인정하고 일본인의 도항을 중단시켰다.

넷째로, 메이지시대에 들어와서 일본의 민간인들이 '마쓰시마 개척의 건'을 도쿄도와 일본정부에 제출하였기 때문에 일본군함 야마기호가 울릉도를 조사하여 조선의 영토임을 확인했다. 그러나 독도에 대해서는 조사하지 않았다. 그것은 무인고도이기 때문에 관심의 대상에 되지 못했기 때문이다. 당시 일본측의 관심은 섬의 경제적 가치에 있었고, 한국측은 경제적 가치보다는 울릉도와 독도를 국가를 구성하는 영토, 주권, 국민 3요소 중의 하나인 영토로서 인식했던 것이다.

# エピローグ

　本書は、全5章で構成されているが、18-9世紀に日本の知識人が鬱陵島について記録した4冊の書籍を分析して、鬱陵島と独島に対する領有権と地理的認識に関して考察したものである。これらの研究は、第1章「「前近代のまつまえ日本人の独島に関する認識論」(大韓日語日文學會、『日語日文學』67輯，2015.8.31.)、第2章は「『多気甚麼雑誌』における鬱陵島と獨島認識と領有權問題」(東亜細亜日本學會、『日本文化研究』57輯、2016.2.28.)、第三章は「幕府の鬱陵島渡海禁止による民間の對應と獨島領有權-『多気甚麼雑誌』を中心に-」(韓日軍事文化學會、『韓日軍事文化研究』20輯、第四章は「十九世紀半ば、『竹島雑誌』に見る日本人の鬱陵島、獨島認識」(韓國日本文化學會、『日本文化學報』68輯、2016.2.28)、第5章は「明治時代の日本人の鬱陵島、独島の認識-『『竹島版圖所屬考(完)』を分析して-」(韓日軍事文化学会、「韓日軍事文化研究」21集、2016.4.30.発行予定)というタイトルで掲載された。

　第一章では、宝暦年間(1751~1764)、すなわち1724年に著述され

た『竹島図説』から日本の知識人の鬱陵島と独島に関する認識を考察
したものである。

　第一、『竹島図説』は1724年に松江藩の一人の藩士が、1696年に鬱
陵島、獨島が朝鮮の領土として認められ、日本人の渡航が禁止され
た事件と、70年間の渡海当時の状況について、当事者であった大谷
家と村川家から聞いた話を記録したもので、1724年に『竹島図説』を
記録する時点で、松江藩の人々は松島(獨島)を隠岐島の所属として
認識していたのである。そのような認識は、70年間、2世代をかけ
て渡航した竹島(鬱陵島)を日本の領土として認識するようになっ
た。しかし、事実上幕府は、鬱陵島とともに松島(獨島)について
も、日本の領土ではないことを確認したのである。

　第二、鬱陵島と獨島の産物に関して、獨島に関しては何ら言及が
なかった。それは獨島について島の価値を見い出していなかったの
で、領土、あるいは関心の対象として考えていなかったのである。
鬱陵島に関しては、山参、蚫、海驢などの日本人が好む主な産物が
あった。

　第三、日本人が鬱陵島に渡航したのは、幕府から正式に渡海免許
を取得したからであった。渡海免許を取得したことを、鬱陵島の独
占権を得たと考えたので、本国の領土だと思っている朝鮮人をむし
ろ違法操業として認識したのである。

　第2章と第3章では、1854年に書かれた『多気甚麼雑誌』から日本の
知識人の鬱陵島と独島に関する認識を考察したものである。

　第一、『多気甚麼雑誌』は大谷家、村川家から伝え聞いた話を記録した文献を参考にして、鬱陵島の風物と鬱陵島開拓の必要性について記録したものである。日本人の鬱陵島に対する認識は、70年間渡航を続けた大谷家、村川家が伝えた内容がすべてである。

　第二、渡海した日本人は、朝鮮人が鬱陵島に頻繁に渡航しているという認識を持ちながらも、幕府に報告する際は、朝鮮人は以前まで一度も鬱陵島に渡航したことがない無人島であると主張した。幕府は両国の史料と調査を通じて、歴史的権原に基づいて、日本人の鬱陵島渡海を不法と認め、朝鮮の領土として認めた。ところが、渡海した日本人は、なぜ幕府が日本人の渡海を禁止し、朝鮮の領土として認めたのか知る由もなかったので、幕府が両国間の善隣のために朝鮮に与えたと考えていた。

　第三、「多気甚麼雑誌」は、現在の鬱陵島に関する記録であり、独島に関する記述が全くない。「多気甚麼雑誌」は日本の鬱陵島への渡海に関する記述であるが、独島領有権確立を立証する証拠史料にはならない。それは領有権に関連して云えば、政府や地方自治体が主体となって領土として管理したという内容が全く無いので、領有権を決定づける証拠とはならないということである。

　第四、1692年鬱陵島で韓国と日本の漁師たちが遭遇したことによって、両国の漁師たちの間で領有権紛争が起った。それが朝鮮朝廷と幕府の間で領土紛争となり、最終的には、幕府が鬱陵島と獨島の領有権主張を放棄した。これに対し鬱陵島渡航の当事者だった漁

師たちは、日本人の渡海禁止を撤回してほしいという嘆願書を幕府
に提出したが、幕府がこれを受け入れることはなかった。

　第五、『多気甚麼雑誌』を著述し、日本人が当時の鬱陵島の地理と
環境、漁菜類と鳥類、植物と鑛物について知らしめた。その理由は
林子平が『三国通覧』を著して、周辺国を植民地として開拓しなけれ
ばならないと主張したように、鬱陵島も無人島であるため、他国が
占領する前に日本が先に占有することを扇動するためである。

　第4章では、1881年に書かれた『竹島雑誌』から日本の知識人の鬱
陵島と独島の認識を考察したものである。

　第一、『竹島雑誌』では、物産が豊富なので、朝鮮と鬱陵島は日本
の領土として拡張する必要のある地域とし、竹島開拓の必要性を強
調している。

　第二、日本人の鬱陵島渡海免許は、大谷、村川の両家が太守に申
請し、太守が幕府に報告することで、幕府から太守に渡海免許が下
りてきたが、鬱陵島での朝鮮人との遭遇により領有権紛争が起こ
り、最終的には幕府が日本の漁夫の鬱陵島渡海を禁止させたとして
いる。渡海禁止令が下された3年後、直接に江戸を訪れて鬱陵島渡
航のための嘆願を出したが、幕府はこれに対して許可しなかったと
いう事実も記録している。また、1724年に幕府が鬱陵島を調査する
ために、大谷、村川の両家に調査報告書を作成して官庁に提出させ
たという事実にも言及している。

　第三、今まで大谷、村川の両家が鬱陵島に渡航した目的に関して

具体的に明らかになったところはなかったが、『竹島雑誌』で鬱陵島の産物に関する内容が確認され、渡海目的についてもより詳細に推論することができるようになった。

第5章では、『竹島版圖所屬考(完)』から日本の知識人の鬱陵島、独島に関する認識を考察したものである。

第一、鬱陵島と独島に関連する日本側と朝鮮側の史料を活用して、古代から朝鮮時代の中期にかけて日本の大谷と村川両家が鬱陵島に70年間漁撈のために渡航するまで、鬱陵島が朝鮮の領土であったと結論を出している。

第二、大谷と村川の両家が幕府から渡海免許を取得したことにより1620年代から鬱陵島に渡航し始め、70年間渡航を続けたために、歴史的に朝鮮が鬱陵島を管理したという記録はあるが、17世紀には実際は日本が海上権を掌握して、日本の領土になったということである。よって日本の両家が鬱陵島を日本の領土として認識していたが、1692年に初めて朝鮮人が鬱陵島に入り日本人の操業を妨害した。これにより両家は、証拠として二人の朝鮮人を拉致して、その事実を幕府に報告し、朝鮮人の渡航を中止させるよう要請した。幕府は対馬を通じて朝鮮に朝鮮人の鬱陵島渡航を禁止するよう要請したが、朝鮮は鬱陵島が朝鮮の領土であると主張して、7年間談判を行った。幕府は最終的に朝鮮の領土と認めて日本人の渡航を中止させたのである。

第三、明治時代に入り、日本の民間人が「松島開拓の件」を東京都

と日本政府に提出したので、日本の天城軍艦が鬱陵島の調査を行っ
たが、朝鮮の領土であることが確認された。しかし、独島に関して
は調査を行わなかった。それは無人の孤島であったために、関心の
対象にならなかったためである。当時、日本側の関心は島の経済的
価値にあったが、韓国側は経済的な価値よりは鬱陵島と独島を国家
を構成する領土、主権、国民の3要素の一つである領土として認識
していたのである。

찾아보기

## ▌저자약력▌

### 최장근(崔長根)

1962년 경북 경산 출생
대구대학교 일본어일본학과 졸업
일본 大東文化大學 국제관계학과 수학
일본 東京外國語大學 연구생과정 수료
일본 中央大學 법학연구과 정치학전공 석사과정졸업(법학석사)
일본 中央大學 법학연구과 정치학전공 박사과정졸업(법학박사)
서울대학교 국제대학원 연수연구원 역임
서울대학교 국제대학원 책임연구원 역임
동명대학교 교양학부 교수 역임
일본 中央大學 사회과학연구소 객원연구원
미국 머레이주립대학 방문교수
현재 영남대학교 독도연구소 객원연구원
현재 대구대학교 일본어일본학과 교수
현재 대구대학교 독도영토학연구소 소장

**주요학회활동**
· 조선사연구회
· 동북아시아문화학회
· 대한일어일문학회(이사역임)
· (사)한국영토학회(이사)
· 독도학회(이사)
· 간도학회(부회장)
· 한국일본문화학회(회장)
· 일본지역연구회
· 한국일어일문학회(이사역임)
· 한일민족문제학회(지역이사)
· (사)독도연구보전협회(이사)
· 동아시아일본학회(부회장)
· 경상북도 독도연구기관통합협의체(의장)

**주요저서**
· 『한중국경문제연구』백산자료원
· 『왜곡의 역사와 한일관계』학사원
· 『일본의 영토분쟁』백산자료원
· 『간도 영토의 운명』백산자료원
· 『독도의 영토학』대구대학교출판부
· 『독도문제의 본질과 일본의 영토분쟁 정치학』제이앤씨
· 『일본문화와 정치』(개정판) 학사원
· 『일본의 독도·간도침략 구상』백산자료원
· 『동아시아 영토분쟁의 패러다임』제이앤씨
· 『일본의 독도 영유권 조작의 계보』제이앤씨
· 『일본 의회 의사록이 인정하는 '다케시마'가 아닌 한국영토 독도』제이앤씨
· 『한국영토 독도의 '고유영토론'』제이앤씨
· 『일본의 침략적 독도 도발에 대한 합리적인 대응방안』제이앤씨
  그 외 다수의 공저와 연구논문이 있음.

본서는 경상북도 독도연구기관 통합협의체로부터
일본어번역비 전부와 인쇄비를 지원받아 출간되었음

대구대학교 독도영토학연구소총서 ⑨

# 근대 일본지식인들이 인정한
# 한국의 고유영토 독도와 울릉도
近代日本の知識人が認めた韓国の固有領土の独島と欝陵島

초판1쇄발행　2016년 2월 29일
초판2쇄발행　2016년 7월 12일

저　　자　최장근
발 행 인　윤석현
발 행 처　제이앤씨
책임편집　이가령
등록번호　제7－220호

주소 서울시 도봉구 우이천로 353 3F
전화 (02)992-3253(대)
전송 (02)991-1285
전자우편 jncbook@daum.net
홈페이지 http://www.jncbms.co.kr

ⓒ 최장근, 2016. Printed in KOREA.

ISBN 979-11-5917-004-1　93340　　　　29,000원